▲胡佛

胡佛 FBI教父

令美国总统恨之入骨的情报头子

沧海满月◎著

華文出版社
SINO-CULTURE PRESS

图书在版编目（CIP）数据

胡佛：FBI教父 / 沧海满月著. -- 北京：华文出版社, 2017.7（2022.2重印）

ISBN 978-7-5075-4476-3

Ⅰ. ①胡… Ⅱ. ①沧… Ⅲ. ①胡佛(Hoover, John Edgar 1895-1972)—传记 Ⅳ. ①K837.127=5

中国版本图书馆CIP数据核字（2017）第156487号

胡佛：FBI教父

著　　者：沧海满月
出版策划：李金水　蔡荣建
责任编辑：胡慧华
出版发行：华文出版社
社　　址：北京市西城区广外大街305号8区2号楼
邮政编码：100055
网　　址：http://www.hwcbs.cn
电　　话：总 编 室 010-58336239　　发 行 部 010-58336267
　　　　　责任编辑 010-58336197
经　　销：新华书店
印　　刷：三河市明华印务有限公司
开　　本：710 × 960　1/16
印　　张：19
字　　数：269千字
版　　次：2018年1月第1版
印　　次：2022年2月第2次印刷
书　　号：ISBN 978-7-5075-4476-3
定　　价：46.00元

前言

2011年11月，由克林特·伊斯特伍德执导的电影大片《胡佛传》在美国各大影院热映。影片讲述了那位实际控制权力远大于美国总统，而且非民选的联邦调查局局长埃德加·胡佛一生的传奇故事。这部影片放映后激起人们对胡佛以及他所领导的联邦调查局的兴趣。自此，那位20世纪一直深居简出、幕后操纵美国政坛的神秘人物胡佛撩开了面纱，真容逐渐呈现在世人面前。

埃德加·胡佛出生于一个复杂的家庭，自幼就表现出过人的聪明和与众不同的性格。1917年，胡佛依靠舅舅的关系进入司法部工作，他的精明能干和勤勉敬业很快得到上司的赏识。1924年，胡佛正式进入调查局工作，被任命为调查局局长，从而开始了他长达半个世纪的联邦调查局“掌权人”的生涯，直到1972年以77岁高龄去世。

不到30岁的胡佛当上局长以后，他将个人才能发挥得淋漓尽致，一手把一个只有几十人默默无闻的小部门，打造成拥有上万人的全球第一侦探机构。探员们个个身手不凡，击毙了令当时美国人最头疼的几个通缉犯，捣毁了若干江洋大盗的组织，整个美国的治安得到了极大改善，胡佛成了美国的英雄，一个伟大的“罪恶斗士”。

作为联邦调查局这个机构的秘密守护者和最高掌权人，胡佛曾是联邦调查局的化身，是一个令人恐惧的神秘人物，调查局成了胡佛的天下，其实只为胡佛一个人服务。在胡佛在任的48年里，美国前后更换了8位总统，其中包括著名的罗斯福、杜鲁门、艾森豪威尔，和16位总检察官——但联邦调查局局长却始终名叫埃德加·胡佛。胡佛的名气和权势让美国总统也望尘莫及。

胡佛是当时美国历史上最有权势的人物，但也是最有争议的人物。即使是在他死后的 30 多年，关于他的争议也从来没有停止过。尼克松总统在日记上写道："他在一个适当的时候死了：幸运的是，他是在位的时候死的。如果他在之前被迫下台抑或主动辞职，他都很可能被人杀死。"而在对全国发表的官方讲话上，尼克松却是这样说的："今天，所有美国人都对埃德加·胡佛先生的去世感到悲伤。作为联邦调查局的局长，胡佛先生拥有赤诚的忠心、卓越的能力和非凡的奉献精神。可以说，他是他自己所生活的这个年代里的一个传奇。"

胡佛是如何从一个穷小子登上掌握美国生杀大权的调查局局长宝座的？

他手中掌握着哪些重要人物的个人隐私？

珍珠港事件中他扮演了什么样的角色？

他为什么要驱逐卓别林，监视爱因斯坦？

玛丽莲·梦露之死与他有关吗？

他掌握着肯尼迪、马丁·路德·金遇刺案的真相？

事业平步青云的他为何终生未婚？外表斯文、一本正经的他有同性恋癖？

令人谈之色变的他为何对黑手党畏之如虎？……

本书以第一手的资料，客观、真实、详尽地记录了胡佛叱咤风云的一生，为你揭开在历史的迷雾中若隐若现的一代联邦调查局特工王的真实面目，从中你可以了解到胡佛如何掌握美国生杀大权、屹立美国权力巅峰不倒，以及鲜为人知的联邦调查局内幕和一段风云变幻的 20 世纪美国史。

胡佛

目录

第三章
为联邦调查局而生，为联邦调查局而活

第四章
伟大的斗士，伟大的偶像

第五章 掌控了秘密，就掌控了总统

第六章 谁与争锋——时代舞台上的纵横捭阖

第七章
绝对权力！绝对服从！

第八章
魅影重重——国家利益高于一切

第九章
多重面孔下的英雄本色

第十章
最后的岁月，最后的奋斗

第一章

平凡的出身，不平凡的起点

胡佛

埃德加·胡佛出生在一个普通移民后代的家庭里，父母兄姐对他宠爱有加。小时候他就很聪明，学业优良。在学校里，他也是一个出类拔萃的人物，受到老师和学生的欢迎。这为他后来走进联邦调查局担负重任奠定了良好的基础。

普通人家诞生的孩子

在18、19世纪的美国移民潮中，两个分别来自德国和瑞士的家庭来到美国，他们的后代，出现了一个足以让美国人爱恨交加的人物。

埃德加于1912年曾在一个小日记本中记录了胡佛家族的重要资料，当时他17岁，在中区高中高年级读书。“1857年11月21日，我父亲狄克逊・N.胡佛出生在西北区第六街道第（空白）号，我母亲安妮・M.夏特琳于1861年9月12日生于华盛顿。狄克逊・N.胡佛于1879年9月11日8时在东南区的‘B’和第四街长老会教堂娶安妮・M.夏特琳为妻。那天，天气凉爽，夜色迷人，切斯特博士主持婚礼。这是国会山举行过的规模最大的婚礼。教堂从里到外直至门口和台阶上都挤满了人，当时我父亲22岁，母亲19岁。”

在华盛顿国会山背后三条街区之外，有一个广阔的广场，叫作西沃德广场。从广场413号到国会山，散步只需5分钟。约翰・埃德加・胡佛于1895年1月1日就出生在这个地方。77年后，他的遗体又被停放在这里供人瞻仰。他在这里住了43年，直到他的母亲1938年逝世后他才离开。他是胡佛家族中最后离开此地的人。他离开时，这片地区已经发生了变化，但西沃德广场的古老价值观，即南部的、白人的、基督教的、小城镇的、本世纪初华盛顿的价值观始终伴随着他的余生。

埃德加的父亲狄克逊・N.胡佛在距西沃德广场三英里处的华盛顿西北区

长大。那里靠近胡佛后来就读的位于西北区第七街和“O”街的老中区高级中学。狄克逊的父亲，即埃德加的祖父约翰·托马斯·胡佛在美国海岸与大地测量印刷所工作，狄克逊后来在这里当制版工，最后成为印刷所所长。据胡佛家族里传说，约翰·托马斯·胡佛之父，即埃德加的曾祖父是个泥瓦匠，曾参加建造国会山。狄克逊的母亲，即埃德加的祖母，一直与她的小儿子霍尔斯特德·胡佛住在中区高级中学附近。霍尔斯特德同埃德加一样，也一直没有结婚。他同他的孀居母亲住在一起，直到她去世。

埃德加的母亲安妮在西沃德广场长大，她的家庭早在南北战争之前就定居在那里了。她的祖父母约翰·希兹和安娜·希兹1820年左右从瑞士移居到这里。约翰·希兹是一个采矿工程师，他曾在苏必利尔湖产铜区和北卡罗来纳州的金矿工作过。1853年，已在华盛顿定居的希兹成了瑞士领事（当时在瑞士国内属高级外交官职位）。在他的三个孩子中有埃德加的外祖母玛格丽特·夏特琳太太和一个也叫作约翰·希兹的舅爷。这位舅爷于1864年接替其父作了瑞士领事，当时，该职位已升为总领事（希兹及其父亲大概都保留了美国和瑞士双重国籍）。

在埃德加的孩童时期，他的外祖母夏特琳住在广场对面，她和埃德加的舅爷常在星期天去胡佛家做客。这一家星期天的晚上通常是这样度过的：一家人围坐在客厅里的桌子旁，由白胡子的瑞士总领事领读《圣经》。从夏特琳这边算来，埃德加是哥伦比亚特区法官威廉·希兹的亲戚，也是美国最高法院法官哈罗德·伯顿的远亲。

安妮和狄克逊婚后搬到东南区国会山第六街的一处住宅里，那里离安妮母亲的家很近。

据年轻时期的埃德加的日记记载：“1880年9月9日（星期四）凌晨2点30分，我的母亲安妮·M·胡佛生下了小狄克逊·N·胡佛。那是一个快乐的日子，医生是麦金姆。狄克生在东南区第六街第（空白）号。”这个出生的孩子就是埃德加的兄长狄克，比埃德加大15岁。他在个人事务和公务方面都是他弟弟的榜样。

埃德加的日记里又写道：“1882年11月12日（星期日）上午10时，我的父母亲生下了我的姐姐莉莲·汉弗莱·胡佛。这是个快乐的日子，医生是麦金姆。莉莲的出生地点是东南区西沃德广场414号，这是她外祖母（玛格丽特·夏特琳）的家。”

胡佛的双亲先是搬到了这里居住，后来才买下了公园对面的房子。八年后，当胡佛家搬进他家的永久住宅西沃德广场413号时，另一个孩子又加入到由10岁的小狄克逊和8岁的莉莲组成的行列里。

日记继续写道：“1890年6月2日（星期天）下午3时，我的双亲生下了塞迪·玛格丽特。这一天是晴天，很热，医生是马伦。塞迪的出生地点是华盛顿哥伦比亚特区西沃德广场413号。”

1893年，当老狄克逊36岁，安妮32岁，而小狄克逊和莉莲分别是13岁和11岁时，胡佛家失去了3岁的孩子塞迪。8月2日，塞迪·玛格丽特因患白喉病死在新泽西州。她被葬在华盛顿特区国会墓地。塞迪的墓地成了胡佛家的圣地。埃德加在信件和日记里都提到过去为这个墓地除草的事。

塞迪死后不到一年半，约翰·埃德加·胡佛出世。他在日记里记载道：“1895年1月1日上午7时30分，我的双亲生下了约翰·埃德加·胡佛。那天很冷，有些积雪，但很晴朗。医生是马伦。埃德加的出生地点是东南区西沃德广场413号。”

埃德加是他父母的宠儿，他的父母溺爱子女。直到他们谢世为止，他们一直对女儿之死充满内疚之情。埃德加的哥哥、姐姐大概也是出于丧妹之痛，对埃德加特别珍爱。总之，这位未来的联邦调查局局长是全家的宠儿。

聪慧少年埃德加

从埃德加幼年的照片看来，他是个有点忧郁的孩子，总是偎依在父母的身边。1901年，他6岁开始上学。那时，西奥多·罗斯福即将成为总统。埃德加从上学一开始，就是个聪慧的学生。他在一年级的平均分数是93.8。从三年级到八年级，他的数学、代数、文法、语言、书法、阅读、历史等都是“优”或“良”。

埃德加在日记里写道：“1901年9月，我6岁进布伦特学校一年级读书，平均分93.8。三年级第二学期，我名列全班第一，平均分数为96。三年级全学年，我考试名列第一，平均分数为95.8。在1909年6月，我14岁那年从该校毕业。我从未留级，品行优良，在每个年级都有很高的威信。除七年级外，我每年都在布伦特上学。我七年级时在华莱克上学，八年级时又转到中区高级中学。我最好的班级老师是八年级的多尔顿小姐，她是个杰出的女人，从道德上培养了我。此外，七年级的老师斯诺登小姐从智力上培养了我，四年级的老师欣克尔小姐培养了我的纪律和智力。五年级第一学期，我考试名列第一，平均分数为93.8。”

1906年，埃德加的哥哥狄克26岁，在他的轮船检查公司的工作上和个人生活上（他27岁时结婚）都面临一个重要阶段。但他还是尽力找出时间帮助他11岁的弟弟编辑一份社区小报，即每期两页的《每周评论》。编辑埃德加·胡佛以每份售价1美分的价格售给家里人和邻居们。埃德加自任印刷商，狄克的身份是本报的“打字员”，他要将弟弟收集来的笑话、邻里的闲谈碎语以及编造的广告等统统打印出来。复制小报是采用活版印刷，即当时政府机构办公室里复制文件的一般方法。很可能是狄克让埃德加到他轮船检查公司的办公室里印刷的。

小埃德加不仅是个观察员和记者，他还很活跃，性格开朗，兴趣多变，一旦对什么发生了兴趣，就热心地去干。当然，他大部分时间还是在学校读书。1909年，他在一所公立学校布伦特小学就读。他的小学阶段几乎全都是在这里度过的，七年级时转到华莱克学校（位于宾夕法尼亚大街和第七街的东区高级中学处），这大概是因为布伦特小学的学生过多了。当时像现在一样，这是学生转学最普遍的理由。

布伦特的课程要求严格，如，八年级学生要学代数学，给学生挑选的文学教材是为了保证学生们熟悉美国的流行古典作品，并对欧洲文学有个粗浅的了解，其中必读作品有莎士比亚的《威尼斯商人》《希腊神话集》，笛福的《鲁宾孙漂流记》，狄更斯的《双城记》《圣诞颂歌》，等等。在这里，学生们每天课前都要进行祷告，《圣经》是每日的必修课。学校为了教育学生们成为好公民，叫他们了解古代传奇、圣徒的话以及使西方文明世界居世界领导地位的科学奇迹。在布伦特对限定的思想和价值体系加以贯通并能在作业中表现出来就是一个在学习上取得成功的学生。

埃德加读书时期的华盛顿公立学校，注重公民身份和纪律（直到1913年还有体罚）。学校要求学生衣着正规，男孩子穿短上衣，打领带，低年级学生穿灯笼裤，高年级学生穿长裤，女孩子穿女服或裙子配宽大短外套。学生的服装是如此统一，从他们在教室里照的照片上看，好像都穿着制服。布伦特小学在另一个方面也很统一，由于当时学校实行种族隔离，所以该校只有白人学生。

埃德加可以自由支配他的课余时间，或者自己玩耍，或者参加有组织的课外活动。他在1908年至1910年的日记中写道："去了木匠铺，我做了一个相框，威廉帮忙。忙了好一阵子。"他14岁时开始在全市到处考察。1909年7月间，莱特兄弟在阿灵顿的迈尔斯堡试图创一项飞行纪录。埃德加花了三天时间等着看这次飞行。他在7月30日写道，"去了阿灵顿的迈尔斯堡。莱特兄弟去亚历山大来回用了14.2分钟，（我是）旁观者中第一个同奥维尔握手的人。"当然，他还继续着他对市内许多施工现场的考察。他在日记中写道："步行去新联合会。所有的小路都走过了，但西区尚未开放。没有铺路面，不准行驶汽车，设了四个路障。参众议院大厦即将竣工。"

埃德加阅读当时的流行书籍，并在日记中提到过几本。"白天在阅读文学书籍”“翻阅读杂志”，“读了一点《朱达·伊斯卡里奥特的福音》，一本了不起的书”，“上午休息，下午读《环形楼梯》。”同时，他还帮助母亲在花园里干活，帮她贮存花园的产品。他喜欢记录天气的变化，有时他使用南方用语，不说“降雪”，而说“雪降在那里”。

埃德加很喜欢帮人从附近市场运送食品杂货，因此得了一个“神行太保”的绰号，而且，还有小费可拿。他后来回忆道，“我开始挣钱了。我12岁时开始运送杂货，那时市场还没有雇人送货。但我发现如果有人站在商店门外，手提重货的顾客很乐意接受别人的帮忙，并且很感激地付给小费。我第一次帮别人时，便提着两只箱子走了两英里，因而得了10美分的小费。我发现干得越快，钱就挣得越多。所以，我经常跑去跑回。由于每天放学后跑到市场和每星期六从早7点至晚7点都等在东区市场外面，我平均每天可以挣到两块钱。当时这笔钱可以赎回一个国王了。”在他的日记里记载了很多朋友的名字，包括男孩和女孩，还记载着一些非正式拜访和带有20世纪风格的正式“看望”的事。每逢节日，他就给家人和朋友们寄出明信片。

随着年龄的增长，埃德加对新闻越来越感兴趣，特别是有关犯罪和灾难的新闻。“据报，西西里死亡人数约为20万，财产损失为十几亿美元。多尔顿小姐（我的八年级老师）预言，今天11时16分时在亚洲东部和沿海岛屿将有地震。”“人们被杀死在参议院大楼里。”“谋杀贝勒·埃尔默斯的凶手艾本博士被苏格兰巡官迪龙在蒙特罗斯附近抓获。”他所记载的事情一定是引起了家人的注意，因为他们开始屡屡在信中提到一些重要案件。他母亲写道，“对艾伦斯的审判一定很有趣。我从报上看到已经在得梅因抓到了他们一伙中的最后一个。我想他们并不像报纸上描写的那样坏。”

埃德加遇事警觉，对他看到的和所做的事都研究一番它的重要性和利害。在关心并溺爱他的父母、哥哥姐姐的保护下，他很早就对自己的看法和能力深信不疑。他想当然地认为他的意见和言论对他和别人都同样有趣。他重视客观事实，而不是他本人情绪上的反应。他的简短笔记有注意细节、一丝不苟的特点，而且能注重别人的意见。由于他依靠家里人而不是依靠朋友，并一直同长辈在一起，所以从小做事就像个大人。埃德加很小就学会了控制自己的情感，尽管他的家庭成员之间彼此感情很深。父母和兄长的关心爱护给了他自信和首创精神，但也使他担心怎样才不辜负他们对自己的极高期望——也是他自己的极高期望。

主日学校的虔诚教师

在20世纪初的华盛顿，加入教会是提高社会地位的一条重要途径。雄心勃勃的年轻人可借加入教会以示他将献身于崇高事业，也可在教徒聚会中谋取领导位置以提高社会地位。

除了学习之外，埃德加在青少年时期把很多注意力都放在教会上了。他的哥哥狄克活跃于许多教会组织中，这个年轻人希望成为牧师。他进了他哥哥的主日学校，听他哥哥定期在市内教会的布道，并帮助他在哥伦比亚特区监狱及市内滨河区传教。

埃德加先是在附近的两个长老会教堂做礼拜，即位于马里兰和东北第六街的东长老会教堂及都市长老会教堂。后来，这两个教堂合并为国会山长老会，聚会地点在原来的都市教堂。旧的东长老会教堂变成黑人聚会处。胡佛在小学时期的最初几年大概是在主日学校做礼拜，他在那里领到一本《新约全书》以便背诵圣经经文。埃德加上小学时，狄克加入了路德教会，地址是位于独立大道的第二、第三街之间的国会图书馆附属部。

埃德加随着哥哥加入了路德教，于1907年成为主日学校的班干事，当时狄克是这个主日学校的主管人。1907年9月，这两兄弟都还是路德教会的教友时，本堂牧师约翰·威德利博士在狄克未婚妻的家里为狄克主持了婚礼。同年12月27日（星期四），这位牧师又在西沃德广场411号狄克家里为埃德加施了洗礼，从此，埃德加成为正式教徒。

1909年埃德加14岁，他辞去了主日学校的班干事职务，但大概仍然是路德教会的教友，后来又被选为主日学校的校干事，这也许是他这个年龄的人所能担任的最高职务了。大概就在这时，胡佛兄弟们觉得像他们这样的年轻人在本区已捞不到什么好处了。狄克开始受轮船检查机构宣传的影响，埃德加的目光也开始从东区高中转向声望更高的中区高中。两兄弟开始寻找其他的教会和派别。

1909年2月14日，埃德加参加了基督徒力行社的聚会。该社是公理会的青年组织。第二天，他去救世主教堂听了狄克的讲道。2月16日，他又去圣保罗教堂参加布道会议。根据埃德加在日记中的记载，1909年他还继续上主日学校，也继续留在路德教会。但到年底，他和狄克下了很大的决心，狄克从路德教会转到了老长老会的“老第一”教会，它位于华盛顿西北部国会山脚下，靠近司法部广场的约翰·马歇尔广场，离西沃德广场约有八个街区或有轨电车一站的距离。

1910年1月9日，狄克担任本堂长老之职。埃德加再次效法狄克，1910年9月11日，他在日记中写道：“我加入了长老会，首次从D.麦克劳德博士手中领取了圣餐。”狄克和埃德加可能是由莉莲介绍到“老第一”的，因为莉莲1908年6月20日的婚礼就是由“老第一”教堂的牧师主持的。莉莲是“老第一”教友的另一证据是麦克劳德牧师于1910年6月23日给莉莲的女儿施了洗礼。

转到“老第一”后，胡佛兄弟们也就从一个没有什么社会地位的教会转到了代表国会山中产阶级最高层的教堂，这个教堂是华盛顿最有名望的教堂，也是美国最著名的长老会教堂之一。长老会还没有这个教堂的时候，就在国会山最高法院的旧楼主持礼拜，它的教友中有总统、最高法院的法官和国会的议员。由于金钱和上流社会在19世纪早期向更远的西北部移动，因此“老第一”

只是顶着上流社会之名，来此聚会的教徒其实都是中产阶级。胡佛后来一直保持了“老第一”及其后身“长老会全国中心”的教友资格。他经常说这座教堂和这里的牧师对他青年时代的影响很大，特别是唐纳德·坎贝尔·麦克劳德博士，他在1899～1913年间任“老第一”的牧师。其次是约翰·布雷顿·克拉克，他继麦克劳德之后于1913～1926年任“老第一”的牧师。

虽然埃德加·胡佛曾是路德教堂主日学校的一名雄心勃勃且有献身精神的成员，但当他转到“老第一”主日学校后，变得更加虔诚了。他在日记中提到了1910年秋季在该教堂举行的教师会议。他显然在整个高中时代一直领导着主日学校的一个班级。他的朋友们回忆说，他经常身穿他在中区高级中学军训时的制服去给他主日学校的班级上课。他们认为这表现出他有非同寻常的热诚。

埃德加作为主日学校教师的职责是根据由全国性主日学校组织“美国主日学校联合会”制定的圣经课文准备每一周的讲课。他还负责防止“老第一”主日学校的学员转入别校和吸收新的学员，以保持高度的士气和热诚。

作为主日学校的教师，如果对学校的教义在社会、政治或宗教方面有什么保留，或者不善于管理同他年龄相差无几的学员，他就不可能取得极大的成功。胡佛时期的主日学校是一个具有一百多年悠久历史的全国性机构，它的品格和风格久负盛名。很多美国人认为它的宗旨颇有吸引力，也有一些人认为它十分荒谬，埃德加·胡佛显然是接受它的。

埃德加和狄克并非生来就是进主日学校的材料，只可以算是皈依宗教者。对他们来说，在主日学校不仅能学到礼仪，而且使人有机会投身到前进的新教运动中去，使变化中的美国产生一种秩序。主日学校把胡佛卷入到时代精神中来。胡佛在主日学校里接触的人都认为“组织不但是一种需要，而且是生活中的主要创造行为”。胡佛日后事业上的重要标志是他的组织才能和对官僚程序的热爱，这也是当年作为主日学校的领导者取得成功的必备条件。

埃德加任主日学校教师时，常常在班上领唱赞美诗和训练学生们背诵圣经（他本人曾是“老第一”唱诗班的童声高音部成员，直到他变嗓子为止）。

唱歌是主日学校最著名也是最普及的活动。活动中出现了这样一些著名的赞美诗，如：“圣经这样告诉我们，我们将在河边集会”，“倾听主日学校大队的脚步声”及“我是一名小士兵”。胡佛最喜欢听主日学校孩子们集会时唱的一首反对犯罪的歌，“叫他住手！叫他住手！无论他犯了什么错。”

胡佛在主日学校强调背诵圣经，且采用全国主日学校组织规定的标准课程表。他的教学计划是根据孩子们的兴趣选出段落，把每堂课都组织得像一篇诉状，引导全班人接受其中的道德训诫，并为耶稣做出裁决。这位前主日学校教师的做法和目标与他后来任联邦调查局局长时没有什么两样，只是他在道德课上引用的例子已经不是该隐和亚伯，而是约翰·迪林杰、马·巴克和哈里·德克斯特·怀特等人，如此而已。

1948年时，胡佛曾把他的主日学校描绘为“预防犯罪实验室”，美国人以为他指的是主日学校每周灌输的道德格言，但对他来说，主日学校的意义远远不止这些，它反映并强调了一个几乎被人忘却的生活方式，它曾经是保卫传统的美国不受外来人侵扰的十字军，而外来人的真正罪过就是他们引起了胡佛幼时的美国，即西沃德广场的美国的恐怖感。

高级中学的优等生

在华盛顿受尊敬的中产阶级认为，公立学校同教会一样，是神圣的机构。1909年，埃德加决定离开西沃德广场去三英里外的中区高级中学上学，而不去相隔一个街区的东区高级中学（狄克和莉莲读过书的中学），这是经过深思熟虑的，目的是寻求本市能够提供的最佳机会。中区高级中学是市里历史最悠久、最有威望、最负盛名的公立学校，能从那里毕业便是在白人中产阶层社区里取得了一项重要成就。

中区高中是埃德加施展雄心的一个理想地方。该校于1882年成立，是城内第一所白人学校，当时东区、西区、分校、商业学校、技校都还没有成立。人们称它为华盛顿高中。1909年至1913年，胡佛在那里上学时，该校位于第七街和“O”N·W·街的旧址。胡佛毕业三年后，学校搬到了第十三街和克里夫顿街N·W·的一个居民区，距离哈佛大学仅几个街区。中区高中连同它的学校设施和运动场占了整整一个街区，当时是全市最好的学校。

胡佛上学期间，华盛顿的公立学校在学术上已达到了很高水平，学校领导有方，管理出色，特区当局拨给的预算足以使历任校长聘到优秀的教师。当时，华盛顿的公立学校，特别是高中名声远扬，因此吸引了不少弗吉尼亚和马里兰的学生离开本州来此就学。从1902年到1920年，其中包括胡佛在那里读书的时期，中区高中是由埃默里·M.威尔逊领导，他被毕业生们誉为该校历史上最优秀的校长。威尔逊领导着一支杰出的教师队伍，他为学生们（胡佛入学那年有1060名学生）制订的课程表要求极为严格，此外还定期邀请美国政界名流来校演讲，该校在华盛顿地区鼓吹学校精神和推崇荣誉感。学生们都积极参加体育活动和课外活动，他们代表本校在校际竞争中争夺球队和俱乐部的领导职位，夺得胜利就会赢得赞颂。球队获胜后，学生们就会聚集起来庆祝胜利，齐唱“赞美给我们赐福的上帝”。华盛顿也将该校的学生看作本市青年中的精英，所以学生们也都想在本校争得一点名气。

就像传说中的英国公立学校的学生们一样，中区高中出来的许多学生对他们在这里经历的生活都怀有非常强烈的感情，似乎在他们后来的生活里就找不出什么事情值得与它相比。一位校长说，中区高中甚至超过了英国公立学校。“论出人头地的毕业生之多，中区高中堪与伊顿公学或哈罗公学相比。”这位校长在1941年写道，“只有一点例外……那就是，进入这所学校不看等级、财富和社会地位，所有人都可以进来，每个人在这里和后来生活中出名的机会都是均等的。”1912年（胡佛毕业的前一年）的毕业生代表在该校第55届联谊会上说："中区高中具有一个私立学校的全部热情，我所指的是所有的人都可以进入本校。从本校出去的人中许多都成了杰出的公民——医生、律师、外交官。它虽然是一所公立高级中学，但它享有地位。它有一种个性，有一种气魄。"

不过并非所有人都可以进入中区高中，因为它是一所种族隔离的学校，排除黑人入校似乎是使中区高中学生们具有优越感的一个主要因素。在该校的出版物中随处可见种族主义的意识。

1950年该校关闭时，种族排外的传统和借此以保持学校荣誉的做法依然存在。华盛顿学校董事会强令允许非特区居民子女入学，结果造成白人学生数目锐减，其中许多是从马里兰州和弗吉尼亚州转来的学生。由于中区高中的入学人数大量减少，学校董事会决定将教学设备移交给仍然实行种族隔离的学校的有色人种分部。学校董事会刚一行动并拒绝了所有呼吁之后，愤怒的学生们便暴跳如雷，他们抹去校门上的"中区高中"的校名，拔掉学校在奠基典礼上埋下的奠基石，划坏校门口的黄铜标志，搬走存放奖杯和奖旗的箱子，偷走学校的档案。这一事实象征着只有白色皮肤才是进入华盛顿上流社会特权阶层的唯一通行证（进入全国上流社会也是如此）。

同教堂和政府机构一样，中区高中是白人中产阶级取得文化、社会、经济和政治等权利的一种武器。20世纪初，它明显地表达着西沃德广场的道德和种族意识，而这种意识又是主要靠排斥黑人才得以保持下来的。

埃德加并不是胡佛家族中第一个在中区高中就读的人，他的叔叔霍尔斯特德·皮尔斯·胡佛是中区高级中学音乐部的负责人，也曾于1889年在中区高中读书。霍·胡佛仍同埃德加的祖母一同住在学校附近，埃德加在中区高中上学时经常去他家吃午饭，埃德加在中区高中是那种懂得自己需要什么并知道如何达到目的的年轻人。他好像理所当然取得优异成绩，但他对此并不十分看重。由于成绩优异，他被选为致告别词的毕业生代表。但他个人却全力以赴争取做一个被大家公认的学生领袖。为达到这一目标，他想方设法拒不参加那些不能显示他的才华和他不感兴趣的活动，而一心一意地投入他能崭露头角的活动。

年轻的埃德加在中区高中体育不错，他选修最富挑战性的课程，如拉丁文、法语、数学和物理。他最喜欢的课是历史。据他的同班同学回忆，他一有空的时候就常去其他班级旁听他感兴趣的课。在中区高中如果要想受人重视，不光要学习成绩好，参加课外活动特别是体育活动更为重要。埃德加在日记里说，他入学不久就加入了体育协会。他曾想加入足球队，但因不够强壮而遭拒绝。胡佛年轻时身体很好，进入高中时就几乎已长到了5英尺10英寸的高度。但他一直很瘦，直到二十多岁时体重才增加到180磅（晚年体重保持在200磅左右，远远超过他对局里工作人员规定的标准体重）。加入足球队不成，他便参加了田径队，在一位教练的指导下训练了一年。这位教练指导的常胜队于1898年至1921年期间，赢得了四次全国接力赛跑冠军。

机智强悍的辩论高手

高中一年级结束时，埃德加的注意力从体育转到其他方面——辩论。埃德加在低年级时便参加了连战11次无败绩的市冠军队，高年级时，他是该队主要演讲人。没有一个高级中学的辩论队敢向中区高中挑战，因此，中区高中连续五次蝉联全市冠军。

1913年，埃德加·胡佛在高年级时，中区高中辩论队就市公共设施所有权问题及总统提名候选制度问题主办了一系列校内辩论。为取得校际辩论的经验，胡佛的辩论队还同巴尔的摩学院队就总统初选问题展开了辩论，校刊详细报道了这次辩论。

现在简单谈一下有关辩论的情况。辩论队的成员们为了对付巴尔的摩学院的辩论，事先差不多用了两个月的时间准备发言稿。他们除了在国会图书馆花大量时间搞研究外，还经常熬夜，一遍又一遍地准备演讲稿。在举行辩论前的一周或10天里，辩论队的所有成员都到深夜才上床睡觉。中区高中辩论队是辩论的正方，提出的战斗口号是“我们要真正有代表性的代表”。胡佛是第一个发言人，他的论证是，美国的民主倾向已正在快速地达到一个能够绝对地和直接地尊重民意的阶段，因此初选是美国发展的自然结果。胡佛先生还代表中区高中作了最后反驳。巴尔的摩队吉勒的反驳各方面都很精彩，但不幸的是胡佛在他后面发言。胡佛以冷静而无情的推理，将反方论点逐个推翻。

后来，胡佛发表了他对辩论有益的感想：“辩论以多种形式使人们受益。它训练人不发脾气，不去讽刺，教人镇定和在精神上自我控制。它在辩论者面前生动地体现出辩论时以理取胜的重要性，因为辩论像其他比赛一样，会出现漏洞，给人以攻击的机会。但当仲裁是一个由三位律师组成的委员会时，以歪理和谬论来猛击对方就没有什么用了。最后，它为高级中学的辩论者提供了一个实际的有益的生活例子，即人与人之间的斗智。这就是辩论。”

埃德加已经懂得，提出自己的意见时，不要作为个人看法提出来，而要作为显然被所有严肃和诚实的人所承认的事实真相提出来，这样才更有分量。

从他二年级时写的一篇辩论提纲中可以看出他的辩论风格。

废除死刑问题辩论提纲（反方）

1.圣经主张死刑。

2.所有基督教国家都主张死刑。

3.废除死刑将对国家产生可悲的影响。

（已作摘要）

该论点很有力量，它不是针对推理而是针对审判人的忠诚（此处指辩论仲裁人）。审判人的选择或者是赞同这一论点，或者是承认自己对支持他的权威的基本信条持怀疑态度（这当然是被严禁的）。他必须赞同，否则就显得不够忠诚。

埃德加后来发现这种辩论形式大可适用于更广的范围。在中区高中的辩论，使胡佛得以探究和发展他的性格的重要特点。一个辩论者必须喜欢为斗智而辩论，他必须酷爱一场辩论，他必须能为正反方辩论。一个成功的辩论者必须将他的个人观点和他用以支持个人立场的辩论截然分开。辩论锻炼人们平心静气地评价某个论点的说服力，它使人懂得，辩论结果并非取决于你是否相信某一立场的正确性，而主要取决于支持这一立场的事实和逻辑。

胡佛的辩论经验发展了他好斗的性格和他在后来事业中加强防卫的能力。同样重要的是，辩论还使他学会明智地分析自己实力的强弱方面。直到晚年，胡佛特有的冷静和深思熟虑在许多政治抗争中都保护了他。当他认为他的立场有问题时，他常常避开斗争，无论他的上下级怎样恳求也无济于事。在集体讨论中，他往往持怀疑态度，从多方面分析利弊，可一旦投入战斗，就坚决维护自己的立场。

在胡佛的全部生涯中，他酷爱争论，而且寻找机会同他的对手、敌人甚至朋友纠缠不休。胡佛的对手通常就一个存亡攸关的重要政治问题同他进行斗争，以为经过一场较量之后，双方就可和解。但他们却发现他们卷入了一场与对手无休止的苦战，即使所争论的问题早被遗忘了，他们的敌人还要持续地斗下去。胡佛喜欢斗，而大多数人不喜欢斗，所以，胡佛最后总能把他们拖败。

军训队里的模范连长

辩论只是胡佛在中区高中时最感兴趣的事情之一，另一个对他的性格发展有同样重要影响的便是他入学第一周就参加的中区高中军训队。

在中区高中，体育队队长享有最高的威望，其次就要算军训队队长了。中区高级中学军训大队于1882年建校时成立，有悠久的历史和丰富的传统。苏沙进行曲《华盛顿高级中学的军训生》最初就是为中区高中军训生写的，他们把它当作校歌。华盛顿每个高级中学都有一个由3个连组成的军训队，每个连约有军训生60人，分成4～8个班。每年年初，一年前还没有指挥权的高年级学生要进行一次操练知识测验，然后从这些人中选拔各连连长和全市军训团的上校和参谋（有色人种学校有自己的军训队和自己的军团，但报界和华盛顿的白人对他们的活动持置之不理的态度）。

军训生在操练日穿着制服来上学，他们把作为连队徽章的缎带送给女朋友。他们每星期一和星期四在划定的街区进行一个半小时的操练，当遇到雨雪天气时，他们就在中区高中的训练馆里操练。每年春天，在白宫椭圆广场举行操练比赛，比赛的同时，还有各连举行的联谊会和舞会，以及全市军训团的舞会，这项活动被认为是一学年中的重大活动。

军训团还在白宫附近进行模拟战斗，并接受内阁成员和军官们的检阅。在中区高中的开始两年，胡佛接受的是下级和高级军官的训练，他们进行对抗演习，并练习"口号嗓音"。他在一年级的日记里提到他课后与其他队员的一次碰头会："去1117—G—N·W开了班会，下士、上尉、中尉和中士都到了。会开得真好。"胡佛在低年级时即被任命为中区高中13连的中士，他在军训队好像是个重要角色，因为校报上的一条消息特地对他喊号令的音量作了评论。

胡佛在高年级时，通过10月份团和连的考试，被选为A连连长。同连的另一个上尉琼斯当时是足球球星和班主席，后来成了西点军校的全美足球队队员，然后又担任该队教练。同连的第三个上尉大卫·布莱克洛克后来当上了将军。

胡佛任连长非常认真负责。按照惯例，军训队在举行总统就职仪式时要列队行进。胡佛领着他的连队参加了威尔逊总统的就职仪式。事后，胡佛在校报上发表一篇文章要他的连队注意该年的真正目标，即全市春季操练大赛。他感谢校长为军训队的出色操练颁发奖章，并批准军训队在开罗旅馆开舞会（胡佛的父母做伴随）。接着他又提醒队员们认真对待摆在面前的真正任务："军官会议每周召开一次，经常是傍晚开会，清晨休会。目前，我们已经有了方案，这就是说，要开始不停地工作。上场、战斗和操练是三大要素。"

最后一次检阅后，胡佛回忆他的连长经历时说："这一年是最令人愉快的一年，因为再没有什么比同一个你感觉在全心全意支持你的军官和队员组成的连队在一起更令人快乐了。我今年最伤心的时刻就是我意识到我必须与已经成为我生活一部分的伙伴们分手。最后，请允许我说，我希望1912～1913年A连中的每个人都把我当作朋友和帮手，不论我们以后在何处相逢。"

要训练一个集体以正规化的形式听从指挥需要花大量的时间。只有那些对这个集体的团结一致和对达到团结一致的方法感到内心满意的人，才能从中得到报偿。胡佛的确在全神贯注、满怀兴趣地探索如何获得群体内聚力的方法。对他来说，这是研究群体动力的一种练习，这种练习本身就很重要。

在中区高中的经历使胡佛早年便知道自己有鼓动和领导才能。他对组织和领导一个集体的过程本身很感兴趣，也使得他后来在联邦调查局任职时在办公程序上消耗的时间特别多。他的批评者认为他工作不得要领，但是看看早年时期的胡佛对于组织工作本身的兴趣，也就可以理解他这种工作作风了。根据他在中区高中军训队任上尉的工作经验，他预感到如果他能将联邦调查局组成一个类似军训队的受人高度尊敬的机构，他将可以得到实际和心理上的报偿。埃德加离开中区高中后，一直保留着他对在公共场合与人竞争的热爱和人生不过是一场斗智的认识。

第二章

胡佛

初出茅庐的调查局特工

埃德加·胡佛的家庭与联邦政府有着千丝万缕的关系。中学毕业以后，他的家庭出现了问题，他不得不选择半工半读的生活。但他的亲属帮了他的大忙，使他年纪轻轻就进入了司法部工作。因为聪明、勤奋、能干，他在司法部逐步站稳了脚跟，不久又被调到调查局，被下一届政府所器重，成为一颗冉冉升起的政治新星。

勤工俭学的大学生涯

1913年胡佛从中区高中毕业时已将眼光转向法律。他在他的年鉴照片下题着：“‘神速’打算进大学学法律，并且毫无疑问将会学得同在中区高中一般优秀。”

对于在西沃德广场长大的胡佛来说，他非常明白要想在政府内供职自己应该具备哪些条件。除了他对政府机构的了解和他在中区高中获得的信心外，他还知道对于联邦政府中的一般工作来说，并不需要名牌学校的证书。有个在政府部门供职的华盛顿人，他的学历无非是公立学校毕业，可能是中高、西高，或者是乔治·华盛顿大学的夜校毕业。一个人应很快成为联邦文职机构中高级职位中的一环，越快越好。法律学位可能很重要，但是更重要的是参加工作要早，而且要连续、不间断。解决这个问题最普遍的办法是上乔治·华盛顿大学的夜校。这是胡佛走的路，这也曾是他哥哥所走过的路，并将是他侄女以及他在司法部和调查局的许多高级助手所走的路。

乔治·华盛顿大学是走进联邦机构的一条捷径，成立于1821年。开始叫哥伦比亚学院，它期望着能成为哥伦比亚特区“儿童”计划中设想的“全国性”大学。这所大学的校舍多年来一直是华盛顿商业区的麦克珀赫松广场附近的简易楼群。1912年，本科生院搬到了福吉博托姆现在的校址。当学校的其他部分都搬走时，法学院留了下来，在共济会大厦的二楼，地处由第13街、纽约大街和“H”街西北角形成的三角地区。对一个眼光盯住政府工作的学生来说，这是一个很方便的位置，因为那时司法部就坐落在“K”街和第15街，与学校相距只有几个街区。

乔治·华盛顿大学法学院是1900年美国法学院协会的创始成员之一。从学术方面严格地说，在华盛顿地区它比不上乔治城和弗吉尼亚大学，它的真正吸引人之处就是学生可以越过大学本科直接进入三年制的法学学士学位课程，再上一年的实习和诉讼程序课便可得到法学硕士学位，而且它有夜校，这样，就使穷学生可以在白天挣钱糊口。这正是胡佛要走的路。

胡佛为了自谋生计，请时任司法部当高级法官的舅舅威廉·希兹在国会图书馆找了一个当信使的差事，每周挣30美元。图书馆就在离西沃德广场不远的宾夕法尼亚大街。后来，他又到定货部工作，年薪360美元。他负责送信，这是职员中最低的一级。

1913年，著名的艾尔伯特·普特南正准备将国会图书馆改建成全国第一流的研究汇集中心，这是官僚集团建造者们的早期样本，后来在罗伯特·摩西、海曼·内奇奥弗和胡佛的手里成为现实。普特南的专业知识、学术声望、组织才能和操纵国会议员的手腕，让胡佛很是佩服，他仔细研究普特南是怎样通过他的办事效率高的名声和在处理国会议员之要求时所运用的手腕，来赢得他个人的安全和官僚政治的独立性的。

胡佛在国会图书馆定货部待了四年半，其中1915年下半年有一段时间他被派到编目部工作。这段经历对他1919年在情报总部编制档案索引的工作是非常有益的，而且他有机会观察政府机构如何按照健全的行政原则行事。

胡佛在国会图书馆的日常工作是：早9:00～下午4:30为工作时间，然后穿过市区去乔治·华盛顿大学上夜校，夜校上课时间是下午4:50～6:30。夏季里，在最热的日子到来前，课改在上午上，从早7:50～8:40，然后，他在图书馆度过一天的其余时间。在这一严格的时间表中规定用来学习的几个小时里，他写了满满26本装订成册的笔记，每本都在100～200页，并在他的笔记和阅读材料上加上批注。他参加了法律救助学会的工作，取得了一些实际的工作经验。虽然他既要工作又要学习，但他能很好地应付社会生活。

在乔治·华盛顿大学里，本科生与法学院学生间没有年龄差别，因此，法学院的学生们能够参加大学生联谊会，甚至还能加入大学体育代表队进行比赛。胡佛成了卡帕阿尔法的一员，这是一个由威廉和玛丽发起的主要具有南方特点的联谊会（他毕业后还与此会保持着联系，甚至在20世纪20年代早期还是该联谊会的主席）。

胡佛用了三年时间于1916年完成了学士学位的课程，之后他为获法学硕士学位又在乔治·华盛顿大学上了一年的课，这期间，他保留了他在国会图书馆的工作。1917年4月2日，伍德罗·威尔逊向国会发表了他的战争咨文。6月6日这一天，所有21～31岁的男子都必须登记服役。胡佛当时22岁，身体状况极佳，正合军队的需要。因此，6月初，他除获硕士学位和参加律师资格考试外，还填写了选征兵役表。1917年7月3日，他被通知已获律师资格，可以在哥伦比亚特区最高法院面前辩护了。

第一次走进司法部

1917年4月17日，胡佛的家庭出现了危机。他久病不愈的60岁的父亲不得不从内政部退休（他患有精神病，胡佛的一个侄女后来将之称为“某种程度上的精神崩溃”），这使胡佛一家的年收入减少了2000美元。于是，生病的双亲（老狄克逊活到1922年，安妮活到1938年）就得依靠埃德加和狄克来赡养了。由于狄克有家小，因此，这份重担就落到了埃德加的肩上，他不得不考虑能否谋求一份更高薪水的职位。

1917年4月，威尔逊总统代表美国向德国宣战。同年夏，胡佛从乔治·华盛顿大学毕业了，先后获得了法学学士和法学硕士学位（在完成大学课程基础上再取得一定的学分即可取得硕士学位）。当时的年轻人出于疆场立业、建不朽战功的战争狂热，纷纷加入了迅速膨胀的美国武装部队，但胡佛却弄来了一份“暂缓入伍证明”。对于自己未像同龄人一样入伍，他后来作出了自我解释：“上级认为我担负的反间谍工作比上战场更重要。”

胡佛的舅舅希兹给了他莫大的帮助，把他介绍到司法部工作。威廉·希兹认识司法部部长格雷戈里，他们是在哈佛认识的。格雷戈里后来成为胡佛上司约翰·洛德·奥布莱恩的好朋友。

胡佛与希兹交往甚密。胡佛与华盛顿这样一位有成就的法官保持这种联系，这对他在司法部谋职自然非常重要。律师只有在离开法学院投入实际工作时才算开始接受实际的法律教育，因此，在选择第一份工作时，他们主要考虑能学到多少法律知识，而不是薪水多少（胡佛后来常把他的头一份工作称为职员，在正式的联邦调查局人事档案里也提到他在档案部任职员，这种工作不需要法律知识，也用不上法律知识）。

1917年7月26日，埃德加正式进入司法部。此时司法部长托马斯·格雷戈里正计划成立司法部战时应急局，该局于夏末正式成立。奥布莱恩是纽约州布法罗市的著名律师，是格雷戈里心中领导该局的最佳人选。奥布莱恩刚刚成功地经办了一件重要的国内安全案件，即德方宣传人员弗朗兹·林特伦的反垄断诉讼案。奥布莱恩接受出任战时应急局局长的任命是在1917年秋季，也就是说，胡佛找工作的那个夏天，奥布莱恩正与格雷戈里就此事进行联系。

奥布莱恩按照惯例出席了希兹法官在宇宙俱乐部的星期六午餐会，他们俩都是该俱乐部的成员，希兹在将奥布莱恩介绍给华盛顿法律界要人一事中起了重要作用。直至多年后，奥布莱恩仍一直以感激的心情回忆说，希兹“在形成我的早期生活方面起了重要作用”。很可能是奥布莱恩在宇宙俱乐部的一次午餐会上向希兹提起过他在司法部的新单位需要律师，而希兹告诉他，他有个外甥刚从乔治·华盛顿大学法学院毕业并正在找工作。舅舅与奥布莱恩的关系也使胡佛坚信他能够从档案室里解脱出来，因为若非有人向奥布莱恩引荐，一个这样靠近司法部上层的人是无论如何也不会注意到一个如此接近底层的职员的，即使像胡佛那般努力也不行。

胡佛最初在司法部的年薪为990美元，比他在国会图书馆的840美元年薪要多，但这仍是一份低薪工作。一年后，他便升为了“律师”，年薪1800美元，较原先多了一倍，这正是他用来替代他父亲那2000美元进项所需的数目。

司法部里的“特工”

胡佛初到司法部时令人费解的一点就是他被称为“特工”，这更说明了胡佛最初的任命（或许只是一种行政手续）是被分配在部里的侦探部门——调查局，而非司法部本身。约翰·洛德·奥布莱恩第一次正式提到胡佛时（1917年12月14日）称他为“特工”，但由于调查局的许多侦探都在调查局外做军需工作，与胡佛所干的办公室工作相同，奥布莱恩是很容易将胡佛的职位搞错的，因为他不可能对属下所有职员的情况都了如指掌。

另一方面，1919年的华盛顿姓名地址录也将胡佛列为了司法部的“特工”，这一版的姓名地址录可能是1918年早期根据胡佛或其双亲提供给选区争取选票的游说者的情况而编制的。胡佛之所以首先能进司法部的调查局当特工是因为当时（1916年7月）调查局有扩招特工的名额，因此，1917年7月司法部调查局是提供工作机会最多的一个部门。胡佛后来也并不想让他的属下得知这一情况，因为调查局在1924年之前的声名不佳，并且如果他的下属知道他曾在局里接受过命令，就像他给他们发布命令一样，这样会有损他的形象。不管怎样说，如果胡佛曾经做过特工，那么他在以后的生活中肯定对此做了隐瞒。

当埃德加·胡佛于7月26日第一次乘电车从西沃德广场穿过城区去N·W·“K”街来到司法部上班时，他感觉到了一股将造就他的未来的力量。不过，他一开始并没有参与反间谍活动，而是利用在国会图书馆整理图书卡片的经验，在档案复审处工作。

虽然胸怀大志的胡佛对这样的工作极为不满，但他却丝毫没有表现出来，反而把工作干得有声有色，整天在办公室里忙个不停。因为胡佛相信机遇只会眷顾那些有准备的人。他忙碌的身影给邮件室主任乔治·迈克森留下了深刻的印象，而迈克森一次无意间的闲聊改变了胡佛一生的命运，甚至美国的历史也因为这次闲聊而被改写。

1917年一个很平常的早晨，乔治·迈克森在电车上遇到了他熟悉的调查局局长布鲁斯·比拉斯基，闲聊中无意间提到了埃德加·胡佛。迈克森很自然地提到胡佛如何勤勉地工作，并夸他是个聪明的小伙子。比拉斯基很感兴趣，说道：“这样聪明的年轻人放在你那里不是屈才了吗？”

“如果您需要，尽管把他拿走好了。”

在迈克森推荐胡佛之后，比拉斯基并没有立即把这位聪明的小伙子调过来，因为当时联邦调查局并没有合适的位置留给胡佛。比拉斯基把他推荐给了战时行动处处长威廉·弗林。1917年12月14日，22岁的胡佛正式加入战时行动处，担负起对付德国间谍的任务。

侨务工作如鱼得水

胡佛进司法部时，美国已参加第一次世界大战有四个月了，这四个月是战争天昏地暗的四个月，而司法部又正处在战争天昏地暗的中心。胡佛进入的司法部由于战争的缘故扩大很快，但很守旧。司法部的办公室原先设在佛蒙特和麦克珀赫松广场“K”街的总部从四周围租来的楼群中，直到1934年，司法部搬到现在的宾夕法尼亚和第9街的地址时，它才集中在了自己的一幢楼房里。托马斯·W.格雷戈里，即胡佛服务过的19位司法部长中的第一位，是一个出生在密西西比的得克萨斯人，他是伍德罗·威尔逊的早期支持者之一，被认为能说服豪斯上校这个重要人物支持威尔逊竞选总统。

因为舅舅的关系，胡佛很快从普通职员提升为“律师”，并立刻被赋予重任，这种情况对像他这般年龄的人来说是不多见的。在战争期间，他没有介入任何重大的决策，但他清楚地注意到了政府大规模消除异己的运动。他的任务是帮助司法部管理对德国侨民的监督。

胡佛在司法部的第一项工作就是处理因德侨管理规定而导致的大量文书工作。自1914年以来，司法部一直在准备被视为危险分子的外侨名单。“在1917年4月6日，国会通过联合议案前，”格雷戈里报告说，“对逮捕63名敌侨已做了精心的准备。过去的调查表明，如果让这些人逍遥法外，将对合众国之和平与安全构成威胁。”到1917年6月30日，已逮捕了295名侨民，到10月30日逮捕了895名侨民，战争结束时，司法部已逮捕4000名敌侨。

1917年4月16日，格雷戈里限令敌侨不得迟于6月离开禁区，但他又指示他的执法官为那些不构成危险并且非常有必要留在这些地区的外侨颁发许可证。合众国律师必须将他们认为根据总统文告应迅速逮捕的敌侨名单送与格雷戈里。并且格雷戈里警告说，在取得华府同意之前不得逮捕任何外侨，但特别危险分子除外。格雷戈里指示司法部说，他的计划是单独处理每个被捕敌侨案件，然后……根据国家和司法的利益做出决定……他命令外勤特工将有关申请许可证的情况转给“华盛顿特区司法部‘许可证官员’”。甚至在此之前，司法部便已经在全力以赴处理敌侨工作。胡佛刚进战时应急处工作时，他同许多其他官员一道，履行“许可证官员”之职。

在1917年胡佛进司法部工作的头四个月没有证明文件，他的名字头一次出现是在约翰·洛德·奥布莱恩12月14日写给司法部长格雷戈里的一封信中。奥布莱恩在信中描述了新的战时应急处的组织情况。早在12月4日格雷戈里已正式同意奥布莱恩建议的内容，因此可以设想，早在12月4日之前的某段时间里，奥布莱恩便已批准胡佛在他处从事敌侨司工作了，有可能在奥布莱恩正式任命之前，胡佛已经干了几个月的侨务工作了。

威尔逊还把“执行的任务”（凡年满14周岁和14岁以上的男性在美国居住而实际上未取得美国国籍者，都可能被作为敌侨逮捕、限制、采取安全措施及迁居）交给了司法部长。很快，成千上万份来自德国侨民的请求书如潮水般涌向格雷戈里，他们要求禁区规定能对他们例外，以保证他们的工作和保护他们的家庭，公文数量飞速增长，红十字会要求所有被拘留的敌侨都进行登记，并为他们准备好申请假释的表格，那些在禁区（包括外侨的主要集中区）居住或工作的侨民，必须向司法部登记并申请许可留在原地。对所有男性德侨，后来也包括女性德侨的登记（美国国内共有德侨48万人，奥匈帝国侨民近400万人），由于需要广泛的准备，因此一开始就被拖延了。由于严重缺乏劳动力，因而雇主们不顾一切地设法让他们那些被拘留的侨工被释放出来，因此司法部几乎是在拘留工作一开始便着手处理假释申请工作，胡佛即被委以此任。

到12月，部内互通的信件表明，胡佛已是处理敌侨司日常事务的基本成员。他负责审查案件，将案件加以总结，然后呈交奥布莱恩，并提出处理意见。奥布莱恩的做法则是把那些被有权力的人怀疑为不可靠的外侨，在战争期间统统拘留起来。胡佛几乎总是驳回要求宽大的抗辩，显然其根据是法律要求对于即便是构成最轻微危险的外侨也应予以拘留。

司法部官场再上台阶

胡佛在大多数情况下只是给奥布莱恩转达不加任何评论的美国律师的建议。在许多案件中，胡佛和他的顶头上司——司法部长特别助理查尔斯·W.斯托里不主张实行无限度的拘留，但他们的意见通常都会被驳回。从这些案件中可以看出他当时的工作态度。1917年12月28日，胡佛就一位德国水手迪德里克斯的问题写信给奥布莱恩，这位水手自有敌对情绪开始后便被拒绝在船上或滨水区工作，而这位德国人因签了一份在一近海船只上当舱面水手的合同而违反了规定。胡佛记录道："据说这位敌侨愁眉不展，沉默寡言。主管的特工建议在战争期间应将迪德里克斯拘留。"胡佛仍然建议"鉴于此案的情形，可在满30天时假释，条件是这类限制仅限于乡村地区"，但奥布莱恩签署的是"战时拘留"。

在另一案件中，一个德国人沙赫曼因"卖画给穿着制服的士兵并唆使他们找淫荡女人"而被逮捕。胡佛认为"此案中，人可予以假释，条件为沙赫曼保证提供一个合格的监督人并交付一笔不得低于1000美元的保释金"。而奥布莱恩的决定还是战时拘留。

在第三个案例中，胡佛建议假释一名德国火车列车员，他曾说过"将合众国最好的血液送到欧洲去打英战，这是耻辱"的话，但这次胡佛又被驳回了。

在有些案件中，胡佛提出的处理方法要重于他的顶头上司，尽管奥布莱恩对这些案件的最后决定还是战时拘留。如一个名叫奥托·米勒的德国人称威尔逊总统为"傻瓜和贼"。之后，当被问到对美国的看法时，他答道："这该死的国家。"胡佛将其行为称为是"对总统的各种粗俗、猥亵的评论"及"最明显的亲德表示"，并批注了合众国律师的决定，"他建议将米勒进行战时拘留，对此我表示同意。"他在处理另一件关于一个德国人的案件时写道："此人在与一黑人的交谈中有亲德言论并诋毁合众国政府。他还向其他人散布不忠言论”。胡佛未加评论便批准了美方律师对此人实行终生监禁的请求。

在这些案件中隐约可看出一种模式，奥布莱恩做出拘留决定时一定要根据被告的具体行动或是与被告直接接触过的人确认被告是危险人物，而胡佛的做法与此形成鲜明对照，他倾向于搞清侨民的观点和态度，以此来决定处理的轻重。胡佛非常愿意为那些本意好而干了错事的侨民开脱罪责，对于那些行为无害但思想不忠的人却毫不留情。

直至1918年4月，胡佛一直做着被拘留侨民档案的总结工作。在这期间，他还圆满地答复了自1917年11月16日男性德侨登记工作以来产生的行政问题。1918年4月19日，司法部颁布了要求女性德侨登记注册的规定。这似乎是胡佛首次专心一意地从事部里一项行动的实际计划和管理工作，他也许还指挥了这一工作。1918年7月4日，他送给奥布莱恩一份《纽约太阳报》的社论，文章赞扬了司法部“卓有成效的女性外侨的登记工作”。如果说胡佛因这项行动的成功而引起了上司注意的话，那是因为他对此项工作是负责的。从1918年夏开始，案卷中的信上除了奥布莱恩的签名外还有胡佛的“JEH”三个大写字母，表示胡佛是起草此信的律师，此信的答复应送回到他那儿。这类文件多数是关于女性德侨登记问题的，这表明，胡佛已获准享有相当的个人决定权了，这就他的年龄（1918年23岁）来说，已是大大地走在前面了。

有迹象表明，胡佛在司法部的工作如鱼得水，他的上司开始认为他是一个可靠而办事效率高的人，因为他们开始给他一些正式职责外的工作。当司法部为生活在靠近纽约港禁区的斯塔滕岛上的德侨数量担心的时候，胡佛根据搜集的数据对斯塔滕岛上德国人的数量进行了估计，他还得知了管理这片德侨的警官的姓名和管区。

到1918年仲夏，胡佛已不再只是给案卷写总结再附上他个人的试探性建议了。他负责从法律角度评估案件然后做出最后决定供上司签名，他已不再只对查尔斯·斯托里负责，而且还为艾尔伯特·贝特曼工作，而后者是为奥布莱恩做负责战争时期之诉讼工作的。这表明，胡佛在司法部的官场上至少又上了一级台阶。

胡佛应对“敌侨”的经历不仅帮助他在司法部站稳了脚跟，还使他习惯用行政立法代替不可靠的拖拉的法律程序。胡佛所监督的外侨属于敌人身份，被剥夺了受宪法保护的权利，因此，他第一次尝到了可以不受正常的宪法限制来行使政府权力的滋味。胡佛作为一名见习律师度过了令人兴奋的一年半，他大笔一挥就可决定一个人的自由或监禁。战争时期的非常情况使他在确定敌侨是否忠诚时的个人决断具有法律效力。摆在他面前的档案中的那些人的命运只凭他的责任感和上司的审查来确定。

在爆炸声中走向联邦调查局

美国在参战时拒绝加盟“协约国”，而是以“共同作战国”身份加入对德作战的行列。战争以“共同作战国”的彻底胜利而告终。美国作为“共同作战国”之一，还进行了另一场战争行动，那就是对俄国十月革命的武装干涉。威尔逊不仅认可了日本在西伯利亚的登陆，还于1918年6月同意对英、法登陆俄国北部进行支援。但是，干涉行动遭到了失败，到1919年1月，美国军队只好灰溜溜地撤了回去。

美国需要在国内恢复和缔造和平了。然而，国内整肃“亲俄分子”、共产主义思潮和工人运动正方兴未艾。这样，埃德加·胡佛就有了大显身手的机会。生命像草，需要湿润，使细胞充满水分，所以只能生长在污泥之中。像胡佛这样不甘居于人下的人，没有世界大战的战争狂热、反共产主义的歇斯底里、深入骨髓的间谍臆想症提供的肥沃土壤，终究是不会脱颖而出的。有道是“时势造英雄”，胡佛这位“美国英雄”的诞生，正是由战后一浪高于一浪的革命危机、愈演愈烈的犯罪活动造就的。

战争结束了，战时行动处也完成了它的历史使命。胡佛在司法部的工作暂告一段落，究竟何去何从，他也一时找不准方向。

就在胡佛彷徨无着的时候，报界宣称，有一个国际激进组织阴谋暗杀各国领导人，而这些传言似乎又为下列事实所证实：1919年4月28日，西雅图市长奥利·汉森家收到一枚炸弹（后被发现并拆除了），第二天，另一枚炸弹使亚特兰大美国前参议员托马斯·哈德威克家中的一个女仆失去了双手。在以后的几天里，又相继发现了34枚炸弹，但都在到达预定目的地之前被截获。成为炸弹之目标的知名人士有弗雷德里克·C.豪（埃利斯岛负责移民事务的官员）、参议员李·奥弗曼（他曾主持过轰动一时的关于布尔什维主义参议员听证会）、最高法院副法官小奥利弗·温德尔·赫尔姆斯、邮政部长艾尔伯特·伯森和法官凯纳沙·蒙顿·兰德斯（他曾对维克多·伯杰和大比尔·海伍德判刑）。其他炸弹被送往司法部部长A.米切尔·帕尔默、劳工部部长威廉·威尔逊、约翰·D.洛克菲勒和J.P.摩根处。

在胡佛战时于司法部供职期间，那种认为激进分子、无政府主义者、共产党人及社会党人都不是美国人，都不爱国甚至叛国的观点在自认为爱国的美国人中间流传甚广。战争刚一结束，保守派便要求激进党人解释他们在战时的不忠行为。这一事件是由胡佛未来的司法部部长，当时的外侨财产管理人A.米切尔·帕尔默在无意中开始的。

1918年，帕尔默指控他的家乡宾夕法尼亚州的一个政敌博伊斯·彭罗斯参议员曾接受过酿造业的政治捐款。帕尔默宣称，由于酿造业是亲德的、不忠的，而彭罗斯接受它的钱，因此彭罗斯也是不忠的。一个由参议员李·斯莱特·奥弗曼领导的法院委员会旗下的小组委员会被任命调查帕尔默的指控。奥弗曼的委员会不久便将调查扩大到了“亲德主义”的普遍现象这一范围。调查局长布鲁斯·比拉斯基告知委员会，他的下属已对该问题进行了广泛研究，并根据任何反对威尔逊中立或战争政策的人都是德国的同情者这一假设，作出了亲德主义正像传染病一样蔓延全美国的结论。

1918年8月，布尔什维克使俄国退出战争，使德国不必在两线作战，那时，许多美国人就坚信布尔什维克是德国人的同盟，即便本无此意，实际上也是如此。根据战时爱国主义的原始逻辑，同情布尔什维克的就是同情德国。这对美国激进运动在公众中的形象起了破坏作用，因为在1918年和1919年对布尔什维克革命的热情几乎曾使美国所有左派人物联合起来。美国最杰出的社会主义者尤金·德布斯宣称："我是彻头彻尾的布尔什维克，我为此感到自豪。"停战后，政府继续催促惩罚根据战时法令被判刑的激进分子，甚至又发生了新的指控。1919年10月，维克多·伯杰，这位来自威斯康星州的前社会党国会议员，根据间谍法被判罚。1919年8月10日根据同一法案被判决的尤金·德布斯，用尽了所有上诉手段，最终还是被最高法院驳回，于两星期后入狱。这些案件加深了胡佛关于激进分子是罪犯、叛徒的想法。

1919年6月2日傍晚，又一声爆炸摧毁了司法部部长帕尔默在华盛顿西北部居所的正面，掷弹者也在这场爆炸中丧生。在可怕的碎片中人们发观了一张威胁要对"资产阶级"施以暴力的传单，署名为"无政府主义战士"。帕尔默和他的家人均未受伤，但据帕尔默的邻居海军部部长助理富兰克林·D.罗斯福说，司法部部长对这次爆炸惊恐万状。就是这一系列一直未被侦破的爆炸事件引起了司法部1919年的反激进分子运动，并开始了埃德加·胡佛在联邦调查局的生涯。

爆炸的尘土还未完全落下，帕尔默便招募他在外侨财产局的老侦查长弗朗西斯·P.加文及前秘密情报局长兼著名私人侦探威廉·弗林，来协助司法部制订对付爆炸的计划。6月4日，他宣布任命加文为司法部副部长，专门处理激进分子的威胁，任命弗林为调查局长，并任命一直负责秘密情报局纽约分局及俄国处的弗兰克·伯克为弗林的副局长，头衔为"长官"（局里高级级别的称号这时已规范化了。局里的头脑在此之前时而被称为"局长"或"长官"，而这时被定为"局长"，他的副手被称为"副局长"或"长官"）。有这些人做顾问，帕尔默开始制订计划竭尽全力攻击激进主义。他请求国会专门拨款以供调查激进分子之需，并宣称，他已获取某种情报，不久将有一个“一举摧毁现政府的企图”出现。

在6月17日的会议上，司法部决定：大举围捕并驱逐外侨激进分子。胡佛可能参加了6月17日的会议，也许是当时，也许是稍后，帕尔默及其顾问决定让胡佛负责这一运动。7月10日，帕尔默将胡佛提升为司法部部长特别助理，直接向加文报告，随着职位提高而来的是加薪，1800美元的薪水升为3000美元（比较起来，调查局长威廉·弗林年薪7500美元，伯克长官的年薪4000美元）。此后，胡佛的名字首次出现在调查局的编制表上。

雄心勃勃的司法部部长助理

在帕尔默提升胡佛时，胡佛实际上也正想凭借约翰·洛德·奥布莱恩向帕尔默的举荐来保持他的工作。据奥布莱恩所言：“战争打完了，停战时胡佛对我说，他愿意留在司法部做文职人员，我私下与新任司法部部长A.米切尔·帕尔默谈了此事。”当爆炸事件发生后，帕尔默需要得到了解外侨事务的人帮助时，奥布莱恩的举荐在他的心中尚记忆犹新。奥布莱恩的举荐能留在帕尔默印象中可能是出于个人原因。尽管这两个人有许多不同点（帕尔默在民主党内享有权力，而奥布莱恩则是一个有影响的共和党人），但他们却有许多共同的朋友：帕尔默与哈里·戈文顿和爱德华·伯林关系很密切，而后两者是影响很大的华盛顿戈文顿和伯林法律公司的创始人。而这两个人又是胡佛的舅舅威廉·希兹法官的朋友。正是希兹在他的一次宇宙俱乐部午餐会上将朋友奥布莱恩介绍给戈文顿和伯林的，奥布莱恩后来在1944年加入了他们的公司，因此很可能奥布莱恩向帕尔默提起胡佛时，提到过胡佛是戈文顿的朋友希兹法官的亲戚。

胡佛战时与不受欢迎的外侨打交道的经历，成了他肩负新任的最宝贵的证书。格雷戈里和奥布莱恩离开后，胡佛便成了司法部内唯一的外侨专家，尽管他当时很年轻。在司法部里只有他曾在劳工部移民局工作过，并利用驱逐法令在法律以外高效率地处理了外侨事务（劳工部移民局及司法部敌侨司在华盛顿的职责实际上在战争期间已经合并），当事态的发展需要与劳工部重建关系以便对外侨进行大规模行动时，胡佛是必然的，也的确是唯一可行的人选。胡佛由于青年时期形成的对外侨的怀疑，更激发了他对追查外国人的狂热情绪，他的这份热情在司法部内尽人皆知。

帕尔默挑选胡佛来指挥反共运动的另一个理由可能是因为胡佛年轻（1919年春他正好24岁）。帕尔默本人信教，公开形象又是个道貌岸然的道德家，但政治上却是腐败不堪。他很欣赏年轻精干的下属的残忍和鲁莽，终生对外国人和激进分子疑心重重。他贪得无厌，热衷于政治投机。到1919年，帕尔默已无所顾忌，亦无确定的政治信仰。他极想获得1920年民主党总统候选人提名，对此自认为十拿九稳。为达此目的，他不惜一切，或许他已看到胡佛是一个敢作敢为的自信的年轻特工，能够给他提供当选总统所需要的战绩。胡佛极端拘谨的道德观，他的精力、聪明及他的自信，使他成为中产阶级年轻斗士的楷模。他为下层社会的犯罪与缺点所困扰，对姑息它们的上层社会又疑心重重。这种年轻、智慧和精力在一个人身上的高度体现对帕尔默极富有吸引力，因为帕尔默本人艰苦工作的能力和集中考虑的能力都很有限（他紧张时易精神崩溃）。

胡佛不仅精力充沛，雄心勃勃，并且由于他在敌侨司的经验和早年在中区高中的成功，使他对自己的组织能力和领导才干信心十足，他身上还带有一种当地名流的自信感，同时，也许还伴有对低贱的下层社会和饱食终日无所用心的上层社会的忿恨，正是由于后者对下层社会的姑息使得中产阶级的志气和体面丧失殆尽。胡佛进政府机构谋职时，恰逢部里有才干的律师都急于离职，重操和平时期的法律事务，因此胡佛在部里便没有了竞争对手，而那些自谋职业的人无论如何都不会使自己成为行业中的佼佼者。或许不管怎样，胡佛都会成功。

但是，公众舆论的落潮起伏，激进运动的胜利须臾可待的那种难以控制的和不受控制的感觉，以及发生在司法部长和其他重要官员居所的爆炸事件，给胡佛创造了一个对他的背景、阅历与个性来说完全合适的大好时机。也许每个伟大的生涯都要仰仗于千载难逢的好运气，而在这人生的紧要关头，胡佛很走运，碰到了合适的时机、合适的地点，并具有合适的才干、委任状和信心。

帕尔默上任伊始，面对禁酒法案的令而不行、三K党人的横行不法、罢工事件的风起云涌、各种社会思潮的相互激荡，对如何选择树立虎威的突破口，不免大费踌躇。寓所的炸弹事件让帕尔默胆战心惊了。形形色色的“革命”风潮如火如荼，火舌已经伸到了教堂的祭坛，已经伸到了司法部部长家的庭院，如果不断然加以遏止，保守的美国上层统治在这种强劲的冲击面前能维持多久！帕尔默断然决定：以这一赤裸裸的挑衅案件为契机，向国人证明自己不是一只病猫。于是，他炮制了有某些团体阴谋推翻联邦政府的超级“发现”，从国会争取到一大笔预算，下令对全国各种无政府主义者、布尔什维主义者、激进团体进行大规模清查。这就是历史上著名的“帕尔默袭击（搜捕）”行动。

帕尔默袭击犹如一场大地震一样迅速席卷全美国，而埃德加·胡佛在国会图书馆整理卡片的拿手好戏再次派上了大用场。为了对激进分子进行大清查，帕尔默任命了威廉·弗林、弗兰克·伯克分别担任调查局正、副局长。同时，他授命特工处对胡佛进行了可靠性审查，发现他除了需要负担父亲在精神病院治疗的费用外，没有任何有别于常人之处。于是，胡佛留任司法部，并成了帕尔默的特别助理。胡佛所担负的任务是，在助理部长弗朗西斯·加文的具体领导下，搜集和汇编“带有革命和激进主义色彩的社会团体”的档案材料。

年方24岁就能在非常时期的非常机构里独当一面，成为左右全国成千上万人命运的司法部部长特别助理，胡佛似乎已看到更大的权力在不远处向自己召唤。他决心干出一番事业，给帕尔默一个漂亮的报答。于是，加班加点、夜以继日又成了他每天生活的写照。埃德加·胡佛是一个工作狂，为了报答帕尔默的知遇之恩，他在几个月的时间里就带同一帮助手，手工编纂了50万人的索引卡片、6万余人的简历材料，用姓名字母和思想倾向类型的双重方法查找，都只需用几分钟即可找到。1919年11月7日，帕尔默下达了清洗“革命嫌疑人”和“激进分子”的命令。根据胡佛拟就的多达6万人的“黑名单”，司法部“按图索骥”，短短的几天内，就相继逮捕了数百人，并对他们进行了严刑逼供。清洗行动中的逮捕环节是由调查局和各州、县城市警察局联袂实施的，而对一干人犯的“处理”，则交由胡佛全权办理。正如调查局副局长弗兰克·伯克在指示中所说：“在逮捕过程中，凡遇到重要问题，务必立刻与胡佛先生取得联系。”

一代政治新星冉冉升起

胡佛确实不满足于编写和整理索引卡片这种纯粹事务性的工作，他还为如何处理上了“黑名单”的人献计献策：与其扬汤止沸，不如釜底抽薪，为了有效、彻底地消除革命危机，对激进分子采取扫地出门、驱逐出境的办法，肯定能取得事半功倍的奇效。于是，他走进了镁光灯照耀下的政治前台，在法院里以公诉人的身份，运用自己在乔治·华盛顿大学法学院学到的知识，成功地促使法院作出了对埃玛·戈德曼驱逐出境的判决。戈德曼是一位在年轻人中有很高知名度的无政府主义者，通过电影等形式，散布“杯水主义”的性自由（性就像人渴了需要喝一杯水一样，是一种无可厚非的生理要求）和对宗教的批判。

按照胡佛的“发现”，1901年威廉·麦金利总统的遇刺身亡，凶手就是受了戈德曼的蛊惑宣传。几天后，胡佛会同调查局局长弗林，亲自前往埃利斯岛（欧洲大陆移民进入新大陆的门户），目睹戈德曼及其情人伯克曼等首批247名"激进分子"被押上军舰，递解至俄国。第二天，陶醉在初战告捷的喜悦中的胡佛就向新闻界谈起了自己的思路："一旦必要，就应该把危险的激进分子和布尔什维主义分子从美国清除出去，把他们统统送到欧洲。"

清洗工作犹如滚雪团一样，动作越来越大。在1920年元旦那一天，"帕尔默袭击"中规模最大的一轮行动在23个城市同时上演了，被拘留审查的人数达万人之多，尽管大部分人在审讯后被释放了，但需要"统统送到欧洲"的仍大大超过上一轮的戈德曼一行。随着"帕尔默袭击"的步步深入，帕尔默已得到了作为未来总统候选人所需要的广泛的知名度，而埃德加·胡佛也很快成了举国皆知的名人。为了表彰他没有周末、没有"八小时以外"的勤奋工作，帕尔默于1920年初任命他担任了调查局总情报处的主任。

美国一向标榜"言论自由"，由于"帕尔默袭击"对美国社会造成的危害和冲击远远大于所谓激进分子，从而招致哥伦比亚大学法律系主任哈兰·斯通等社会名流的严厉抨击。因此，尽管帕尔默和胡佛逮捕了成千上万的人，但真正流放到欧洲的也只有数百人。同时也因为帕尔默的清洗行动对美国社会构成的冲击已经超过了所谓激进分子本身，从而导致了来自国会山的质问和批评。为了"舍车保帅"，帕尔默在国会作证时声称，一切细节、一切指控都是埃德加·胡佛先生的职权行为。这位司法部部长对他一手导演的全国性丑闻的解释，颇能反映出胡佛在司法部里地位和作用的上升。

不论是埃德加·胡佛，还是司法部部长帕尔默和他的工作人员，都没有因对共产党的袭击而受到惩罚。国会的调查拖了很长时间，结果是新总统上台，换了司法部部长，当事人不了了之。胡佛取得了难以忘怀的经验教训。首先，他知道了进行全国性镇压在美国是行得通的。尽管舆论大哗，对赤色分子的镇压毕竟使美国共产党受到了摧毁性的打击，它的党员人数从袭击以前的8万人下降到1920年底的6000人。其次，胡佛还发现，可以不根据罪行，而根据政治信仰对人们进行侦察和迫害。为了不被抓住，必须至少在法律上遵守“适当的程序”。一定不要让公众知道调查者的宝贵财富——秘密档案。在关于袭击赤色分子的听证会上，暴露了许多文件，造成被动局面。他当联邦调查局局长以后，完善了档案制度，局外人是无法看到这些档案的，只有在对埃德加有利的情况下，才会拿出档案。

对于帕尔默这种把功劳尽数揽为已有、把过错尽数委于部下的政治把戏，未来数十年里的胡佛将“青出于蓝而胜于蓝”。在“帕尔默袭击”中，胡佛显示了他过人的精力和才干。因此，尽管帕尔默因为这件事在政治上名声扫地，具体操办此事的胡佛却是声名大噪，更被下一届政府所器重。

第三章

胡佛

为联邦调查局而生，为联邦调查局而活

埃德加·胡佛之所以被人们所熟知，主要是因为他在调查局所从事的工作。联邦调查局从成立那天起，就已经预示着它将不是一个简单的部门。在它后来的逐步发展中，自豪感以及成就感并驾齐驱，由此创造了一个美国历史上政府部门的小神话。这一切，都源于胡佛对它倾注的一片心血。

升任调查局助理局长

美利坚合众国肇始于反抗英国严酷统治的北美13个殖民地，“主权在民”思想传统的存在，使民众往往对政府权力持怀疑态度，因而与欧洲国家相比，它的民选职位最为普遍，官员的任期也普遍较短。作为国家元首、政府首脑、武装部队总司令的总统，自始至终按宪法和法律规定的期限和时间选举，从不推迟或提前，即使战时也是如此。在选举中，政党和政治活动家都能遵守“竞赛规则”，至少表面上是如此。尽管在竞选时争夺激烈，势不两立，但在选举结果产生后，落选者都能承认失败，祝贺胜利者，体面地下台（如系在职者），或声称下次选举再决高低（如系在野者）；当选者则继续执政或上台执政。权力的转移是有秩序地、和平地进行的，保持了政局的稳定，从未发生过武装政变或宫廷政变改变政府的事例，这比起欧洲等其他地区国家，无疑是一种政治上的进步。

1920年，又是一个选举年。美国的总统选举程序非常复杂。从1832年以后，都是先由政党代表大会提名总统候选人，尔后由选民间接选举。因此，政治活动家的竞选也分为两个步骤：政党候选人提名竞选和正式选举竞选。

1920年6月，帕尔默前往旧金山，角逐民主党总统候选人的提名，埃德加·胡佛这位得力干将也一同前往助阵。威尔逊为了国际联盟的建立曾进行了艰苦的斗争。国际联盟是成立了，但其中没有美国的参与。总统选举的日子临近了，威尔逊非常希望把大选变成人民对国联问题所进行的一次庄严的公民投票。民主党希望他能站起来，因为他就是国联这个盟约的化身。但是，他的健康状况已经使他力不从心了。1919年以后，他一度失去了言语能力，紧接着是突然的心跳紊乱，伴有呼吸困难，使他只能长时间地坐在床上苟延残喘。与部长们接触和治理国政的是威尔逊的夫人，她下令严守秘密，因为“威尔逊总统辞职将对国家产生不良后果，还会对他的健康造成负面影响”。就这样，美国这艘航船由一个幽灵驾驶着，不时有一个立法案或否决案，经过那颤抖的手签署之后，从白宫那个人迹难至的隐居所里发出来。

美国历史上的总统竞选，一直是在共和党（驴党）和民主党（象党）之间展开的。此番共和党为了重夺江山，也陷入了长长的思索：它的全国代表大会一开始想提名赫伯特·克拉克·胡佛，利用他在战争期间曾领导多种国外救济委员会和国内粮食机构的政绩和声望，一举击败民主党。也有人提名伦纳德·伍德将军，以及哥伦比亚大学校长尼古拉斯·默里·巴特勒。但是，共和党的大多数人觉得，自从有了威尔逊这么一个人以后，美国对具有杰出思想的人已经厌烦了，因为在这样一位总统治理下，作为“三权分立”一部分的国会只不过是一枚橡皮图章罢了，必须另辟蹊径，寻找一个最平庸的美国人，一个最可以让人放心的人。这样，来自俄亥俄州的参议员沃伦·甘梅利尔·哈定成了幸运儿，他选择的副总统候选人是马萨诸塞州州长卡尔文·柯立芝。

1920年11月，哈定在总统大选中取得了压倒性胜利——1615.2万票对914.7万票。“这不仅是一次压倒性的大胜利，这简直是一次大地震。”报界如是说。威尔逊的痛苦思绪和他的病情一样每况愈下，他说，美国已经放弃了“富有成果的领导地位，去换取那一无所获的独立政策……我们曾经有机会取得世界的领导地位，但我们失去了这个机会，而且我们很快就将亲眼目睹这整出悲剧了”。或许是回光返照的缘故吧，威尔逊那瘫痪了的四肢渐渐恢复了生机。1921年3月4日，他勉强站了起来，陪同自己的继任者去了国会山。

哈定早在他的就职演说中就宣布，美国并不冀求“参与支配世界的命运”，他对美国待在国联外面无动于衷，因为国联的存在在他眼里根本不值一提。一朝天子一朝臣。在哈定组成的内阁中，安德鲁·梅隆入掌财政部，查尔斯·休斯任国务卿，赫伯特·胡佛负责商务部，约翰·威克斯执掌国防部，亨利·华莱士进了农业部，而司法部部长之职则由哈利·多尔蒂出任。

哈定似乎对“美国激怒起来”并不怎么担心，他甚至亲自接见了被释放的社会主义者德布斯。不过，这也许只是因为美国面临的“赤色危险”已变得微不足道的缘故，因为通过“帕尔默袭击”，美国共产党的人数已经锐减。而在多尔蒂看来，如果没有清洗、没有恐怖气氛，司法部的权力基础不就荡然无存了吗？因此，新政府上台后，司法部对镇压共产主义者和“激进分子”仍然是不遗余力，只不过不像“帕尔默袭击”时那样大张旗鼓罢了。不仅如此，他还把调查的对象扩大到了国会参众两院的议员。按照“战利品尽数归于胜利者”的政治分赃制度，赢得大选的共和党也得到了所有人事调配的大权。但政府机构的高效运作，需要训练有素、“政治中立”的专门家，埃德加·胡佛就是其中的一个。他自我标榜说：“我对政治不感兴趣，我不愿自己被贴上政党的标签。”

因此，在哈定政府上台后，尽管自己的保护人帕尔默在政治上已沦为一具僵尸，但胡佛仍被提拔为调查局助理局长，这时的调查局局长是威廉·彭斯，他接替了于1921年因心脏病去世的威廉·弗林。与花前月下、卿卿我我地享受青春活力的同龄人不同，埃德加·胡佛仍旧过着类似于苦行僧的生活。没有情人，没有休息，尽管自进入司法部以来办公室已换了多次，每天通宵达旦地工作的习惯却一直保留了下来，整理、分析调查局事务。

辗转于社交和家庭之间

1921年8月18日，司法部部长哈利·多尔蒂任命他的俄亥俄州的童年时的莫逆之交威廉·彭斯来掌管调查局。8月22日，多尔蒂任命年仅26岁的胡佛出任助理局长兼总管，年薪4000美元。助理局长负责全部行政事务并监督和指挥局内的日常工作，因而正需要像胡佛这样颇具官场活动能力和指挥局务的人就任此职。

胡佛任助理局长的三年内，其工作不必像他在红色恐怖时期那样不遗余力、疲于奔命，因而他得以更充分地丰富了自己的社交生活。他开始在哥伦比亚乡间俱乐部打高尔夫球，直至1936年他一直是该俱乐部的一名十分活跃的成员。与此同时，他在华盛顿共济会（他的哥哥狄克介绍他入的会）的活动范围也更为扩大。1920年11月9日，他获得联邦共济会第一分会三级会员的崇高头衔。1921年4月，他已拥有了皇家共济会总会会员的所有职衔。三个月后，他参加了华盛顿社团第一分团。1922年8月1日，他被选为阿尔玛斯圣殿会成员。

在此期间，胡佛还加入了大学俱乐部，成为全美理事会会员，获得了该会阅览室的使用权。在1922年，他被委任为军事情报处预备役军官。在担任助理局长的几年里，他一直保留着上尉军衔，这就为他与军事情报界之接触大开了方便之门。在20年代，军队情报界同军事侦察有着千丝万缕的联系。

虽然已经成了高官，但胡佛仍和双亲一起住在西沃德广场413号。老狄克逊1917年从政府部门退休后一直患情绪失控症，也许是抑郁症，因而只好住进了马里兰州的劳拉疗养院。当他返回家中时，他的情绪完全与之前判若两人，他乖僻无常，粗鲁无礼。1922年，老狄克逊·胡佛终于过世。胡佛后来将林肯总统和他儿子塔德的合影挂在自己位于华盛顿西北住宅的前厅里。这幅照片或能唤起胡佛对命途多舛的父亲的怀念之情。

也许是为了帮助母亲排遣孤独感，1924年，胡佛家将狄克的长女玛格丽特接到家中。这使玛格丽特不必从马里兰州跑来跑去就在东区高中读完了书。那时，狄克一家刚刚搬到马里兰。后来，玛格丽特考入了师范学院，毕业后又考入乔治·华盛顿大学法学院就读。此间，她一直住在西沃德广场413号。玛格丽特效法叔叔，在国会图书馆找了份工作，自谋生计，半工半读。玛格丽特和妹妹安娜都记得：奶奶将埃德加叔叔的那幢住宅收拾得井井有条、窗明几净，餐厅的镶木地板“无时无刻不打着蜡，使人走起来如履薄冰”。胡佛母子俩的个性一个比一个强，因此偶尔也相互较量，互不相让。安妮·胡佛喜欢终日挂着窗帘，埃德加则偏偏愿意让阳光照进屋子里。胡佛每晚一回到家，就把窗帘拉开，而后就到自己房间里埋头于他带回家中的文件堆中。胡佛的侄女说：“这是智者之间展开的一种智慧对抗赛。”

每天早上，胡佛夫人总要让一个女佣人帮忙准备早餐。埃德加下楼时，早餐必须准备就绪，而且还要合他的口味，否则必须返工。他早餐总是吃烤面包片夹水煮荷包蛋，没咬几口就将餐盘放在地板上喂狗。早饭后他就带着狗去宾夕法尼亚大街替母亲买早报，下班后又把狗带出去遛。

毛头小伙入主调查局

1923年8月，哈定总统因心脏病暴发死于旧金山，时年58岁。两年的平庸统治，一言以蔽之，“声名狼藉”。根据美国宪法第二条第一款规定，副总统加尔文·柯立芝成为美国的第30任总统。

与哈定不同，柯立芝居官廉洁自好，任何银行大亨、工业巨头都不能收买他——当然，他们也无须收买他，因为柯立芝天生就是资本家利益的化身：他信奉的是亚历山大·汉密尔顿那套富者、智者的哲学，而不是以杰斐逊或威尔逊为代表的“民主”思想。“一个人失业，那是他自己的错”，这就是柯立芝的立场。柯立芝上台后，对政府机关的腐败作风进行了整肃，撤换了一大批高级官员。即使按照哈定时代弥漫全国的腐败风气来看，调查局也是非常突出的。调查局的特工中许多人本身就有犯罪记录，他们成为“管理小流氓的大流氓”后劣性更甚，竟然把一些调查文件和档案复制后出售给罪犯；司法部历任部长，如帕尔默、多尔蒂等，为了实现自己的政治野心，公开授命调查局运用非法搜查或偷窃手段收集政敌的材料。为了杜绝这种活动，柯立芝任命一直大力抨击和批评帕尔默等人的前哥伦比亚大学法律系主任哈兰·斯通担任了司法部新任部长。新官上任三把火。斯通很快展开了重组调查局的一系列步骤，首先是把“道德素质差、工作水平低”的有关人员调出去。他下令：“调查局的工作必须从政治中脱离出来，不应当再作为政治打手们的垃圾箱，必须根据德行加以任用。其次，人员的提拔应以其业已显示的能力为基础，调查局将只能由司法部部长负责。”据此，伯恩斯被从调查局局长职位上撵走。一直在帕尔默、多尔蒂、伯恩斯麾下效犬马之劳的埃德加·胡佛如坐针毡，担心自己面临重找工作的前景。

1924年5月10日，斯通把胡佛叫到了自己的办公室。后者满心以为自己即将被扫地出门，不料，斯通却大声地对他说：“小伙子，我要你当代理局长。”一朝天子一朝臣。早在“帕尔默袭击”中，年仅23岁的埃德加·胡佛就展示了自己出众的才华和能力，再加上他事无巨细一律一丝不苟的工作态度，不要家庭的温暖和情侣的温馨而是一心扑在工作中的“献身”精神，当然符合斯通所提出的任用和提拔标准。马上打天下，马下治天下。在野者尽可以冠冕堂皇地高擎着“公”的旗帜，道貌岸然地宣扬“平等、自由、博爱”“民有、民治、民享”，但一朝权在手，还是要祭起马基雅弗里主义的法宝，还是需要诬陷、告密、绑架、暗杀、窃听，正如英国思想家洛克所说：“谁认为绝对权力能够纯洁人们的气质和纠正人性的劣根性，只要读一下当代或其他任何时代的历史，就会相信适得其反。”“万千美德集一身”的柯立芝、斯通之流又能逃出这条政治上的铁律吗？而他们要保住自己舶“天下”，必然需要从事各种被他们批评过的隐蔽活动的专门家。不管是共和党还是民主党，不管是左翼还是右翼，不管是保守派还是自由派，不管是明目张胆还是心存顾忌，凡是当权者，尽管台上台下相互攻讦闹得不亦乐乎，其骨子里都是如出一辙，都是代表着资本家的利益，都离不开特务政治和秘密警察。这一次，柯立芝和斯通先生选中了久经考验的埃德加·胡佛。

这样，胡佛在1924年5月10日，继斯坦莱·芬奇、布鲁斯·比拉斯基、威廉·弗林、威廉·伯恩斯之后，成了调查局的第五任负责人（调查局的前身是1908年成立的特工队），时年仅仅29岁。从此，这个岗位将成为他政治生命的摇篮和坟墓，伴随他走过近半个世纪的历程，伴随他先后经历柯立芝、赫伯特·胡佛、罗斯福、杜鲁门、艾森豪威尔、肯尼迪、约翰逊、尼克松等8位美国总统任期，伴随他走上"美国英雄"的祭坛，成为"一个伟人，一个勇敢、爱国主义、忠诚的全国象征"（尼克松语）。

关于斯通对胡佛的青睐有加，当然也带有一定的偶然性：斯通对司法部进行抨击的时间虽然很长了，但他对司法部包括其下属的调查局的运作，还缺乏足够的了解。到底哪些人应该留下，哪些人应该滚蛋，他心中没有把握，便去找商业部部长赫伯特·胡佛等其他内阁成员商量。由于商业部部长助理、前调查局特工劳伦斯·里奇素与埃德加·胡佛交好，听说调查局正在物色新任局长，便向赫伯特·胡佛这位未来的总统作了推荐。而商业部部长对司法部里那位能干的同姓小伙子也素有耳闻，遂向斯通作了大力推荐。不过，埃德加所得到的职务并不是永久性的，所以他的晋升并没有公开见报。斯通有言在先："在我找到适合此职务的人选以前，我准备亲自抓一抓调查局的工作。"因此，埃德加必须使出浑身解数，好好地做出一番成绩，使斯通这位新老板相信，他正是适合此职务的最佳人选。

人在江湖，身不由己

1924年5月10日胡佛上任时，调查局可谓满目疮痍。有人甚至议论说要想使其摆脱惨淡经营的局面，应将其职能划归特工局，将司法部就此逐出侦探界。在帕尔默时期，胡佛的新任上司、司法部部长哈兰·斯通始终坚决抨击调查局打击和迫害异己的行动。1921年，他加入了反对司法部从事非法活动的抗议委员会，并呼吁国会对调查局实施调查。尽管如此，斯通仍笃信调查局是“一个必要的执法工具”。不管怎样，这都只是一种微弱的认可。

按照斯通对调查局之言行所持的众人皆知的态度，胡佛的日子不可能过得太舒心。如果说斯通并不想废除调查局，那么他就是要使之在一个与以往截然不同的基础上继续存在下去，斯通制定了一套严格的方针和路线作为改组的法则。他指示胡佛限制调查局的活动范围，该局“仅限于遵照我和一名常务助理部长的指示来调查违法行动”。他还命令胡佛裁员，调开“那些不胜任和靠不住的人”。后来，他又主张只聘用“品行端正、能干的人，优先录用受过法律知识培训的人”。将调查局的业务范围严格限制在“调查违法行为”之内，这就意味着撤销情报处并终结对政治信仰及同类案件的调查。为确保不产生误解，斯通一再指出：“调查局不干预个人的政治见解和其他形式的个人言论。它只干预美国法律明文禁止的行为。”

为此，胡佛宣布了关于对激进分子问题不染指的新政策：“我局不调查无损于联邦形象的事件。没有一个政府会禁止娱乐性的激进思想。我们不浪费时间搜集我们不能利用的情报。”胡佛还说他不会公开口头反共，因为假如他“一旦发表演说，范围扩及‘红色威胁’，那么，局里的特工们自然就会对此暗示心领神会，开始四处搜寻激进分子”。斯通的方针有效地遏止了胡佛的国内监控活动。直至1936年，富兰克林·D.罗斯福才下令恢复此类活动。

1924年，美国公民自由协会会长罗杰·鲍德温走访了胡佛和斯通，以确认激进案件调查处的取消。同胡佛谈话之后，鲍德温在美国公民自由协会文件上写道：“我们对胡佛所持态度的估计是错误的。这种估计来源于上届政府执政时调查局工作上的某些过失，而此间胡佛扮演的无疑是个身不由己的角色。他对我谈及的调查局管理工作的细节和变化均表明，调查局的所做所为符合我们任何人所提的每条建议的要求，这些建议正在按照斯通已宣布的方针政策付诸实施。”鲍德温为胡佛勾勒出的公民自由意志论者的肖像引起了斯通的兴致。他致函胡佛说：“这是一种令人尴尬的赞誉，但我们不得不像忍受燥热气候一般忍受它。”

20世纪20年代，胡佛给美国公民自由协会会员留下的良好印象持续了多年。在他后来的政治生涯中，每当他受到民权自由意志论者甚至是美国公民自由协会会员的抨击时，他都可以仰仗如罗·鲍德温和莫里斯·厄恩斯那样的美国公民自由协会中的名人的支持。

如果说美国公民自由协会对调查局放弃反激进活动感到欣慰的话，那么主张反共的院外活动集团则绝无同感。在此后的12年内，反共分子曾徒劳地请求白宫、司法部部长及调查局局长恢复情报处的活动。事实上，恢复调查局的反共活动是私人院外活动集团此后12年内的最高目标。

让联邦调查局改头换面

1924年春，胡佛接管调查局时，柯立芝总统的“大清仓”行动正在各级政府机关中进行。哈定总统当政时期的官员深受蒂波脱多姆丑闻（1924年，蒙大拿州参议员波顿·K.惠勒控告司法部长哈利·多尔蒂阻挠对内务部长阿尔伯特·B.佛尔在怀俄明州蒂波脱多姆出售海军战备用油一事的调查。为了报复，多尔蒂让彭斯派调查局的侦探到蒙大拿州收集有关惠勒的罪证，以使其名誉扫地。司法部根据调查局的调查结果起草了一份失之草率的起诉书，控告惠勒在联邦机构面前代表一个当事人行事，这是违犯联邦法令的）中表现出来的那种商业与政治间的肮脏关系的腐蚀。他们均被取代，换上了一批风头十足而又不善弄权的人物。哈兰·F.斯通便是深得柯立芝政府青睐的官员代表。但新一代官员中一扫政客劣习，持科学态度的领导人的杰出典范当推“另一个胡佛”——在上届政府中就任商业部长的赫伯特·C.胡佛。此人集商业与政治才华于一身，是一尊锐意进取、思想开明的偶像（两位胡佛并无血缘关系）。

事实上，赫伯特·胡佛的开拓思想成为胡佛此后九年中治理调查局的指导方针。赫伯特·胡佛在管理战时食品及战后欧洲赈济事务中的杰出工作被传为佳话，因此1924年的赫伯特在人们心中声望极高。他以伟大的工程设计师而名噪一时。他倡导的科学编制管理法使全体现代管理家趋之若骛。紧步赫伯特·胡佛后尘的精明的为官者，如J.埃德加·胡佛企望着与之共受“伟大的工程设计师”的声望。由于采纳了这种思想，J.埃德加·胡佛作为善于用科学之道解决政府遗留问题的新型领导人之一脱颖而出。在20世纪，胡佛将此方法成功地引入警务工作。这种成功不仅影响着其余生的领导方法，而且使其成为科学执法之真谛的导师和象征。

埃德加·胡佛的升迁深得报界拥戴，因为其教养、智慧、记忆力甚至连其打高尔夫球都被视为改良运动的标志，他被认为是热衷于组织管理、效率和控制等问题的锐意进取的事业领导人。改良运动的特征就是两大政党和商业界都期待研究社会浪费和低效率等问题的解决方法。埃德加·胡佛在处理调查局组织机构和规章纪律方面的现存问题上，所表现出的道义上的热情仅仅是他效法那些在本世纪初才跻身政府中的具有改良思想的政府官员的一个例子。在很大程度上，这些人背景相同。他们都是倍受围攻的中产阶级的后裔，他们都年富力强、颇有教养，他们通常来自那些试图找回已失落在都市化和工业化进程中的公民纯洁性的老式家庭。

改良运动为胡佛树立了一个明确的学习楷模，使他少走了弯路。改良运动自诩“一剂根治陈腐的昏庸政客的解药”。威廉·彭斯是无以复加的反面形象。对胡佛之了解根本谈不上透彻的记者们只是简单地将胡佛描写成声名狼藉的彭斯的对立面人物。报界建议胡佛“第一，用心研究威廉·彭斯的官场言行与奋斗目标，研究——研究——再研究，而后烂熟于心；第二，要为彭斯先生所不为，不为彭斯先生所为”。在这一方面，至少胡佛一开始的作为就没有走彭斯的老路。也许他不是“赫伯特·胡佛第二”，至少那时还不是，但他却能尽量不当“威廉·彭斯第二”。

威廉·彭斯的所做所为使老式侦探的形象一落千丈。胡佛甚至因“全无侦探习气”而受推崇。人们称赞他一扫调查局“足蹬橡胶皮靴，手提黑色提灯，留着假胡须”的老传统，更新了传统的办事程序。记者们热衷于描绘胡佛的做法与老多尔蒂、彭斯的政体有天壤之别，于是他们连篇累牍地撰文歌颂这位新局长执政时全新的宗旨和才干。公众期待着一场新的观念革新，摈弃帕尔默和彭斯的传统，而胡佛正是合适的代表人。

30岁不到的年轻人胡佛作为司法部调查局的局长，接替了无人同情的彭斯的工作。人们饶有兴趣地注意到，对胡佛先生委此重任的正是当年帕尔默在华盛顿狂热讨共时的最活跃的反对者之一。人们希望胡佛先生在斯通先生更为英明的领导下不要忘却帕尔默时期的教训。要使美国人民确信：司法部是名副其实的司法部，而不是一个歇斯底里、不善纳异议的司法部。

科学管理大行其道

胡佛虽然最终实现了操纵调查局的勃勃雄心，但按照斯通的法则清理后，使雇员人数被裁减殆尽，只剩下了一副空架。调查局的许多最重要的职责均被解除（调查局从1924年的441名特工减至1925年的402人，到1929年，减至339人）。这种局面虽很不景气，但胡佛仍能发挥其优势。对工作条理性的酷爱曾使胡佛成为帕尔默手下一名克己有术的精明侦探，也曾同样使他成为一名力求解决效率、领导水平等组织管理问题的孜孜不倦、富有创造性的为官者。他呕心沥血地去完成使调查局成为组织有致、指挥严谨的官僚政治典范的任务。此间他表现出了与清除激进主义时同样饱满的热情。在青年时代和在敌侨司及激进处工作期间，胡佛那种集中一切精力、技能、人力和物力，全力以赴解决当务之急的能力就已造就了他与众不同的秉性。眼下，这种能力又被用在对纷纭复杂的官僚政治进行科学和进步的管理上。

赫伯特·胡佛的改良主义的最高价值在于效率。为达此目的，他为联邦政府创立了一种新的职能。他利用政府的有效帮助，使利益相关的组织、事业团体及地方政府能相互交流看法，并确立统一的行为准则，以使之循规蹈矩。这种利用独立的、常常是私人性的组织来贯彻全国规划的政策以"关联主义"而著称。该政策也是赫伯特·胡佛在哈定和柯立芝政府中任商业部长时所倡导的新时期政治的主题之一。同时，它还是赫伯特·胡佛荣任总统的奋斗目标，尽管当时正值经济萧条。20年代，赫伯特·胡佛的治局方针就以这种新时期的政治为本。

埃德加·胡佛最先实施的行动就是将身份识别处变成一个全国性的指纹技术交流中心，这与赫伯特·胡佛在商业部设立简化程序试点处的做法颇为相似，二者都努力将联邦政府变为以提倡讲求效率、精通业务为信条的一支改革力量。对于社会之丑恶现象，埃德加·胡佛同改良主义者持同样的暴露态度。他相信，将丑恶现象暴露在众目睽睽之下就等于将其根除。

历史学家查德·霍夫施塔特认为，暴露社会丑恶现象应该看到，腐化堕落现象无处不在，社会丑行问题堪称一种广为流行的违法行为。改良主义者认为，假如公正的执法者执行公正的法律，那么一切都会好起来。"像暴露主义者一样，胡佛将其披露犯罪的行动诉诸普天下的个人责任"，以此证明社会问题同个人的负疚感不无联系。霍夫施塔特还说："改良主义思想是一种不同凡响的、愤世嫉俗的思潮。"

改良主义虽然被大多数人所认同，但它也有其阴暗面，将运动过程中出现的使其受挫的步调不一、不以为然和复杂化等现象的原因归咎于移民们，尤其是在实现仁慈目标的过程中，改良主义畏首畏尾。改良主义对解决浪费及腐败现象的操之过急使之不能容忍多元文化主义的存在。于是它便千方百计地将一种概念化的道德规范强加给一个桀骜不驯的社会。霍夫施塔特写道："在实践上，旨在控制社会的改良主义者常常极不聪明地采用适得其反的改良手段。对秩序的要求似乎过于频繁地鼓励那种貌似先进而实则已非人性化了的工作条件和生活条件的存在，这种要求与共享民主制极不协调。"

埃德加·胡佛对调查局改进的第二项就是建立指纹鉴定处。他在就任局长后的第一次正式讲话（1925年7月）时就谈到了这个问题。在这次讲话中，他将关联主义思想运用于执法事务。他对国际警长协会说："指纹处的成立是由于国际警长协会全体会员一致认为，倘若要成功地对付现代的犯罪和未来的犯罪，那么在侦察犯罪和惩处罪犯之领域里所取得的任何真正的进展都必将建立在国际合作的坚固基石之上。这并非稀奇古怪或凭空臆造的发明和教条，整个一部人类历史不过是人类协作思想的发展史。"他还对警长们说，随着科学发明的发展，美国必须正视"联合一切保卫文明的力量以对付面临的共同危险"的必要性。他号召执法界共同努力，用科学手段武装"面临共同危险的文明卫士"。此间，胡佛早就酝酿将调查局变成协调全国执法活动的全国性的神经中枢。"一个集中和凝聚着那些紧随时代步伐的执法者的努力的组织在来势凶猛、不可抗拒的世界潮流中应运而生，并不断发展壮大。这些执法者们旨在集中文明卫士、社会卫士们的智慧和能力，以适应时代变幻的严峻考验。"

在斯通的改良主义新体制下，胡佛春风得意。从当学生中的领导者和主日学校教师的时候起，胡佛就热衷于领导学、指挥学、大众动机学等问题。而今，29岁的他已主管着一个拥有650名雇员（441名侦探）的机构。他决心使它高效率、卓有成效地运转。他潜心研究管理官僚机构的技巧。

斯通已命令胡佛将调查局的编制和经费裁减到最低限度。1924年6月16日，胡佛上任六天后致函斯通说："我已着手审阅局内每个雇员的人事档案，并已查出一批工作不力的特别侦探。”胡佛之所以热情十足地举行这种裁员政策，是因为导致调查局以前种种弊病的根源之一就是总部对其雇员监察不力。因此，着手裁员使胡佛易于完成严密控制调查局的任务。

司法部部长在年度报告中提及胡佛主管的工作时总是大谈特谈要裁减手下的人员。到胡佛上台的第一年年底，胡佛已解雇了361名雇员（包括盖斯敦·米恩斯），关闭了53个办事处。那年，调查局的年度拨款共为240万美元，胡佛从中节省了30万美元。到20年代末期，他的雇员已减至581人，其中339名是特工。这大大低于1920年的最高纪录（那年局内共有1127名雇员，其中特工人数为579名）。局所设的办事处亦减为30个。到1932年底，办事处减到22个。

为了体现自己是一个科学的管理者，胡佛决定试行提高特工工作效率的新方法。他强调要求新侦探要接受法律和财会知识培训。鉴于需要，也允许有例外，但这种特许是私下授予的。早在1925年，胡佛就在调查局纽约办事处创办了一所培训学校，由一名主管特工负责（主管特工是调查局各办事处的负责人）。可是，像联邦调查局这样小的单位办一所初具规模的学校对其人力、物力是一种巨大消耗。于是，胡佛很快便代之以另一种政策：将所有新侦探直接派驻各办事处，在主管特工手下接受岗位培训。其实，胡佛后来悟出了这所学校的价值，它不仅能够向特工们灌输正确的行为准则和履行公务的程序，而且也能在公众心目中树立调查局的形象。于是，他在1928年11月重新恢复了这所培训学校，该校旧址在华盛顿，新址在弗吉尼亚州的凡蒂岗市。

训练特工显身手

胡佛还尽量让调查局的新形象出现在新闻媒体上。最早见诸报端的调查局轶事是1930年刊登在《华盛顿明星报》上的一篇关于调查局培训学校的特写。这篇文章系胡佛的挚友雷克斯·科利尔所撰。他这样描写调查局："它不仅是政府调查机关中最守口如瓶的，而且也是独一无二的。所以，只有大学毕业生才有资格成为其侦探。"他将调查局的培训学校称为"山姆大叔的侦探大学"。在后几段中，他又称之为"胡佛局长的大学"。在人们心目中特别侦探是用非同一般的特种技巧培训的、受过高等教育的"学者和绅士"。这种形象来源于胡佛旨在获得中产阶级之尊贵体面的改良观点之中。胡佛上台后为特工们规定的严格的个人行为准则也与此同出一辙。这一准则规定特工们在禁酒令下达期间不准饮酒，即使在下班后也是如此。胡佛打算为调查局树立起进步的新教改良的堡垒之形象。

胡佛十分重视对特工们的监督。履历登记与监察部门的复杂体制就是从此时开始的。局外的旁观者和心怀不满的侦探们认为这种体制十分繁杂。此间对调查局行政机构所做的一次调查表明：胡佛不遗余力地调整其监察机构，不断探索和完善其治局策略，使自己能够随时掌握手下每个特工的行踪。胡佛强化了主管特工的职责和权威——主管特工对辖区全体特工人员，包括反垄断监察员和律师界侦探全权负责。在此之前，反垄断监察员和律师界侦探从未受过任何直接的监督。主管特工至少须每月走访一次其辖区律师，提醒律师要确保协查案件的特工忠于胡佛。

1924年，调查局开始实施著名的定期监察政策，由设在华盛顿联邦调查局总部的特别监察处对各办事处实施监察。后来，监察内容也包括每隔六个月就对局属财产进行一次清理登记。

对特工所写的工作报告的整理编纂工作也在系统化。为此，胡佛发给每个特工一本活页条例手册。手册阐明了调查办案及总结案情时应遵循的标准程序。后来，他又下发了统一印制的调查报告表格（1929年，他制定了一本新的《规章条例手册》。1930年7月，该手册被重新修订）。

1925年7月12日，胡佛正式做出了严格控制使用调查局文件资料的规定。规定指出：只有具体办案的特工在经主管特工批准后方可调用局属文件资料，使用过程要有文字记录。胡佛继承了一套沿袭已久的、各司其职的体制——设九个处，每处由一名处级警司挂帅，此人有权调动和重新调整本处的特工和主管特工。

1925年2月20日，胡佛设立了一套新体制，即在华盛顿总部设六个业务职能处，负责查办不同种类的案件。这使华盛顿的调查局能直接控制主管特工。同时，胡佛当然也能驾驭和监控总部的人员。

规章制度与日俱增，特工们被训之又训。对许多特工来说，大量的时间都用于向华盛顿总部递交报告和申明自己没有违章之举上。规章制度的宗旨在于确保胡佛永远不会为那些他未曾允诺的事情而遭外界质问。此后几年内，胡佛喜欢说，“没有任何人能成就调查局的美名，但任何人都能使其名声毁于一旦。”

对调查局的大力整顿必然要触犯一些人的利益，因此，有些人向司法部部长投诉胡佛的“暴政”，但司法部部长并未理睬。也许是对这个问题有了认识，30年代末期，胡佛的领导重点从控制雇员转向分析动机心理和鼓舞士气。他创办了局内的报纸、社交俱乐部和办事处体育代表队。在同其他联邦机关的比赛中，这些代表队为调查局频频获奖。

在许多机构中都有这样一段时期：当纪律严明到高潮时，领导者要想保持士气，就必须为下属提供投诉方便之条件和增强政务透明度。调查局就处在这样的节骨眼儿上，尽管胡佛还得等几年时间才能受命施展其已注入他所主管的机构中的新才能。所谓新才能是指胡佛基于改良义务为将调查局纳入科学管理轨道而创建的体制。其目的部分在于随时纠正特工的失误，部分在于贯穿他整个人生历程的那种永不放弃的决心，即强化和灌输自己的意志和思想，并不断扩大其影响面。然而，如果缺少魅力与实际行动，那些严格的纪律、渴望及厌倦的情绪将会使胡佛创立的完善机构“罹难”。

胡佛时代的来临

在进行了一系列的整顿行动之后，调查局发生了翻天覆地的变化，不得不说，这一切都要归功于胡佛。

在指纹鉴别术被公众完全熟悉后的很长时间内，胡佛不断鼓吹调查局收集的指纹资料，以此作为调查局的最佳成就，因为它是胡佛最先为自己和调查局炮制的说明领导作用的最佳象征。正是通过调查局的指纹资料设施，才使胡佛平生第一次雄踞执法界之上，整个执法界才得以用胡佛设立的专业标准和他提供给各地警方的科学设备组成了一个合作网。在胡佛的名字被大多数公众熟悉之前，他领导开发的全国罪犯识别系统就已使他成为执法界的巨人。

1921年11月，国际警长协会将它从1896年以来在华盛顿自筹资金建立的罪犯识别档案移交司法部：这就是今天调查局指纹资料和设施的最初来源。20世纪初，司法部的罪犯鉴别局也一直在记录联邦罪犯的指纹并复原一些残缺指纹。该局设在堪萨斯州的利文渥茨，在那里，对罪犯的资料进行了分类归档。

胡佛进入司法部后，就曾建议司法部敦请总统授权司法部在华盛顿组建一个统一的罪犯鉴别局。1923年10月23日，司法部部长签署了一项命令——在司法部内增设指纹处。当时操纵另一个执法专业协会与国际警长协会分庭抗礼的纽约警察局局长对此坚决反对，因此此事未被国会批准。1924年7月1日，国会终于同意拨款。

在调查局正式统管这两部分指纹资料的两个月前，胡佛已经是调查局的领导了。要使这个新处的工作付诸实施，胡佛面临着重重技术难关。他从国际警长协会利文渥茨指纹中心的前任负责人中点将，让其出面领导新的指纹处。胡佛指示其挑选42名工作人员加以培训。指纹处地址设在宾夕法尼亚大街1800号的一栋租来的大楼内。摆在这班人马面前的任务不仅是将两套截然不同的、按照不同原则建立起来的指纹档案合二为一，而且还要清理身份识别局在无国会拨款的数年中积累起来的大量指纹资料。另外，每日得到的新指纹的编目、分类及全国警方协作单位送来的嫌疑人指纹的识别都必须与上述工作同步开展。

胡佛对自己的下属所获成就感到自豪，这种自豪充分表现在他给国际警长协会作报告时所使用的那种趾高气扬的语调中，他说自己“克服了人类意志薄弱所造成的困难和仿佛是与生俱来的、死气沉沉的惰性”。“事物之开端总是那么艰难而富有风险，我不清楚为何应该如此。当我们几乎不堪厄运之打击时，厄运偏偏纷至沓来。我们同它进行了最艰苦卓绝的斗争。人类和社会机构的新生儿要想生存下去，就必须忍受并降服之。”

在开始的五年时间里，为维护自身的生存，身份识别处不得不听命于司法部部长以争取在司法部的年度拨款计划中争得一席之地（直至1930年国会才正式授权司法部成立身份识别信息处）。尽管胡佛极力避免宣传局内其他部门，但面对这种动荡局势，胡佛开始宣传该处。1925年6月24日，他为《华盛顿邮报》提供了一篇介绍这个新处的特写。他刻意撰写了该处应有的法定权威和技术设备，并将它同共和党政府实现“联邦—地方合作的目标”联系起来。他写道，“假如身份识别处取得成功，那主要原因必定是全国治安官员的通力合作与支持。该处成立和存在的唯一目的就是维护治安官员的利益。”在1927年发表的另一篇特写中，胡佛说道：“我过去和未来的初步目标，都是使身份识别处成为服务性机构并保证它能够为全国的治安官员提供积极有效的物质支持。”

20世纪20年代，胡佛将该局变为执法界专业标准和提供科学援助的中心，这是新政方针在处理公共管理问题上的最佳运用。

在那段日新月异的岁月中，胡佛的调查局也成了全国的重要犯罪数据中心。1925年12月16日，胡佛向参院拨款委员会提出建议：美国需要一个统一的犯罪数据统计系统。1930年国会批准调查局着手收集犯罪数据。之后，第一份“统一的犯罪报告”问世。

调查局的统计数字是根据警方已知的犯罪案件数量而列举的——不论当时

还是现在，这种测定犯罪规模的方式都颇有争议，原因在于：其一，各地警方组织和开展犯罪信息工作的方式各异；其二，原始的犯罪数字本身反映出在不同地区公众公开报警的态度也不同。这些原始数字也能被市长或其他公务员操纵，以为其政治目的服务，并以此说明其所在选区的犯罪率的下降和上升。

胡佛使调查局牢牢掌握全国统一的犯罪报告，从而得到另外一大益处：它为胡佛找到了网罗研究人员和作家的理由。这就赋予了联邦调查局潜在的公关能力。斯通原先的治局方针已给胡佛一种默许，尽管斯通的初衷仅仅在于停止调查局的反极端宣传活动。起初，胡佛将这理解为斯通是要严禁局务外露。1924年，他报告斯通说自己正打算谢绝请他在国际警长协会蒙特利尔年会上讲话的邀请。他说："我个人认为，调查局的官员应该力戒在公开场合露面。因我确信局里的工作应该悄无声息地、卓有成效地开展。衡量和鉴别调查局工作的标准就是其政绩的优劣。"斯通给胡佛的答复是，他可以去蒙特利尔讲话，但他"赞同并认为你在公共声誉问题上的观点，这观点不同凡响"。

1925年，胡佛遵照斯通的意见在国际警长例会上做了讲话。讲话反映出他对调查局抱有一种当时尚不宜公开表达的希望。他对警长们说："我们在问世短短一年中的作为只是迎来了一种不祥的预兆，找到了未来道路上的路标……可以设想，日后当回顾那些代表我们成立初年之成绩的，当时似乎是微不足道的数字时，我们会感到自豪和欣慰。但是，我们也会似是而非地微笑着追忆早年的希望与恐惧，并觉得这些渺小的希望与恐惧已如燎原之火一般发展壮大，度过了漫长的历程。"

随着凝结着自己极大心血的犯罪报告的出版，胡佛已经感觉到调查局默默无闻的时代行将结束。报告问世那年，胡佛就得以大量增编，总人数增至655人，其中有400名是特工人员。财政计划亦增加了10%。这是他接管调查局以来的首次扩编。增加全国统一犯罪报告的任务是那年调查局调查职责的唯一重要变化。因此，增编对象只是犯罪档案处的研究部门。在胡佛执政期间，这个部门起着公共关系办公室的作用，负责监督调查局同新闻媒介及国会间的联系，同时也撰写胡佛的讲话稿、文章和书籍。

1933年，新政府宣布讨伐犯罪并派胡佛的一班人马参与打击黑帮活动，也许正是由于他创办犯罪报告一事赋予了他充分利用本人知名度的能力。

作为一个土生土长的华盛顿人，胡佛对有关哥伦比亚特区的案子有个人兴趣。当特区警方涉嫌犯有失误之错时，调查局将会受到指责。1929年，国会议员托马斯·布兰顿敦请胡佛调查海伦·布拉洛克小姐失踪一事。布拉洛克小姐曾控告警方行为粗暴无礼，慑于威胁和恫吓，为了逃命她出走了。胡佛命令手下的特工们在全国范围内寻找，终于找到了她并将其护送回华盛顿。当时胡佛带着三名特工和一群随行记者到联合车站迎接她归来时，布兰顿对报界说："司法部处理布拉洛克一事的高效率给我留下了深刻的印象。我对联邦调查局局长胡佛先生推崇备至。"另一宗发生在华盛顿特区的案子则促成了胡佛同《华盛顿明星报》驻司法部记者雷克斯·科利尔之间的莫逆之交。

第四章

胡佛

伟大的斗士，伟大的偶像

整顿后的调查局生机勃勃，由于几次广为人知的逮捕或射杀不法分子及银行抢匪的事迹，让胡佛的名字传遍全美各地，他被冠以“美国英雄”“罪恶斗士”“民众偶像”的称号。正因如此，调查局的权责开始扩大，成为美国打击犯罪问题的权威。

改朝换代的契机

在20世纪20年代，美国正在经历“普遍”的繁荣。资本家的利润成倍增长，工人的收入尽管比利润上升的幅度低一些，但工人的购买力确实在提高。1914年，美国有4500个百万富翁，十年后则翻了一番，亿万富翁也已屡见不鲜。

1924年又是一个大选年。这一次完全是共和党的表演，而民主党连一丝希望的影子都没有。

柯立芝似乎是无可奈何地宣布接受共和党的提名，就像是他担任副总统时到处接受宴会邀请一样，“总得有个地方吃饭嘛”。尽管现任总统身上散发出的冷漠、阴沉、郁郁寡欢的气息会令他人感到不快，但经济的繁荣足以使他在共和党全国代表大会以1065票对34票的绝对优势击退另一位候选人拉福莱特的挑战。民主党业已陷入分裂，几番曲折之后才推出了一个名叫约翰·戴维斯的职业律师。进步人士把“驴与象”都视作腐败和反动的政党，于是组织了一个名为“进步党”的第三党，由拉福莱特作为候选人，但这在平淡无奇的竞选中只不过是一种姿态而已。柯立芝没有花费多少力气就赢得了民众的支持。结果他赢得了382张选举人票，而戴维斯和拉福莱特只分别得到了136张和13张。

1925年3月4日，柯立芝再次就任美国总统，并在美国历史上第一次向全国现场广播了就职演说。他带着刺耳的鼻音，慢条斯理地说，美国人民已经终于达到了“人类历史上罕见的幸福境界”，他的政府将绝不乱插手于如此完美的自然状态，他的职责将仅限于减少公共开支和税收，从而为更多的人士获得成功机会创造条件，“我们并不是没有自己的问题，但我们最重要的问题不是去为自己赢得新的特权，而是保持我们已经取得的那些特权。”

柯立芝的放任自流政策，使美国的纺织、采矿业、造船业特别是农业遭遇了危险。新兴的机械制造业正欣欣向荣。1927年，新型（A型）福特牌汽车的问世轰动全美，警察也不得不出动以控制前来观看新车的人群。两年后，美国已拥有2650万辆汽车。紧接着是无线电收音机，有人预言说“公众很快就会对它感到厌倦的”，但事实很快就证明了他们的荒谬，这种可以走进每一个人的家中与之聊天的朋友，很快就成了人们家中不可或缺之物，并在美国这个地方性报纸多于全国性报纸的国度，成为维系全国统一和推广教育的得力工具。此外，电冰箱、吸尘器、洗衣机等新兴家用电器，人造纤维业、电话、电影事业也迅速发展起来。为了刺激消费，无论是汽车还是订婚戒指，一切都可以按月分期付款方式来享受。蓬勃发展的消费，使全社会呈现出一片繁荣景象。

“普遍繁荣”并非意味着“全面繁荣”，甚至连动辄以“合理化”为放任自流政策辩护的柯立芝，也不得不在1926年12月的致国会咨文中承认，“农民中有许多人背着还不清的债务和纳不清的税项”。20年代后半期美国的罢工规模虽然比以往要小得多，但从1924年到1929年，平均每年参加罢工的工人仍有40万人次。埃德加·胡佛领衔的联邦调查局，对于搜集美国共产党的活动情报、跟踪工人领袖的每日行踪、从内部瓦解罢工运动，照例是不遗余力，并编造了许多真伪莫辨的“情报”。

1928年，奉行“节约，再节约”原则的柯立芝宣布不再竞选连任。于是，共和党推举商务部部长赫伯特·胡佛作为共和党候选人。虽然柯立芝对这位内阁成员并无好感，因为没有哪位领导人会喜欢自己的继任者，不过，他倒颇为欣赏后者的管理才干。赫伯特·胡佛出身于艾奥瓦州教友会教徒家庭，在年轻时就已经是美国最杰出的工程师之一了，他在大战期间的成就为他在国内外都赢得了不错的口碑。早在1920年，富兰克林·罗斯福等人就曾打算提名他为民主党总统候选人，但他考虑到与企业界的密切关系，还是留在了共和党阵营，现在是他收取回报的时机了。

柯立芝颇为自己所营造的繁荣以及自己的行情看涨而扬扬得意，而他选择了激流勇退，尽管选民们已把这位执政期间万事亨通的人视作伟大的政治家。柯立芝不再争取连任，这个消息并没有冲淡人们的兴高采烈情绪——托他的福，证券交易所、行情表、股票已成了全国的唯一话题。伍尔沃思公司、美国无线电公司、通用汽车公司，管它是什么公司呢，所有上市股票都在扶摇直上，一个人唯一要做的事就是去买股票，第二天就会发现自己变得更富了。物价上涨有什么要紧呢？“在18个月里，蒙哥马利—沃德公司的股票就从132上涨到466，通用电气公司从128上涨到396，无线电公司从94上涨到5051”，美国已经陷入癫狂状态，正在走向通往海市蜃楼的不归之路。

民主党全国代表大会选出了纽约州州长艾尔弗雷德·史密斯，与共和党的赫伯特·胡佛对决。为了挽回颓势，史密斯抛出了社会改革的口号，赫伯特·胡佛则晓谕全国：在他的领导下，美国的每个家庭的“车库里都将有一辆汽车，掀开锅就能看到一只鸡”。他宣布：“美国比以往任何国家任何时期都更接近于最后战胜贫困。”

大选结果出来了，赫伯特·胡佛赢得了444张选举人票，而史密斯只获得87张。在1929年年初的就职典礼上，他掩饰不住强烈的兴奋之情，发表了极为煽情的演说：“美国到处都是机会，只要你能抓住它！”

共和党的继续执政，使美国“比以往任何国家任何时期都更接近于最后战胜贫困”转向深渊。1929年美国全国的广告费达34亿美元之巨，其中许多是劝说投资者购买股票，早买早赚，不买就只能眼睁睁地看别人发财。一位富豪向一心发家致富的人们托出了他的“独得之秘”：一个人一天贮存15美元，用来购买好的股票，在20年内就会拥有8万美元，这样，他每个月的平均收入是400美元。报纸上也尽是这种突发奇财的报道：一个理发匠购买通用汽车公司的股票赚了5万美元，美国钢铁公司股票的升值使一位出租汽车司机赚了10万美元，等等。没有人追究这成千上万的美元是现钞还是股票——股票价格如此飚升，哪个傻瓜会中途从股市撤出资金？

大萧条时期的“美国英雄”

全国都在发疯，或许只有几个人除外，这中间就包括埃德加·胡佛。

这位联邦调查局局长，没有把时间用在琢磨股市行情上，而是“恪尽职守”地整理和分析档案库里的卷宗，以及把调查工作的触角悄无声息地伸向国会议员、政府高级官员及其家庭。与此同时，几年来默默无闻的联邦调查局，正在成为这位精擅权术的政客的“私人领地”。当时，该局的主要工作仅限于追捕偷车贼和解救“白奴”（美国俚语，指妓女），规模既小，社会影响也不大，联邦调查局还不具备逮捕人的权力。不过，“于无声处听惊雷”，在司法部部长斯通的默许下，埃德加·胡佛先生正悄悄地在联邦调查局内确立起个人的绝对权威，尽管当时人们对这一点还缺乏足够的认识，但到了“大萧条”时期联邦调查局大显身手时，其领导人将作为“美国英雄”而被国人视作美国安全的化身。

柯立芝和赫伯特·胡佛时代的美国，犹如一部发疯般奔驰的汽车，没有一场骇人的车祸，这辆车是无法自己停下来的。1929年9月3日，纽约证券交易所的股票行情达到了高潮，亿万股民乐极生悲的日子也就来到了。

欧洲投资者正悄悄地抛售美国股票，纽约的投机大户们也根据内幕情报在抽回资金。10月23日，星期三，华尔街被骤然一阵抛售浪潮弄得晕头转向，谁来吃进进入市场的大批股票？次日，“黑色星期四”的大恐慌降临了，1300万股股票转了手，许多投机者买空卖空，把宝都押在一进一出的差价上，现在则拿不出那么多钱了。

一位新闻记者记录了当时的情景："灾难笼罩着股票市场。每个人都想在价格进一步下跌前立即抛售出去，但没有买主出现，遂令价格更往下跌。人们疾奔、乱叫、狂吼、猛搡，只为了卖出他们的股票。越来越多的警察拥进交易所里维持秩序。三个小时里，股票市值损失了110亿美元。这时一批银行家开始斥资收购，跌风才告一段落。一些人觉得灾难已经过去了，但事后的情况表明，这一天仅仅是一次'热身'罢了。"

美国在大战之后创立的"黄金时代"被证实只是一个"镀金时代"。23日、24日两天的雷鸣电闪，把美国经济这个硕大无朋的泥塑金刚的金身彻底剥去，后续的暴风骤雨将进一步把泥质躯干洗刷得体无完肤。

24日晚，股票市场上的一些巨头们在摩根银行董事托马斯·雷蒙特的办公室里开会商讨对策，决定建立一项2.4亿美元的稳定基金，但这一努力只不过把崩溃的日期推迟了三天。

赫伯特·胡佛总统一向以自己不干预经济问题而自豪，这时也不得不出面"辟谣"："国家的基本任务就是要使商品生产和分配建立在健全而昌盛的基础上。"急病慢郎中，胡佛似乎没有看到大祸已然临头！

股市的崩溃迅速酿成了全面的经济危机，即为期数年的"大萧条"。到危机烈度的峰值1932年7月，美国工业生产下降了55.6%，回到了1905年的水平，进口贸易从1929年的45亿美元降至1932年的13亿美元，出口则从53亿美元降至17亿美元。国民经济生活的瘫痪，导致失业人数从150万的"合理水平"剧增为1283万人，超过社会总劳动力的四分之一。成千上万的失业者举家动身到西部去，企盼在那里的收获或摘果季节能得到雇用而混口饭吃。出生的人口急剧下降，结婚的人数也减少了四分之一以上，许多大中学校也关门大吉。汽车、宝石等奢侈品再也没有多少销路，各个阶层只剩下两桩消费品没有减少——收音机和香烟，它们可以让痛苦的人们暂时忘却一下失业和烦恼的折磨。还有一桩产业仍然保持了旺盛的势头，那就是人造丝，因为妇女们可以牺牲一切，却不能不穿内衣。

打击犯罪不遗余力

在美国历史上，没有哪一位总统比赫伯特·胡佛更倒霉的了。这不仅是因为他成了经济崩溃的代名词，更重要的是他完全代表着大资本家、大银行家的利益，他领导的“百万富翁的政府”对救济中下阶层渡过难关无动于衷。按照胡佛总统的话来说，“救济失业者纯粹是私人慈善机关和地方当局的事”，他为失业者开列的万应良方就是“卖苹果”，因为“种苹果不如卖苹果赚钱，所以大家都可以去卖苹果”。确实，在纽约街头，人们可以看到成堆成堆的年轻人，每个人身旁放着一个苹果筐，无精打采地一遍遍地喊着：“买一个苹果吧，买一个苹果吧。”但他们真能比种苹果还赚钱吗？也许是吧，因为当时100千克一箱的苹果也只能卖出40美分。卖不出去的谷物还可以用作燃料取暖呢，而苹果呢，只配喂猪，但为了保证猪肉价格不再降低，美国国内已有600万头小猪被杀死了！

赫伯特·胡佛的“百万富翁政府”所提出的“复兴”方案也只是使大财团受惠，而对100万个无家可归者却不置一词。于是，无家可归者只能住在城市近郊的荒地上用破铁皮、纸板、粗麻布搭起的窝棚里，即“胡佛别墅”；窝棚区则得到了“胡佛村”的雅号；失业者手中拿的破口袋被称作“胡佛袋”；到处流浪、随处栖息的“城市隐士”们身上盖的旧报纸被冠以“胡佛毯”的美名；翻遍全身上下的衣袋却找不到一个小钱，这叫作扯“胡佛旗”；饥饿的农民碰巧抓住一只野兔打打牙祭，这就是吃“胡佛猪”……一句苦涩的俏皮话风行全美国：“每一个美国公民都享有在桥下睡觉的权利，只不过只有穷人才享受这一权利罢了。”

经济生活的全面崩溃，导致美国国内政治矛盾的日益尖锐。带有暴力色彩的抗议活动重新出现了。接二连三的罢工风潮，导致了“人们武装起来，分成两大阵营。居民中间笼罩着激愤、争斗、敌对的情绪”。俄亥俄州、阿肯色州、堪萨斯州、艾奥瓦州、肯塔基州相继爆发了饥民暴动，成千上万破产的小农纷纷涌向城市，加入那里已经人满为患的流浪大军，排队领取那杯水车薪的“救济”。为了对付司空见惯的抗议活动中的暴力成分，胡佛政府对奉命镇压的国民警卫队官兵下达了命令：“如有任何人被打死，官兵均无须担心受到处分。大多数州的法律以及通行于其他各州的惯例法都有下述规定，即士兵不得因伤害事件而受处分，即使他在判断此项伤害的必要性方面有若干的错误。”

面对国内经济这个烂摊子，赫伯特·胡佛一筹莫展，整天盼望的就是下一任总统赶快接替他的位置。而为了挨过这剩下的光阴，他把希望的目光寄托在同姓的联邦调查局局长身上。这位比现任总统年轻21岁的局长，在华盛顿担任公职的经历使他具备了必备的政治智慧：转移视线、转嫁矛盾，也许是应付当前统治危机的一个重要手段。

于是，秉承总统的授权，埃德加·胡佛利用联邦调查局数年来积累的丰富档案资料，把社会动荡的矛头指向了美国共产党，并对进步组织进行了摧残，力图使共产党处于无法开展活动的困难境地。设在亚特兰大市的联邦调查局分局甚至威胁说，凡参加共产党的宣传活动者，均将被判处死刑；芝加哥分局也宣称，他们打算全部肃清在伊利诺伊州的共产党分子。利用对共产党的迫害，胡佛政权把罢工事件和失业工人向首都的进军归咎于外国代理人的“颠覆活动”，而不是国内形成的经济和政治条件，而联邦调查局适时地提供了“证据”。

赫伯特·胡佛的倒行逆施和埃德加·胡佛的信口雌黄，使美国国内出现了浓厚的法西斯主义团体，极端分子越来越经常地发表言论，主张树立公开的反动独裁统治以镇压工人运动和民主团体。抱法西斯思想的柯林、科克斯神父、休伊·朗格参议员，以及“绿衫党”头目史密斯等人的蛊惑宣传，三K党（即ku klux klan，ku klux意为集会，klun是种族，又称白色联盟和无形帝国）的恐怖活动都活跃起来，三K党帮助建立的“黑色军团”的成员发展到了75000人。

联邦调查局局长对总统的帮助，还体现于另外一个重要方面：帮助收集反对赫伯特·胡佛及其政府的言论和行为，供总统应付各种“政敌”时知彼知己。不仅如此，联邦调查局还利用自身的法定权力以及在危机时期得以膨胀的权力，对持不同政见者进行威胁和恫吓。例如《华尔街预言报》老板乔治·曼希尼克时常在这份报纸上刊载抨击政府和赫伯特·胡佛总统的文章，较为客观地报道美国银行业的窘境。于是，联邦调查局的5名特工奉命上门“拜访”。尔后，埃德加·胡佛志得意满地向总统报告说：“曼希尼克吓坏了。我相信，他再也不会这样放肆地散布银行业的坏消息了。”社会秩序的崩溃，更使联邦调查局出尽了风头。而由于该局已完全成为埃德加·胡佛的个人地盘，他将趁此机会成为以一人之力而系美国安全于一身的“美国英雄”。社会的极度动荡，将为胡佛的联邦调查局上演“战无不胜”的滑稽剧提供最理想的舞台。

国内社会矛盾的激化，使调查局的职责范围空前扩大。到处是银行破产、通货膨胀、工厂倒闭、失业增长，作奸犯科之徒的数量成倍增加。在赫伯特·胡佛总统的家乡艾奥瓦州，生产牛奶的农民对刁难他们的官员大打出手，并在当地农民协进会主席米洛·雷诺的带领下，封锁了通往城市的10多条公路，不准运牛奶的卡车通行，并解除了护送警员的武装。一个有60多名农民被捕的镇子上，1000多名农民很快聚集起来，拿起了简易的武器准备劫狱以迫使当局放人。至于反抗取消农场回赎权的暴动、对法官的殴打和惩罚等，就更举不胜举了。就连胡佛总统1932年回艾奥瓦州竞选时，也受到了家乡农民的示威抗议。与这些农民的反抗相比，2万多名退伍军人从西海岸向华盛顿的进军更对政治稳定构成冲击，只是由于当时任陆军参谋长的道格拉斯·麦克阿瑟亲自指挥步兵、骑兵部队，在坦克掩护下，用刺刀和催泪弹清除了这些大战中的老兵们搭起的棚区，“才从一场革命中拯救了美国及其制度”。

沧海横流，方显英雄本色

“沧海横流，方显英雄本色。”在上述这种巨大的压力下，埃德加·胡佛紧紧地抓住了机会，以“美国英雄”的面目粉墨登场了，并在全国范围内产生了很高的知名度，而调查局也赢得了在许多情况下实施逮捕的权力。

社会经济生活的每况愈下，使许多为生计所困的人走上了抢劫犯罪的道路。由于在联邦制的美国，每个州都有自己的警察机构，州警察向州长负责，与联邦政府没有什么隶属关系，而且各州都有自己的刑法和刑事诉讼法、法庭和监狱制度，所以作奸犯科之徒选择了在不同的州交界地带进行暴力抢劫，尔后在跨州公路上逃之夭夭的办法。尽管美国宪法第4条第2款规定：“在任何一州被控告犯有叛国罪、重罪或其他罪行的人，逃脱法网而在他州被寻获时，应根据他所逃出之州行政当局的要求将他交出，以便解送到对犯罪行为有管辖权的州。”但要“寻获”这些来如风、去如电、随身携带机关枪、随时准备射击的劫匪，确实对警察机关提出了新的课题。根据调查局的估计，在高峰时期，仅在中西部地区就活跃着约2000名乘坐汽车、身佩机关枪、在各州交界处频频作案的匪徒。在这种情况下，调查局的G—man（特工、枪手）应运而生了，而埃德加·胡佛作为联邦政府机关的代表，作为“州际刑警”机关的领导人，成了回击全国性犯罪浪潮的唯一答案。

从“帕尔默袭击”时，胡佛就认识到，自己的政治前途和社会地位将取决于“对手”们的能量大小。本来，把调查局的矛头对准“赤色分子”也可能迎合统治阶层的意愿，但由于1921年成立的美国共产党此时被党内派别斗争所困扰，于1929年发生了福斯特少数派与洛夫斯通修正主义派的决裂，党员人数下降到7500人，已不足以支撑起胡佛在政治上大展宏图的理想。于是，他挑选了愈演愈烈的州际犯罪作为此番的“对手”，并把这些犯罪分子命名为“全民公敌”。

为此，调查局为各州警察开列了“首要通缉犯名单”，其属下的特工不仅成为联系各州警察的纽带，而且自身佩带了汤姆森公司出品的手提式机关枪，得到了追踪亡命之徒的法律授权，奔行在全国各地。后世的社会学家当然会把这些“全民公敌”的出现归咎于大萧条和“禁酒法案”导致的社会骚乱，但当时的社会各界更关心的则是埃德加·胡佛的G—men把这些“全民公敌”一一铲除了。这其中包括“机关枪凯利”“娃娃脸纳尔逊”“好孩子弗罗伊德”，还有令后世遐想无限的超级女匪“贝克妈妈”和她的4个孩子。

绰号“机关枪”的乔治·凯利是个脾气暴躁的家伙，他常与人一言不合便拔枪杀人。总的来说，他是个笨拙无能的罪犯。1933年7月，这个满脸横肉的家伙尝试进行一次计划缜密的绑架案。但他没想到，自己遇到的偏偏是一个高智商的绑架对象。

这个被绑架的富商名叫查尔斯·厄尔奇厄，是一个石油商人。当他被乔治·凯利手持机关枪押进一辆凯迪拉克轿车的后备箱并被蒙上双眼后，便开始细细聆听四周的声音。他记得在押运中，经过了两个加油站。在被关禁的地方，他听到了鸡与牛的叫声，他喝的水有一股刺鼻的矿物味道。冷静的厄尔奇厄还在被关押的黑屋子里四处留下了自己的指纹。

当厄尔奇厄被家属所付的赎金救回来后，他所提供的细节为锁定关押地点起到了很大的作用。那是一个农场，不久前才被乔治·凯利租下。在那间黑屋子里，特工们找到了厄尔奇厄与乔治俩人的指纹，乔治被锁定为绑架者。捉获他的时候，他身上正带着留有记号的7万美元的赎金。

这是一个在刑侦教科书讲到指纹学时常被谈及的案例。而乔治·凯利也因这起绑架案被判终身监禁，被关进了恶魔岛监狱。

起初乔治被关在一间单人牢房，但狱警很快就发现他似乎染上了洁癖，每天总脱下自己的狱衣擦拭牢房中的每个角落。在单人牢房里的乔治显得很孤僻，也没显露出暴力倾向，所以监狱方面同意他入住三人牢房。但在三人牢房里，乔治做出的第一件事就是袭击两位狱友，并狠狠拗断了他们的每一根手指。

这时狱警才意识到，乔治还没从那起绑架案中走出来。他在单人牢房里，试图靠着擦去房间中自己的指纹来逃避法律的指控。而在三人牢房里拗断狱友的手指，就是阻止别人在房间里留下指纹。

事后，恶魔岛监狱作出决定，乔治被终身监禁在单人牢房中，直至1956年去世。

1933年6月，明尼苏达州圣保罗制酒公司董事长小威廉·哈姆被人绑架，他的家人被迫交纳了10万美元的赎金才使其获得自由；次日，调查局的两名特工和三名州警察在堪萨斯死于匪徒的机关枪下。两星期以后，又有一位名叫约翰·弗克特的百万富翁在芝加哥失踪。

物以类聚，人以群分。值此艰难时世，犯罪活动如同沃土中的萌芽，滋润茁壮地蓬勃蔓延。为逃避日趋严密的监视、打击手段，有的犯罪分子走向职业化和专业化；另一方面则结成了势力相当大的集团，内部实行严格的分工合作，出自犯罪集团分子之手的许多绑架案件都是系列案。“以暴易暴”，在这场“黑白两道”的决战中，调查局特工人员的素质高低和组织严密与否关系重大。不过，调查局在对付遍及全国的犯罪狂潮的战斗中，既有“过五关斩六将”的辉煌战功，也有“败走麦城”的尴尬。在特工们“误伤”好人时，胡佛也会想办法隐瞒有关档案材料，使外界无法了解真实情况。

在哈姆和弗克特被绑架案发生后，调查局芝加哥分局负责人麦尔文·帕维斯受命破案。他出身于南卡罗来纳州一个种植园主家庭，和上司、好友埃德加·胡佛相似，他也曾获得法学学士学位，在个人生活中十分讲究，工作中极为勤奋，是调查局的“模范成员”。他亲率属下，在经过一番调查、取证之后，利用《林德伯格法》授予的逮捕权，把地下酿酒商罗杰·图伊“绳之以法”。案件告破后，胡佛非常高兴，对新闻界宣称，“美国犯罪史上最凶恶、最危险的犯罪分子之一”的束手就擒，是“调查局的光荣”。不过，他没有把事情的全部都向外界和盘托出：事实上，逮捕图伊并不能归功于调查局的档案材料，因为他是一个外出钓鱼的城市警察无意间发现的。

图伊被捕后，根据调查局提供的侦破材料，法院认定：尽管没有证据表明他参与了哈姆被绑架案，但在弗克特绑架案中，他的罪名却是成立的。据此，图伊被判处重刑，直到1959年才被美国上诉法院裁定释放。上诉法院最终查明，图伊并没有进行对弗克特的绑架，他之所以横遭厄运，系出自绑架集团的陷害计谋。但自从图伊为此案负责后，调查局的战功簿上就又多了亮丽的一笔，并为胡佛被罗斯福总统重新任命为调查局局长，增添了一个颇富说服力的注脚。

一年以后，哈姆案的主犯弗雷德在抢劫现场被调查局特工击毙。弗雷德的母亲才真正是“美国犯罪史上最凶恶、最危险的犯罪分子”。更准确地说，她是世界犯罪史上最富有传奇色彩的罪犯之一。她的名字，后来被美国警察界作为一切重罪的代名词，不管是武装抢劫、盗窃、纵火、勒索、凶杀还是强奸。

她就是大名鼎鼎的“贝克妈妈”。“贝克妈妈”的出现，与1929年以后的“大萧条”是分不开的。乱世余生，把一位普通母亲逼上了为非作歹的不归路。她共有4个孩子，经过她的训练，都掌握了高明的射击技术。她带着这几个孩子，在中西部地区行踪无定，左飘右荡，到处打劫银行，洗劫商店。她的丈夫向警察局检举了她，但被“贝克妈妈”识破，于是，她亲自用手枪结果了丈夫的性命。

“贝克妈妈”在犯罪道路上越走越远，在全国的名气越来越大，进入了埃德加·胡佛开列的“首要通缉犯”名单之中。在联邦调查局特工缜密、持久的追踪下，当这一母四子又一次打劫一家商店时，终于“多行不义必自毙”，被警察团团包围了。警察高声喊话，要她们放下武器，但是，性格极为坚强的“贝克妈妈”眼看逃出无望，便和自己的几个儿子一起开枪自戕了。若干年后，美国出现了一首描述“贝克妈妈”生平的流行歌曲。歌中唱道：“她没有一丝仁慈”（枪杀丈夫），“她知道该怎样死亡”（率子自戕）……”

胡佛在打击犯罪的战斗中享有其他警察机构所不具备的独特优势：其一，

调查局作为全国唯一对外公布有关犯罪活动统计数据的机关，可以对调查局在破获绑架案和劫匪案中的战果人为拔高八度；其二，到底哪些人会成为调查局的目标和“全民公敌”，他可以作出选择。为了稳妥起见，他选择的往往是便于追捕、知名度又大的亡命之徒，而不是有数千万美元资产、规模庞大、组织严密的犯罪集团。这样，调查局就可以取得可观的破案率，形成巨大的轰动效应。随着声名远播的犯罪分子以每周一个以上的速度被捉拿归案的报道频频见诸报端，埃德加·胡佛作为维系国内安全的“主心骨”的地位也就非常稳固了。

捕获“一号公敌”

成功抓获被列为“一号公敌”的约翰·迪林杰为联邦调查局塑造自身英雄形象提供了一次历史上空前绝后的机会，这是联邦调查局所有惊险故事中最大的故事。

迪林杰1903年出生于印第安纳波利斯市一个杂货商家庭。他中学只读了一个学期便退学了，参加过海军却经常开小差。21岁时的初次作案其实是一件很可笑的事情。他和同谋犯——当地棒球队的裁判去抢劫印第安纳州穆尔斯维尔市的一家杂货铺，但是在作案时却惊慌失措，打了杂货商一通，结果一分钱没拿就跑了。

迪林杰几乎立即就被捕了，他接受了检察官宽大处理的许诺，承认了犯罪。最终他被判刑10～20年，实际上，只服了9年的刑。迪林杰在狱中结交了两个职业银行抢劫犯哈里·皮尔庞特和霍默·范米特。当这两个抢劫犯被转移去印第安纳州密歇根市的州监狱时，迪林杰成功地争取到了和他们一起转移，并在那里遇见了他们匪帮另外两个未来的成员——约翰·汉密尔顿和查尔斯·马克利。这五个人决定出狱后结伙，并由经验最丰富而且最机灵的皮尔庞特当首领。当然，他们必须首先出狱。

迪林杰的表现突然好了起来，这给假释委员会留下了很深的印象。于是，他们在1933年5月22日提前释放了他。随后，他抢了两家银行，用抢来的钱买了手枪，并且把枪从监狱的墙上扔给了他的同伙。然而皮尔庞特还没有拿到这些武器，其他犯人就把他们交给监狱长了。另一批手枪藏在预定送给监狱衬衣厂的一个线桶中。这一回，计划成功了！

1933年9月26日，皮尔庞特匪帮逃走了！

但此时，迪林杰却被送回了监狱。在他去看一个女朋友时，警察抓住了他。10月12日，皮尔庞特匪帮冲进了俄亥俄州莱马市监狱，打死了行政司法长官，救出了迪林杰。从那以后，他们开始大肆抢劫银行。约翰·迪林杰的故事真正开始了。

虽然在这个匪帮里，哈里·皮尔庞特是无可争议的首领，但迪林杰却更加引起公众的注意：他头戴一顶时髦的白色平顶草帽，和出纳员与顾客谈笑风生，即使附近有一道敞开的门，他也还是像运动员一样一跃跳过出纳员身边的隔栏，这已成为他个人的象征。迪林杰匪帮叱咤风云，整个中西部都成了他们的狩猎场。俄亥俄州、印第安纳州、威斯康星州、南达科他州和特拉华州的银行全部被他们抢了个遍！他们抢劫银行，袭击警察的武器库，活动范围从东南部的佛罗里达州直至西南部的亚利桑那州！他们逍遥法外，成为全国闻名的人物！

在印第安纳州作案时，迪林杰又一次被警方逮捕入狱。新闻界和地方政界人物把押解迪林杰到印第安纳州克朗波因特市监狱变成了一次狂欢活动！但他令人难以置信地用一把木制假枪挟持了看守，成功逃走！

这时候，联邦调查局也已经参与了追捕，有两次差点逮到迪林杰，但还是眼睁睁地看着他溜掉了。

联邦调查局两名特工查到迪林杰在明尼苏达州的圣保罗市一座公寓养伤。

特工们走上前敲门。迪林杰的女朋友开了门，并且在门厅里尽力敷衍联邦调查局特工。迪林杰乘机抓起一把枪，从惊恐的特工人员中杀出一条血路。

第二次，联邦调查局对迪林杰的家庭农场进行了监视。迪林杰再次用计骗过了特工，当特工们在外边监视的时候，他早就从警戒人员身边溜走和家人团聚去了。

后来，联邦调查局终于得到了一个一直期盼的线索。

1934年4月底，有人向联邦调查局告密，迪林杰等一帮匪徒藏在威斯康星州北部小波西米亚的一个旅游胜地。联邦调查局芝加哥办事处主任帕维斯紧急制订了一项作战计划，带领大批特工去了小波西米亚。局长埃德加·胡佛做好了向新闻界发布好消息的准备。

迪林杰在一家小旅馆开怀畅饮，特工人员穿过旅馆附近的矮树丛向迪林杰逼近。

慌乱的特工瞎碰乱撞，发出了声响。旅馆的看门狗吠叫起来，电灯一下子全都亮了。迪林杰一伙亮出武器与联邦调查局特工短兵相接，一阵枪战。

来不及离开旅馆的旅客们遭了殃：一名客人被打死，另两名受了重伤。迪林杰匪帮的一个罪恶的新成员——“娃娃脸”纳尔逊从小屋里用机枪向树林里猛烈地扫射。屋外一片混乱！四面八方都是枪声，狗在狂吠，受伤者在痛苦地叫喊！特工们被灌木丛和铁丝网挂住了……

此时，迪林杰及其匪帮已经从小屋后面溜了出去，消失在黑暗之中。

一名特工被打死，另一名负伤。联邦调查局大大蒙羞！

为了树立联邦调查局战无不胜的公众形象，就必须尽早把迪林杰捉拿归案。于是，约翰·迪林杰被列为“一号公敌”，联邦调查局向全国发了通缉令。

印第安纳州警察局的迪林杰缉捕队已经声言一见到迪林杰就开枪。联邦调查局只有打死迪林杰才能挽救自己的声望。助理司法部部长约瑟夫·基南“愤怒地捶打桌子”并发誓说，“我不知道我们将在哪里或何时抓到迪林杰，但我们一定要抓住他！”联邦调查局局长胡佛派赛穆尔·考利巡官带着一支特别缉捕队去加强帕维斯领导的芝加哥办事处。胡佛命令考利：“盯住迪林杰。哪儿有线索就到哪儿去。逮捕与他哪怕有过很浅关系的每一个人。如果能够的话，就活捉他。”

迪林杰也许是由于过多地使联邦调查局蒙羞而签署了自己的死刑令。

1934年7月21日，一个名叫安娜·赛奇的女人打通了帕维斯的电话。她是印第安纳州一家妓院的鸨母，当时政府正准备以伤风败俗的罪名把她驱逐回其故国罗马尼亚。如果政府答应停止进行这一法律程序，作为回报，她愿意交出妓院的一个常客——她的朋友约翰·迪林杰。

帕维斯和赛穆尔·考利欣喜万分，急忙答应一定会尽力帮她的忙，并很快组织了一个精干的小分队。22日晚上，他们接到了安娜·赛奇的电话通信，迪林杰将要和赛奇一起去芝加哥市奥格拉夫剧院看电影，他们约定在附近设下埋伏，届时赛奇将穿一套红色衣服作为标记。帕维斯反复叮嘱手下人：“先生们，你们知道约翰·迪林杰的特征。如果我们发现他而让他逃脱了，对于我们联邦调查局来说将是一件很丢脸的事情。”

电影散场了，观众涌出电影院大门，帕维斯仔细地搜寻着每一张脸。10点半左右，迪林杰浑然不觉地走出了剧院门口，身边跟着穿红衣服的赛奇和另外一个叫波利的女人。特工查理·温斯泰德紧随其后。

波利注意到事态不妙，并迅速提醒了迪林杰。迪林杰一把推开身边的两个女人，转身从怀里掏枪。

为时已晚！

温斯泰德朝他连开三枪！头两枪打中了迪林杰的心脏下面，他踉踉跄跄地往前又走了两步，这时，第三枪打中了他的头部。迪林杰死了！

在华盛顿，闻听此讯的联邦调查局局长胡佛大喜，当即召开了新闻发布会，对帕维斯和温斯泰德的“惊人的勇敢精神”大加称赞。司法部部长卡明斯也发来电报，对这次大捷表示祝贺。

几天后，迪林杰被特工击毙时所戴的牛仔帽、墨镜、衬衣口袋里的一支雪茄、手里拿着的枪，被悉数在展览会上展示。之后，又全部存入了联邦调查局的“荣誉室”。

联邦调查局利用此案大做文章。约翰·迪林杰对于胡佛所领导的联邦调查局神话具有如此重要的作用，以至于在这个匪徒死了数十年后，这个案件依然还能吸引众人的想象力。

由于清除了迪林杰，联邦调查局不仅赢得了荣誉，而且使美国公众永远对它感恩戴德!

飞行英雄独生子遭绑架

随着经济危机的到来，治安方面本不平静的美国社会彻底地陷入了动荡不安之中。先是社会秩序失控，无数失业的工人怀着满腔的愤怒与绝望走上街头，举行示威游行。伴随而来的则是经济危机所导致的国民道德瞬间崩溃。犯罪行为迅速加剧，一批被美国视为敌人的著名的犯罪分子纷纷登上美国的国家秩序破坏者的名单。这些人视法律为无物，草菅人命，已经公开向政府的权威和民众的基本权利发出了最赤裸裸的挑战。

调查局要对付的另一桩社会问题是成千上万的绑架案。大萧条时期日益严重的社会分化和阶级矛盾，使暴力和恐怖活动更加普遍化，而既可发泄对社会不满情绪又能讹取钱财的绑架案，在当时的美国达到了每日一起!

联邦调查局此时已经具备了一定的维持社会秩序的能力，但他们却不能有所行动。因为按照美国法律规定，这些犯罪分子大都属于地方政府所管辖，而作为中央行政机构的调查局如果对属于地方政府的事务进行干涉，可能会使得各州认为他们的权力受到了侵犯，这对法律制度而言绝不是一件好事。然而，地方政府对这些犯罪分子又不能采取有效的措施，所以，联邦调查局必须要介入，改变调查局历史的一刻终于在1932年3月1日发生。这一年，美国的飞行英雄查尔斯·林德伯格的独生子小查理在家中遭到绑架。地方警察的无能使得绑架分子在多日后仍旧逍遥法外。

在很多美国人的心目中，林德伯格是美国梦的化身。查尔斯·林德伯格是议员之子，1927年5月20日早晨8点，25岁的查尔斯·奥古斯都·林德伯格架着一架很小的单引擎飞机"圣路易斯精神号"从纽约罗斯福机场起飞，用了33个小时在大西洋对岸的法国巴黎落地。他的这次飞行创造了两项世界纪录：第一次实现了从纽约到巴黎的直达飞行；第二，这是航空史上飞行时间最长的连续飞行。美国人民认为，他的这次飞行被称为航空史上的一座里程碑，由此而成为世界级英雄。三年后，林德伯格的儿子小查尔斯·奥古斯都·林德伯格出世，一时间，林德伯格的英雄形象再次升温。电报、鲜花、信件、礼物如雪片般从全世界飞到美国。无疑，这个小孩子的被绑架一致被认定是犯罪分子对美国自身的攻击，因此，几乎所有的美国人都将此案视为非法分子对国家秩序的一大挑战。民众的压力让美国政府最终做出决定，如果地方政府提出要求协助办案，那么政府会指派几个部门参加对林德伯格孩子绑架案的调查，而这几个部门分别是特工局、禁酒事务组、华盛顿市警方和联邦调查局。调查局历史上的风云人物埃德加·胡佛正式登场，政府指定他为联邦协调人。但政府方面还是宣布，联邦政府不负有办理这个罪案的责任，它只是在帮助地方政府。只有在发现罪犯违反联邦法律的情况下，它才接受责任。

林德伯格1932年2月29日在霍普维尔向当地警察报警，据他的口供，前一天，他带着自己的儿子来到他在霍普维尔的别墅度周末。第二天晚上10点钟左右，林德伯格被孩子的保姆叫醒，保姆说，他的儿子失踪了。林德伯格急忙赶到孩子的房间，保姆没有说谎。床上裹孩子的毛毯保持着原样，孩子已经无影踪，林德伯格在慌乱之中注意到，百叶窗微微地张开着。而在窗户正下方的暖气片上放了一个白色的信封。信上写了绑匪的要求：5万美元，不许报警，否则撕票。

林德伯格在报警后的10分钟内，当地警方赶到了现场，几分钟后，电传警报传遍全州，警方得到命令可向任何可疑车辆提出搜查。

在犯罪现场，一位警方的技术专家提取了房间里的指纹。但很遗憾，这名绑匪是位作案高手，根本没有留下任何证据。这位技术专家企图从窗外的木梯和遗弃在现场的一把凿子上提取指纹，可一无所获。

警方在短暂的商量过后，负责这次调查的警察开始对在林德伯格家工作过的29个仆人进行询问。那位向主人报告孩子失踪的保姆成为重大嫌疑人而受到了警方的严厉讯问。在警方眼中，这位保姆与孩子的接触时间最长，对孩子的起居与生活情况了如指掌，她曾在底特律工作过，而在那里有一个经常活动的绑架集团。让警方失望的是，这位保姆对警方提出的很多问题的回答没有任何破绽。

在连续的对仆人的审讯中，林德伯格不止一次地提出反对，他认为警方把宝贵的时间放在排查家里的仆人身上完全是浪费。在这位飞行员看来，绑架他孩子的人要的无非是钱，而他和自己的妻子只想要回自己的儿子。照此推理，让孩子安全返回的最有效也最直接的办法就是按绑架者的要求去做。在警察折腾了一天后，林德伯格于第二天在报纸上发表声明，说自己愿意与绑架他孩子的人私下接触，或者与绑架者指定的任何中介人接触，他保证对与绑架者的一切行动都会保密。

这显然违背了美国警察与绑架者交流的一贯态度与原则，但是林德伯格的声望过于强大，警方也只好作出让步。新泽西州总检察长威廉·史蒂文斯发表了一份个人声明，强调林德伯格夫妇的痛苦以及他们想找回儿子的强烈愿望，可在声明的最后，此人又坚持原则强调绑架犯即使顺利地得到赎金，也绝不可能被他触犯的法律所豁免。

两天后，林德伯格见到了绑架者的第二封信，信中的措辞很严厉，认为林德伯格报警非常不明智，并将赎金的数目增加到了7万美元。警方决定在那封信中找到点蛛丝马迹。在经过长时间的调查后，他们发现信中的许多常用词汇绑架者都拼写错了，但是许多很难的词汇拼写得却非常正确。警方得出结论说，这是因为此人很可能写这封信的时候，身边放了一部字典。也就是说，这个人的英语水平很低，可能是外裔。

犯罪问题的世界级权威

联邦调查局的特工们此时参与到案件的调查中，在对照两封信的笔迹与行文后，他们一致认定，两封信出自一人之手。但林德伯格不这么想，他认为敢绑架他儿子的凶手绝不可能只有一个，很可能是当地的黑社会。于是，他又发表声明说，愿意与当地黑社会联系，任何代价都可以，只要能保证孩子的生命。

此时，一个叫康登的经过联邦调查局调查后确信为清白的人声称自己愿意充当林德伯格与绑架犯之间的中介人。联邦调查局认为这个人的到来可能对案情有所突破，于是同意了受害者的要求，受害者林德伯格按照绑架者的指示，让康登来到了伍德朗公墓。康登看到一个身穿褐色外套，头戴褐色毡帽，三十五六岁样的人在公墓的栅栏里面挥舞一方白色手帕。康登确信这就是他们要找的人。那人压低着声音对走近的康登说：“你收到我的通知了吗？钱带来了没有？”据后来康登留在调查局的口供声称，这位男子声称自己叫“约翰”。他说自己只是伙计，真正策划这起事件的是政府的一名高级雇员。

调查局的特工们对整个事件进行了一次梳理，他们忠告林德伯格，这个叫“约翰”的人很可能就是绑架者，而且只有他一个。但林德伯格此时已经丧失了分析事情的能力。他积极地筹集赎金。先是变卖了一些股票，又给财政部打电话，寻求帮助。调查局出主意说，可以在赎金上做些标记，以便将来破案。这正好符合当时的形势，因为当时财政部正准备让美元在一年之后脱离金本位制。这一政策一旦实施，所有的金圆券都将被政府回收，而代之以银圆券。也就是说，某一天，绑架者肯定要拿着大量的金圆券来兑换银圆券，警方只要顺藤摸瓜就一定能捉到凶手。林德伯格同意了这一做法，在把所有的钱都做好记号后，林德伯格把钱装在两个袋子里，让康登拿着钱来到了与约翰约定的地点。事先，调查局希望在交赎金的地点布置警力，或者是跟踪康登，然后再跟踪绑架者。但所有的提议都被一心想要迅速解决此事的林德伯格否定。

结果就是，康登在圣·雷蒙兹公墓见到了“约翰”，把钱交给了对方，约翰告诉他，孩子在一条船上，而这条船在霍斯内克海滩附近就能找得到。

林德伯格相信绑架者没有说谎，在第二天驾驶着飞机飞到了那里。可是他把马萨诸塞州海滩周围找了个遍，也没有发现任何小船的踪影。他不死心，第三天又沿着海岸线一直飞到弗吉尼亚，可是他的心情彻底低沉下来。因为根本就没有小船。接下来的几天内，在美国海军战机与海岸警卫队的联合搜寻下，仍旧是一无所获。林德伯格这才知道，绑架者欺骗了他。

一个多月以来，林德伯格始终沉浸在痛苦之中。这年的5月12日下午，一位名叫威廉·阿伦的卡车司机开车经过霍普维尔地区。在离一座叫玫瑰山不到半英里的地方，他看到一个孩子的脑袋与一条腿暴露在一个粗麻袋之外。他立即报告警察。此时，联邦特工们因为林德伯格的不合作而导致了破案失败已经不再插手此事。当地警察查尔斯·威廉姆逊赶到现场时，发现这里离林德伯格家只有四英里。尸体已经腐烂，左腿自膝盖以下没有了，左手与右臂也没有了，警察确定，孩子的大部分身体都被动物吃掉了。之所以能辨认出这个孩子就是林德伯格的骨肉，是因为孩子穿的衣服。当地验尸官对尸体做了解剖。孩子的脑袋中有一块已经腐败的血液凝块，估计是因颅骨大面积碎裂而死。联邦调查局特工又参与进来，最终，调查局给出的结论是，孩子很可能死于绑架的当天晚上，死因可能是因为绑架者下木梯时，梯子突然坍塌，装孩子的麻袋掉了下来，撞在了房屋的混凝土墙根上，孩子因此一命呜呼。

孩子尸体的被发现，标志着林德伯格所主持的那场大搜索宣告失败。联邦调查局与当地警察们再次登场。他们又把目光瞄向了林德伯格的那些仆人们。在第二轮的讯问中，一个名叫维奥利特·夏普的女佣成了新的怀疑对象。在讯问过程中，她表现出了与常人有异的行为，紧张、焦虑，甚至是语无伦次。警察立即搜查了她的房间，发现了一张纽约城市银行的存折，上面有1600美元。这个钱与她的工资显然不能成正比，但她的钱是如何来的，警察始终没有找到答案，因为就在第二天，当警察踢开她的门时，发现她已经死了。死因也是个谜，当地警察认为是他杀，而联邦调查局特工认为她是自杀。

在这一条线索彻底断掉后，调查局特工们又开始对那个在窗口外的木梯产生兴趣，他们决定从那个绑架者滑下去的木梯着手。在寻找线索中，特工发现木梯的扶手上有四个“多余”的方钉孔，特工们断定，这块木头曾经用在别处，在绑架者准备木梯的时候，由于木料不够，他就地取材，从其他东西上拆了一块放在了上面。特工们在木材公司找到了一模一样的木板。可线索再次断掉，因为木材公司的老板没有对买木材的人做过任何记录。

林德伯格孩子的绑架案到了这个时候算告一段落，但对于联邦调查局而言，这似乎才刚刚开始。

在1933年4月5日，也就是罗斯福新政施行不久后，美国政府宣布将脱离金本位制，所有总值超过100美元的金币与金圆券必须上交银行，兑换同等面值的银圆券。兑换开始后，一张张出自赎金的金圆券开始出现，但当地警方仍旧不能追踪到它们的原始持有人。

联邦调查局倾尽全力关注此案。1933年10月19日，美国政府认为，林德伯格孩子绑架案的侦破工作已非新泽西州所能独立完成，遂正式宣布，联邦调查局在处理该案时，拥有排他性的管辖权。但是最开始，调查局的特工们对林德伯格孩子绑架案仍旧无从下手，直到1934年9月18日这一天的到来。这一天，布朗克斯区的康恩银行在清理钞票的时候，发现了两张印有赎金号码的金圆券，其中的一张上还写有汽车牌照。经查，有一张是由沃伦·昆兰加油站交上来的。加油站的经理向警察描述说，几天前，有一个开着蓝色道奇轿车的人来加油，他加了98美分的油，却用了一张10美元的钞票付费。沃尔特当时担心钱币是假的，在对方离开时，他就在钱币上写下了车的牌照：4U-13-14-N·Y。

特工们立即行动，在找到车主后，特工们发现了可疑之处。这名叫理查德·霍普特曼出生于德国的木工的家距绑架犯第一次与康登会面的伍德朗公墓不远，离第二次交赎金的雷蒙兹公墓只有四英里。按特工们的分析，与林德伯格绑架案相关的地点，基本上都在"适应作案"的范围内。霍普特曼立即被逮捕。特工们开始搜查他的车库，发现了未经兑换的11930元金圆券，上面的记号表明，这都是林德伯格交付的赎金。在霍普特曼的17个笔记本中，其中一本画着木梯的详细示意图，它和绑架案中的那个木梯十分相似。证据在被继续搜集，他的工具箱中，一切家什齐全，唯独没有凿子，而绑架现场却丢下一把绑架者用来撬窗户的凿子。在门后的一块木板上，有用铅笔写下来的号码与地址，都是那个与他接触的康登家的。与德国警方联系后，警察发现他在德国有多次入室盗窃记录，也是用木梯从窗户进入的。在阁楼的地板上有一个缺口，一块木板不见了，经过纹理比较，这块木板正是绑架案现场木梯上的一块，并且有四个钉孔。

案情已经真相大白，这个叫霍普特曼的人就是凶手。1934年10月8日，霍普特曼被新泽西州大陪审团指控犯有谋杀小查尔斯·奥古斯都·林德伯格的罪行。1935年2月13日，在经过29次开庭，162个证人出庭作证，出示了381份证据之后，陪审团经过11个小时的讨论，宣布霍普特曼犯有一级谋杀罪，根据新泽西州的法律，霍普特曼将被处以电刑。4月3日，霍普特曼在新泽西州州立监狱被处死。

小查尔斯·奥古斯都·林德伯格谋杀案正式告破，胡佛所领导的调查局功不可没。

这件悲惨的事，促使美国国会通过了《林德伯格法》，明确授予调查局在绑架案件中的司法逮捕权，规定特工人员可以随身携带枪支。以此为突破口，埃德加·胡佛“由此及彼”，逐步把《林德伯格法》事实上变成了调查局已获得了在所有严重案件中预作逮捕的权力。

调查局在对付“全民公敌”和绑架案件中的辉煌成就，使埃德加·胡佛更加巩固了作为“犯罪问题的世界级权威”的名声，这也为他能顺利地度过联邦政府四年一度选举、交接的考验而继续垄断调查局，奠定了牢固的基础。

新总统起用老局长

美国一向自诩为“西方民主与自由的橱窗”，每4年就要由“驴党”和“象党”热热闹闹地相互攻讦一番，以决定由谁在未来4年中入主白宫。但到了1932年，一浪高过一浪的大萧条却无情地剥夺了上演这一出闹剧的前提：自从1929年的股灾爆发以来，仍坐镇白宫的赫伯特·胡佛如坐针毡，整天盼望的就是赶快有人来取代自己。尽管如此，为了“对历史负责”，他仍“责无旁贷”地打起最后一丝精神，代表共和党投入到即将到来的大选之中，而对于失败的命运，对于把政权这个包裹着劈劈啪啪作响的炸药的“礼品包”交给民主党推出的富兰克林·罗斯福，他甚至感到如释重负的快乐。

身败名裂的现任总统，唯一能够采取的策略就是吓唬选民，使他们“相信”罗斯福在任内会干更多的坏事，但所到之处，他听到的却是“绞死胡佛！他是杀害退伍军人的刽子手！”的口号声，他所看到的却是像子弹一样向乘坐的汽车扔来的鸡蛋和西红柿。选举结果出来了，在48个州中，罗斯福赢得了42个州的472张选举人票，而共和党的胡佛却只有6个州的59张。自从72年前林肯以212张对21张的压倒性优势战胜麦克莱伦以来，这是两党竞选史上最悬殊的比率（8：1）。同时，这也是继1912年威廉·塔夫脱之后，美国历史上现任总统在大选中经受的最惨重的失败。

美中不足的是，在选出下一任总统后还要有4个月的过渡期，在此期间美国的生产指数降到了最低点，失业人数进一步上升。银行警告说，它们已不可能再维持多久了，外国宣布它们不能偿付12月份到期的债款。这个烂摊子将全部留给有过战胜小儿麻痹症经历的当选总统来收拾。

弥留之际的前任总统柯立芝在大选结果出来前数日就哀叹："在其他萧条时期，人们总还可以看到一些可靠的东西，还可以对此寄予一些希望。但当我现在环视四周时，却看不到一丝希望，看不到任何可寄予希望的人。"胡佛在陪同当选总统乘车去国会山宣誓就职前，也不禁喃喃自语："我们现在是日暮途穷了，我们完全是无计可施了。"当时，甚至有些人认为美国经济体系已趋于崩溃，罗斯福可能将作为美国最后一位总统而在历史上留下记录。

与当年仅限于对付窃车贼和胁迫卖淫犯的有限职能相比，如今的调查局正在打击跨州越县的暴力犯罪和绑架案件中崭露头角，其在联邦政府框架内的重要性已今非昔比。在华盛顿的姓胡佛的官员中，埃德加的知名度已仅次于总统本人了。

在罗斯福就任美国总统后，司法部部长也改由民主党人霍姆·卡明斯担任。尽管埃德加·胡佛一向标榜自己对政治不感兴趣，从来不参与两党倾轧争斗，但从其政治倾向来看，谁都会认为他更接近于保守主义占优势的共和党立场。此番民主党上台执政，他还能继续担任调查局的首脑吗？

埃德加·胡佛本人也是忐忑不安。调查局内部搜集到的各种情报陆续被送到他的手中，令他心中七上八下，不知如何是好。

巨大的压力首先来自他刚进入司法部系统工作时的老上司、威尔逊政府中任司法部部长的米切尔·帕尔默。他觉得，正是"帕尔默袭击"使这位年轻后生平步青云，但由于品性恶劣，居然"恩将仇报"，对报界散布了昔日保护人贪污腐化的流言。是可忍，孰不可忍！现在，民主党在大选中扬眉吐气的一天即将来到，帕尔默遂在民主党全国代表大会上公开宣称，一旦该党重获执政机会，首先应予解职的就是埃德加·胡佛。

罗斯福赢得大选胜利后，外界盛传他将提名参议员托马斯·沃尔西出任司法部部长一职，而沃尔西也表示，一旦自己入主司法部，将对该部进行大范围的深刻改组。“月有阴晴圆缺，人有旦夕祸福”，令胡佛深感意外而又庆幸的是，沃尔西在前往华盛顿就职的火车上，居然因心脏病发作而死在旅途上了！关于埃德加·胡佛即将告别他把持了近10年的调查局，这类消息仍然在流传着。这时，他的共和党朋友们出面展开了“挽留运动”，即将离职的同姓总统也代为说项，在与罗斯福一道前往国会山的途中，告诉他“埃德加工作出色，我建议您不要对调查局的领导层作出变动”。罗斯福表示他要过一段时间亲自作出定论。这其中有两点原因：

其一，罗斯福是以“新政”的口号上台的，而面对当时的空前危机局面，罗斯福在就职演讲中说：“只有愚蠢的乐观主义者才会否认这些阴暗的现实。”失业者达1200万至1500万之多，农民在骚动，银行在倒闭。在那个乍暖还寒的初春，在那个日渐西沉的黄昏，罗斯福那一拐一拐的身影似乎与陷入苦难的国家合而为一了。“人们几乎像是注视着上帝一样看着他”，甚至是政敌们也暂时放下了政见分歧和党派敌对，希望他能取得成功，因此，更换调查局领导人这样一个问题很难排上新任总统的议事日程。

其二，对于在多事之秋保持和巩固国家机器和社会秩序，民主党和共和党有着同样的切肤之痛。全国性的犯罪浪潮风起云涌，调查局作为协调各州警察机构的“中央局”，正发挥着无可替代的作用，不应因为党派纷争打乱其运作节奏，也不能用缺乏经验的新手代替“久经考验”的“犯罪问题的世界级权威”作为其领导人。

新任司法部部长卡明斯倒是实实在在地动起了撤换埃德加·胡佛的脑筋，而且已经物色了担任下一任调查局局长的人选，那就是纽约的私人侦探瓦尔·奥法雷尔。国会中反对埃德加·胡佛的议员也大有人在，参议院拨款委员会主席、民主党人肯尼斯·麦凯勒就是其中之一。麦凯勒向新任总统施加压力，要求撤销联邦调查局现任局长的职务，因为他的办公室数月前被秘密搜查过，他有理由相信这是调查局干的。此外，一向以秘密掌握他人政治和个人生活档案为能事的胡佛，此时自身的一些材料也被揭了出来。例如有人查询了他的开支情况，他在纽约曼哈顿区一家宾馆订下的房间，是否用于私人用途？有人指责他是三K党徒，到底是真是假？他去纽约时为什么乘坐头等车厢？

对是否留用埃德加·胡佛，最终还是由罗斯福亲自作出了决定。他首先征询了曾在"帕尔默袭击"中直接指挥胡佛的助理司法部部长弗朗西斯·加文的意见，后者给总统写信说："千万不要听任那些人搬开胡佛这个小伙子。你与他及他的调查局打交道越多，你就越会发现自己离不开他。"其实，这句话完全可以作为埃德加·胡佛在调查局局长一职上为8任总统效力近半个世纪的注脚。罗斯福还听取了司法部部长卡明斯的意见，因为调查局从名义上说应直接对司法部部长负责。卡明斯提请总统注意，"犯罪活动正在从根本上危及国家的安全。我们现在正进行一场打击犯罪的殊死斗争"，因此应留用胡佛。于是，罗斯福政府于1933年7月29日正式宣布了继续由埃德加·胡佛担任调查局局长一职的决定。

劫波度尽官位在，胡佛长长地嘘了一口气。

介入爱德华夫妇间谍案

在埃德加·胡佛入主调查局以前，它的主要任务是调查违反联邦犯罪法，支持法律。胡佛当上局长以后，它的职责扩大了，还要保护美国调查来自于外国的情报和破坏活动，在领导阶层和法律执行方面对联邦、州、当地和国际机构提供帮助，同时在响应公众需要和忠实于美国宪法前提下履行职责。对内，全权负责维护国家安全和防范有组织的恐怖活动；对外，积极协助美国国防部军事情报局及美国中央情报局，防范并打击一切可能危害到美国国家安全的情报和军事活动。所以，对于国内的间谍分子，调查局也有权进行打击。

在第一次世界大战中，埃德加·胡佛通过对德国侨民的监视和策划实施对左翼团体的“帕尔默袭击”而一举成名天下知。如今，他又要站在反间谍的前线了。

1930年，对于当时的英国王太子威尔士亲王爱德华而言是一个最值得记忆的一年。在这一年，他结识了37岁的沃利斯·沃菲尔德，他被这位妇人的幽默乐观、优雅高贵深深打动，爱上了这位已经结过两次婚的辛普森夫人。六年后，威尔士亲王爱德华继位即爱德华八世。但是，他与40多岁的沃利斯·沃菲尔德的婚姻却受到了国内的一致反对。爱德华八世最终选择了这位老女人，而放弃了王位。1937年12月11日，他只当了325天的国王后，发表了一篇演讲，成为温莎公爵，就与沃利斯·沃菲尔德在法国举行了婚礼。

原本，他们的故事将成为传奇，将成为不爱江山爱美人的典范，但随之而来的一些对从前事情的公布让他们的故事又增添了一些杂质。

事情的起因是这样的，联邦调查局在针对德国的反间谍行动中，偶然获得了这样一份情报：导致爱德华八世退位的真正原因不是那位老女人的年纪和她的两次婚姻，而是因为她是纳粹德国狂热的支持者。当时的形势不容她这样的人存在。因为当时正值二战前夕，德国法西斯向世界挑起了战争，英国参与了同法国、美国联合战斗的同盟。倘若在这个时候国王把一位支持德国纳粹的女人娶回家，那么，英国王室和英国政府就无颜面对其他同盟国，即使连自己的臣民都无法面对。于是，这些人先是给爱德华八世讲道理，无效之后，他们开始向自己的国王施加压力，英国首相鲍德温也以内阁集体辞职相要挟。但无论如何，他们都想不到，他们的国王居然为爱无法自拔，最终却放弃了王位也要娶那个女人。

联邦调查局在得到这份情报后，非常重视，因为局长胡佛认为，美国与英国的同盟关系使得这一问题非常棘手，英国的问题也就等于是美国的问题。他要求特工们对情报来源做肯定答复。特工们通过种种渠道，得知原来是英国玛丽王后的一位亲戚透露出来的。这个人十分了解英国王室的内情。他同时还向联邦调查局提供了许多爱德华与沃利斯·沃菲尔德的消息，包括爱德华在移居法国结婚后的一段相当长的时间内始终酗酒度日，过得非常狼狈。但至于什么原因导致了这位公爵的萎靡，联邦调查局没有做过任何分析调查。这位英国玛丽王后的亲戚还透露说，沃利斯·沃菲尔德在巴黎的一次贵族的聚会上曾向在座的客人说到他的丈夫爱德华患有严重的阳痿。

虽然这些情报没有任何价值，但还是被联邦调查局记载于爱德华夫妇的档案中。二次世界大战爆发后的第一年，联邦调查局向白宫提供了一份备忘录，上面就提到了爱德华夫妇。胡佛局长告诉罗斯福总统，这并非是联邦调查局的单方面意见，英国方面对爱德华夫人与德国纳粹密切往来的事情了若指掌。

有一次，爱德华夫妇欲前往美国佛罗里达州度假，罗斯福总统立即就此事找到胡佛，要联邦调查局密切注意他们的行踪。罗斯福总统当时怀疑二人来度假只是一个借口，很可能是他们在为德国搜集秘密情报。联邦调查局立即展开行动，在这对夫妇到达之前，联邦调查局特工们已经就位，做好了十足的侦察准备。他们到达美国后，或许他们不知道，自己的一举一动，包括他们接触的每一个人和做的每一件事，有时候连他们自己都忘记了，而联邦调查局却在秘密地记录着。联邦调查局关于这对夫妇的秘密档案居然长达227页，仿佛是一个故事，从爱德华退位直到他们在美国的一举一动，全在调查局的掌握之中。

根据联邦调查局的调查结果，胡佛进行了分析，沃利斯·沃菲尔德是忠实的纳粹政权支持者，此女人还与德国驻英国大使、后被希特勒提拔为外交部长的那个传奇人物乔治·莱布特罗勃保持着非友谊的关系。莱布特罗勃任驻英国大使期间，每天都要给沃利斯送17朵粉红色的康乃馨，风雨不改。而此人也正是沃利斯把情报送回德国的中转站。即使是沃利斯和爱德华热恋甚至新婚期间，这二人始终有着密切的联系。

胡佛的属下还侦察到，沃利斯·沃菲尔德与丈夫到法国后，还与莱布特罗勃联系不断，沃利斯·沃菲尔德凭借着公爵夫人的身份、地位以及与上层社会的广泛联系，获得了大量的反法西斯盟国的军事情报和活动信息，并将这些情报通过莱布特罗勃统统送给了德国纳粹。同时，联邦调查局还猜测说，沃利斯·沃菲尔德的间谍工作应该是得到爱德华支持的，至少是默许的。这并不奇怪，因为在当时的欧洲上层，很多人都是纳粹分子或者是纳粹的支持者。但联邦调查局最开始时对沃利斯·沃菲尔德是纳粹的支持者感到很意外。据联邦调查局的调查，沃利斯·沃菲尔德是一个普通的巴尔的摩女子，此女子最让人诟病的就是未婚先孕，由此被她的家族遗弃。相貌并不突出的她凭着心计嫁了两个上层社会的丈夫，她无论如何都没有理由为纳粹效力。

虽然没有抓到确实的把柄，但是，联邦调查局却掌握了沃利斯·沃菲尔德与他的丈夫爱德华给德国人送情报的动机。1941年5月，联邦调查局的特工们呈送给胡佛局长一份报告。报告中指出，希特勒的副手赫尔曼·格林和温莎公爵曾经有过一个秘密协定，德国在取得战争胜利后，格林将会用武力推翻希特勒政府，然后使爱德华回到英国继续当他的国王。联邦调查局通过这份证据分析出了沃利斯·沃菲尔德在二战期间为德国传递情报的一个原因，那就是出于对英国贵族们拒绝爱德华娶她为妻，并逼爱德华放弃了王位的仇恨。这个女人希望德国能取得战争的胜利，以便帮助自己的丈夫重新获得王位，近而达到复仇的目的。而沃利斯·沃菲尔德的间谍生活完全是爱德华所支持的。也就是说，爱德华也是间谍。

联邦调查局获得的这份情报最后得到了证实，多年后，英国作家马丁·艾伦出版著作《隐藏的日程》中做了这样的披露，爱德华实为英德两国的双面间谍。这位作家阅读了大量英国皇家档案，在书中断定说，在爱德华1939年10月对巴黎郊外万塞纳的亲善之旅中，他除了为英国打探法国防御的情报外，还担任着德国间谍的职责。他把在法国前线搜集到的情报交给了希特勒，所以德国最高军事部才修改了西进计划，因此一举攻陷法国。

书中认为，从一开始，英国王室和政府就对这个家族败类的罪行心知肚明，可是为了维护王室的尊严与秩序，一些人就将爱德华叛国的罪证全部销毁了。但是，百密一疏，马丁·艾伦说，有一封爱德华写给希特勒的亲笔信却被无意地保存了下来。这封信写于二战爆发后两个月，一开始便称“亲爱的希特勒”，信中提到一位B先生。这位B先生就是在1937年向被驱逐到法国的爱德华提供结婚资金和地方的比多克斯。此人于1942年在北非被捕，官方从他随身携带的文件中可以得出结论，他就是德国纳粹的间谍。

这封信的结尾则是爱德华作为温莎公爵的简称“EP”。信中，爱德华提醒德国元首，他所提供的那份关于法国前线的情报非常重要，让他一定要予以重视。同时，信中还含糊地写道，爱德华愿意在英国签署和平协议后重登王位。

这封信是否属实，联邦调查局没有介入调查。但联邦调查局当初断定爱德华也是间谍的证据却被英国人用行动证实了。在不久后，英国政府就安排这对夫妇到西印度群岛最北部的巴哈马岛国担任总督，远远地离开了英国和欧洲大陆，由此而切断了这对夫妇与可能发生的一切联系，避免他们继续干出有损于英国和其他盟国的事情来。

这就是关于那位不爱江山爱美人的公爵的联邦调查局档案，在2002年，联邦调查局迫于国内的文件解密法案而向社会公布了这段历史真相。

美国的“盖世太保”

第二次世界大战的熊熊大火，一开始是通过日本侵略中国、意大利侵略阿比西尼亚（埃塞俄比亚）等一系列局部战争的点点星火引燃起来的。当德国、意大利扶植的佛朗哥叛军在西班牙发动内战，后德意又出动军队介入时，美国、英国、法国均采取“不干涉”政策，只有苏联和一些国际进步力量支持西班牙政府。这使许多主张在西班牙回击德、意法西斯侵略的欧洲人和美国人，一度对苏联抱有一定的好感。但是，当1939年8月赴莫斯科访问的纳粹外长里宾特洛甫和苏联外长莫洛托夫签订了《互不侵犯条约》时，看来没有人能阻挡法西斯的铁蹄了。墨索里尼还在等待最好的时机，而希特勒则已是刀出手、剑出鞘了。“美国握有或战或和的钥匙，”法国外长乔治·博内如是说，“如果他们明确表明自己站在我们一方，那么，就足以祛除战争这个幽灵。”罗斯福无疑比任何人都更加清楚美国将站在哪一方。他对德国在欧洲坐大的前景无比忧虑，对法西斯的迫害和侵略深恶痛绝，但是，作为一个政治人物，他不能不考虑美国的民意。

在慕尼黑阴谋期间所进行的民意测验表明，95%的美国人反对卷入另一次世界大战。

美国对投入一场旷日持久、日耗千金的世界性战争，所作准备远远不足，对于罗斯福而言，争取战备拨款的斗争和做好战争动员的思想发动一样重要。

由埃德加·胡佛领衔的联邦调查局对总统的苦心经营提供了很大支持。

1939年6月，欧洲大陆战云密布。经罗斯福总统批准，联邦调查局又获得了一项重要职能：会同陆军部和海军部（当时美国没有国防部，这两个部的部长均为内阁成员），一同负责美国的全部情报工作。

1939年9月，德军入侵波兰，第二次世界大战欧洲战事全面爆发。罗斯福又公开宣布，联邦调查局将由胡佛先生领导，大力展开对付外国间谍和颠覆的斗争。与此同时，他下令联邦调查局搜集有关敌对势力在美国从事颠覆活动的情报。

承担情报保障任务以后，胡佛首倡建立的联邦调查局技术实验室派上了大用场。训练有素的实验室人员，会同其他机构的工程师、科学家、密码学家，使美国能够了解已投入战争的有关交战国的战略、战术信息，对日后的战局产生重要影响。

对罗斯福交付的新任务，胡佛当然是大喜过望，因为对付颠覆活动本来就是他第一次世界大战时初入司法部之际的拿手好戏，因为这样的正式授权足以使联邦调查局一直在进行的秘密政治调查合法化。但是，他太急于建立新功以谢总统提携之恩了，以至于第一次行使这种新职能就栽了跟头。

1940年初，联邦调查局根据告密者的“线报”，以“从事颠覆活动、阴谋推翻联邦政府”的罪名，逮捕了一批反犹太主义者。但法庭审判时发现，告密者提供的情报并不准确、可靠，被捕人员遂被当庭释放了。

尔后，底特律和密尔沃基的联邦调查局特工在请示胡佛局长以后，又逮捕了12名“过激分子”，理由是：这些人在1937年曾游说志愿人员赴西班牙，加入与德、意侵略军和佛朗哥集团作战的“国际纵队”，而此举违犯了关于美国公民不得在美国本土组织军队参与外国冲突的禁令。当然，这都是3年前的事情了，这项禁令事实上也随着美国逐步踏上与德、日、意作战的起跑线而废除了，西班牙内战更已经是尘埃落定，胡佛此举到底是出于何种目的呢？无非是用具体案例来体现联邦调查局职权范围的扩大。

“智者千虑，必有一失”。胡佛这次贸然一击，落了个“偷鸡不成蚀把米”的尴尬下场。

消息传出，参议员乔治·诺瑞斯攻击说，联邦调查局已蜕变为“美国的盖世太保”，胡佛先生已成为“美洲大陆上最恐怖的迫害狂”；报界报道说，胡佛的联邦调查局已足以与德国的盖世太保、苏联的内务部相媲美，已威胁到美国立国之本的自由价值观；逮捕事件发生后的第3天，罗斯福总统把胡佛召到白宫，一番耳提面命后，胡佛偕克莱德·托尔森去迈阿密“度假”了。

窃听电话无孔不入

从迈阿密度假归来，胡佛似乎已从噩梦中醒来了。他敦促司法部部长罗伯特·杰克逊表明支持态度，至少应对这次逮捕事件加以声辩。但是，前任司法部部长墨菲“作梗”，警告杰克逊说，胡佛正通过联邦调查局对政府高级官员们进行“政治侦察”，其中也包括司法部部长这个顶头上司，杰克逊沉吟再三仍难作出定夺。胡佛祭出了扬言辞职的最后手段，杰克逊只好让步了——无论是他还是胡佛都很清楚，当此用人之际，总统是不会允许胡佛真的辞职不干的。

最后，杰克逊不得不对外采取“骑墙”态度，向外界发表了一份声明，一方面表示了对胡佛的信任，另一方面也重申要保护公民的政治自由。胡佛之所以敢同司法部部长叫板，是因为他得到了总统的大力支持。而作为其结果，按照内政部部长哈罗德·依克斯的话来说就是：“胡佛继续留在局长位置上，而且手中的权力更大了。这是因为总统对他无限信任。”

罗斯福对联邦调查局特工的这次行动未予评论，但在华盛顿的一次记者招待会上，他确实提到了这件事。他向胡佛问道：“埃德加，你知道他们想对你怎么样吗？”

“我不大清楚，总统先生。”

“他们想赶走你。”罗斯福做了一个双手大拇指下插的动作，大声说道。

在场的所有人都明白了，总统不会听任任何人把胡佛从他已坐了多年的调查局局长位置上赶走。

罗斯福为什么会对胡佛如此宠爱有加？

利用联邦调查局对政敌进行秘密侦察固然是一个重要原因，但更重要的理由可能还在于，罗斯福有某种不可对人言的苦衷——胡佛掌握了他的某种秘密，而他也知道胡佛掌握这种秘密。唯其如此，才能揭示出这位总统和这位联邦调查局局长互相利用、互相顾忌、“相生相克”、相互关系的全部。

1940年5月，罗斯福授权联邦调查局对“那些被怀疑为从事颠覆美国活动者，包括涉嫌进行间谍活动者”使用的公用和私人电话进行窃听。在以后的美国政治辩论中，窃听电话和电子窃听是一个相当敏感的话题。1928年，美国最高法院第一次审理涉及电话窃听的案件，判决政府官员窃听电话并不违宪，因为“警察并没有闯入被告的办公室进行搜查”；1934年，国会曾禁止电话窃听。如今，罗斯福出于“国家安全利益”考虑解禁，为联邦调查局特工进行电子窃听和侦察提供了法理依据。为了对付有组织犯罪，为了严肃法纪、惩办公职人员的腐化、渎职和滥用权力，为了对付外国间谍活动，经法院授权由警察机关使用电子侦察手段确实是有必要的。但是，如何防止警察机关滥用这一特权，侵犯宪法赋予公民（包括公职人员和政府高级官员）的隐私权等自由的权利，美国人一直没有找到合适的办法。

胡佛表面上是反对窃听电话的。他曾在国会作证时保证，一旦发现，必坚决将涉嫌特工开除出去。1928年出台的调查局守则也规定，窃听电话是“不当的非法、不道德行为”。不过，邮政部部长詹姆斯·瓦利就曾被窃听过，因为他在内阁里提议解除胡佛的职务。1936年也曾有5名特工在法庭作证时透露，为了调查一件跨州盗窃案，联邦调查局昼夜不停地进行过电话窃听。

在罗斯福宣布解禁后，司法部部长罗伯特·杰克逊持保留态度，听任胡佛决定对哪些人进行电话窃听。于是，35岁的“国际码头工人和仓库工人工会”负责人哈里·布里基斯沦为第一个牺牲品，并被胡佛冠以“共产党人”的标签，成为联邦调查局迫害的对象。

到1941年8月，纽约一家报社的记者古德尔曼听说布里基斯被进行电话窃听一事，觉得这是一个很好的新闻题材，便去了布里基斯所在的爱迪逊饭店，用指甲锉撬开房间里的电话，发现了里面安装的窃听器，可以把电话内容和房间里的谈话声传送出去。古德尔曼遂叫来了警察，这时，在隔壁房间“值勤”的两名特工已经逃走了，但警察发现了一页写有“特工彼维尔·扬”字样的复写纸。

诸如此类的事件一而再、再而三地被公诸报端。

受到电话窃听的大多是左翼团体和进步人士，包括13个工会组织、85个进步团体和22个民权组织。未经司法部部长批准，联邦调查局仅在1941年所作监视卡片就有1.3万份之多！

珍珠港风云

珍珠港事件是最让美国人耻辱的一个事件，自发生的那一刻起直到今天，它都是美国人心里的痛。1941年12月7日清晨7点55分，美国海军基地珍珠港上空突然出现了400多架日本战斗机，然后就是对准珍珠港的所有打击目标进行了狂轰滥炸。地面上几乎所有飞机被摧毁，只有少数飞机得以起飞和还击。事件导致了12艘战列舰和其他舰船被击沉或损坏，188架飞机被摧毁，155架飞机被破坏，2403名美国人丧亡，仅亚利桑那号战列舰爆炸沉没时就有上千人死亡。而日本付出的代价仅是5艘袖珍潜艇和29架飞机。由于太平洋舰队几乎已不复存在，日本军队在以后数年内掌握了在太平洋的制海权，把战线向中太平洋推进了数千英里。而美军为了把战争推向日本本土，将不得不为了收复每一块海域付出巨大的人力、财力代价，而且居然死了2403人。2400多人对于二次世界大战的任何一参战国而言都微不足道，但美国这2400条人命是很值钱的，因为这些人命所属的国家非常强大，并且它当时并没有参战。

12月8日，罗斯福总统在国会以严峻的神情、愤激的语调宣布：

昨天，1941年12月7日——一个遗臭万年的日子——美利坚合众国遭到了日本帝国海空军部队突然和蓄谋的进攻。

昨天，日本政府已发动了对马来亚的进攻。

昨夜，日本军队进攻了香港。

昨夜，日本军队进攻了关岛。

昨夜，日本军队进攻了菲律宾群岛。

昨夜，日本人进攻了威克岛。

今晨，日本人进攻了中途岛。

无论要用多长的时间才能战胜这次预谋的入侵，美国人民以自己的正义力量一定要赢得绝对的胜利。

我要求国会宣布：自 1941 年 12 月 7 日（星期日）日本进行无缘无故和卑鄙怯懦的进攻时起，合众国和日本帝国之间已处于战争状态。

参议院以92票对0票，众议院以388票对1票通过了罗斯福的宣战要求。唯一投反对票的是毕生坚持孤立主义、和平主义立场的女议员珍妮特·兰金。美国终于按照罗斯福一直希望的那样摆脱了孤立主义的羁绊，投入了世界性的反法西斯统一战线的洪流。不过，付出的代价未免太大了。

出了这么大的事，情报部门都在干什么呢？

胡佛辖下的联邦调查局，自1939年6月第二次世界大战欧洲战事迫在眉睫时，就被罗斯福授予了会同陆、海军部一起负责情报工作的重任。珍珠港的灾难，难道胡佛能不承担一丝的责任吗？

西方兵学鼻祖克劳塞维茨在《战争论》中的一段话，也许可以作为胡佛推脱责任的一个论据：“战争中得到的情报，很大一部分是互相矛盾的，更多的是假的，绝大部分是相当不确实的。”

因此，缺乏从戎经历，也缺乏战争经验和战争理论武装的胡佛，所能想到的只是掩盖、搪塞和推脱。

当标有“太阳旗”标志的日本海军战斗机像蝗虫一样呼啸着，遮蔽了珍珠港的上空时，埃德加·胡佛正在纽约度周末，与政府的一些高级同僚一起在格里菲斯体育场观看演出。

而在8500公里以外的火奴鲁鲁，联邦调查局负责建立新型通讯系统的年轻技师埃斯克里奇，正在检查无线电系统。通过这个系统，他可以直接收听从胡佛局长座车里发出的指示。当日本飞机开始盘旋和投放炸弹时，他甚至可以看到飞行员的头盔。他赶紧跑到仓库里拿起一支冲锋枪对天射击，但没有任何意义。而后，他想到应该立即向上级报告发生在此间的灾难，便使用摩尔斯电码向本土西海岸的圣迭戈办事处发出了明码电报。对方误以为这是在开玩笑，他不得不又重复了一遍。办事处的负责人也赶忙跑过来，把收到的情报向华盛顿作了汇报。遗憾的是，这份电报到了华盛顿后，过了一个多小时，才到了胡佛的手里。

而在事件发生半小时内，海军系统的报告就送到了罗斯福总统的手上。

罗斯福的致命任命

此时此刻，如果胡佛不是太健忘的话，是不是可以回想起双重间谍杜森·波波夫提供的情报？

欧洲战事爆发后，被称作“欧洲大陆第一地面力量”的法国陆军不堪一击，法国很快就于1940年6月投降了，英国被迫凭借英吉利海峡这一天然屏障，孤军抵抗希特勒大军。为了迎来最后的胜利，英国海军大臣、1940年5月出任首相之职的主战派温斯顿·丘吉尔处心积虑地诱导美国一同参战，为此派出了威廉·史蒂芬森作为他在美国的私人代表。1940年9月，丘吉尔甚至不惜用纽芬兰、英属圭亚那、英属西印度群岛等处的8个英国海、空军基地的99年租期换取美国的50艘超龄驱逐舰。

另一方面，丘吉尔指示加强与美国的情报交流和联系。这时，英国军方研制成功了被称作“超级机密”的破译机，能够破译出德国军事通信秘密。于是，丘吉尔命令威廉·史蒂芬森与美方进行秘密接触。

威廉·史蒂芬森在白宫拜会了罗斯福。罗斯福指示：“联邦调查局应与英国情报机关进行最密切的协作。”由于当时美国尚处于“中立”地位，一旦英、美两国情报合作情况泄露出去，势必会危及罗斯福的政治生命，因而胡佛要求，此事甚至对国务院也要保密。记录这件事的英国官方文件中称，胡佛的介入表明他是一个富有“勇气和远见卓识的人”。

威廉·史蒂芬森与胡佛局长为此而进行了一次秘密会晤。威廉·史蒂芬森要求联邦调查局在情报方面与英国携手合作。胡佛却说，如果没有总统的特别命令，联邦调查局什么都做不了。威廉·史蒂芬森并不灰心，他希望能从罗斯福那里打开缺口。不久后，丘吉尔出任英国首相。他与罗斯福进行了多次的书信往来与电话联系，最终说动了罗斯福与英国人合作，但只限于情报上面的合作。

罗斯福总统下令给联邦调查局，让他们毫无保留地与英国情报局进行最密切的合作。联邦调查局给威廉·史蒂芬森提供了一台发报机，以便他同伦敦进行直接联系。

在这段合作期间，联邦调查局的功绩非凡。比如，当史蒂芬森需要在美国邮政系统截获某类信件时，联邦调查局的特工人员便从邮局给他偷来。同时，联邦调查局还把从德国间谍手中获取的情报转给英国，但却不让美国军方的情报机关得知，因为当时，美国军方始终不愿意把军队加入战场，所以不希望与英国有联系。

不过，联邦调查局并非是默默无闻的贡献者，他们也从英国同行那里学到了很多东西。比如，联邦调查局的特工们发现英国人在偷拆别人信件时功夫精深。胡佛局长就派了几名特工专门到英国伦敦去学习这方面的技术。而在美国的威廉·史蒂芬森也经常把他搜集到的情报转给联邦调查局过目。大家通过一年的合作，可谓是愉快之极。

但是，在合作中，威廉·史蒂芬森发现了联邦调查局的很多缺点。当时，胡佛局长一门心思放在争夺权力上。这就让当时的总统罗斯福感到头痛，联邦调查局内部也是争权夺利，真正用心工作的人很少。威廉·史蒂芬森当时也感到有些工作无法得到联邦调查局及时以及有力的支持，所以向丘吉尔反映。丘吉尔建议罗斯福绕过联邦调查局重新建立一个特务机构，以使双方的合作能顺利进行下去。

罗斯福总统最终任命威廉·杜诺万担任了新成立的情报系统的总头目。联邦调查局被他很不客气地绕过去了。胡佛局长当然非常失望，更为生气。而威廉·史蒂芬森与杜诺万的合作却越来越融洽。1941年6月，杜诺万被任命为情报协调官，他和威廉·史蒂芬森马上就撇开联邦调查局，进行了他们友好而密切的合作。胡佛此时大动肝火，他认为这是总统对自己的不信任，认为这是罗斯福干的蠢事里最大的一件。同时，他也认为，杜诺万作为美国人居然跟外国人的关系搞得那么火热，居然还是抢夺自己饭碗的人，于是，他对外国人深为痛恨，这种痛恨最终成了珍珠港事件所以发生的重要原因。

个人情绪导致一场国家大灾难

早有情报提醒联邦调查局，日本人可能对美国发动突然袭击。在珍珠港事件发生四个月前，也就是1941年8月14日，联邦调查局的一个高级官员给胡佛局长送去了一份报告，报告中一名叫杜桑·杜斯科·波波夫的同时为盟国和德国服务的双重间谍认为，日本人要对美国动手。

波波夫年轻的时候在德国学习法律，并且同一个德国同学约翰·耶布森建立了友谊。两人于1940年开始在德国军事情报部门工作。但事实上，二人是同道中人，他们都对纳粹分子怀有仇恨。后来，德国情报部门命令波波夫到英国去寻找情报。所以，波波夫一到英国便立刻同英国情报部门取得了联系。他希望自己能做双重间谍，一方面给德国人提供编造的假情报，而另一方面则为英国人提供德国人的真情报。当然，为了让德国人充分信任他，他也会提供给德国一些真的情报，但这些情报无关大局。不过他的辛勤工作还是得到了德国人的认可。1941年5月，波波夫被德国人授命到美国纽约去建立间谍网。波波夫立即把这一消息通知给英国方面，英国人考虑再三后，决定让波波夫去纽约，同时联系联邦调查局，让波波夫以后直接跟联邦调查局联系，局长胡佛当时表示了同意。

当波波夫正准备从里斯本启程去美国的时候，他从他的同学约翰·耶布森那里得到了一份非常有趣的情报。约翰·耶布森几天前曾去过一个意大利的海军基地，这个海军基地当时已经不能称为基地，因为不久前，它被英国人的飞机给摧毁了。

但约翰·耶布森却得知，日本人希望意大利能提供一份那次空袭的详细资料。同时，约翰·耶布森还说，德国驻东京的空军参赞巴龙·格罗瑙曾讲过，日本可能在半年内也会采取类似的突然袭击行动，而目标就是美国。

波波夫对这份情报并没有放在心上，因为当时，日、意、德三国同盟以德国为首，希特勒还没有解决苏联问题和英国问题，根本不想招惹美国这个强大的敌人。倘若日本真的向美国开战，那么，按照同盟约定，德国也将成为美国的敌人。

可是，当德国情报部门给波波夫布置美国之行的使命时，居然就给他开列了一个搞情报的单子，其中包括关于夏威夷情报的详细情况和关于珍珠港的一些具体事宜。这个单子上至少有一半的问题是关于夏威夷的。而这些问题所涉及的则是弹药库、储油库、飞机库、潜艇基地、停泊处等的准确位置。

波波夫当时就相信，他同学给的情报可能是真的。于是，他立即将这一情况报告给了英国情报部门，英国情报部门立即吩咐他马上到美国，把这个情报转达给联邦调查局。

1941年8月12日，波波夫到了美国，并且很快就见到了联邦调查局的高级官员，包括助理局长厄尔·康内利和纽约特工头子珀西·萨姆·福克斯沃思。波波夫把关于日本人要偷袭珍珠港的情报交给他们看。这些情报藏在一个德国新发明的缩微相片中。这一技术可以用照相的办法把很长的情报缩小成很小的一点，藏在任何地方都不会被人发现。波波夫为了让二人看得清楚，还拿出了写在纸上的普通信件。

特工头子福克斯沃思看了这份情报后，觉得有些不可思议。他说自己无法做出判断，因为："这看起来太详细具体了。时间、地点、方式等一应俱全。这看起来好像是个圈套。"波波夫试图说服他，但他不给机会。他把波波夫踢给了胡佛局长，他说，只有胡佛局长可以对此事做出判决。

几天后，波波夫在联邦调查局见到了胡佛。珍珠港事件的30多年后，波波夫这样写道："没有人介绍，没有寒暄，没有礼仪，我走进福克斯沃思的办公室，胡佛已经坐在写字台后面，像抡大锤的人寻找铁砧一样。福克斯沃思一声不吭地坐在一张安乐椅——胡佛局长带着讨厌的神色瞅了我一眼，气得脸都发紫，咆哮着说我是个'假间谍'——这次会见只持续了几分钟。"

波波夫被冷落已经很让他难过，但不久后他发现联邦调查局居然在他曼哈顿公寓安装了窃听器。于是，他愤怒地找到联邦调查局，并且发生了冲突。波波夫一怒之下，离开了纽约。

联邦调查局对波波夫的情报的确重视了，但却重视错了。珍珠港事变前三个月，胡佛局长把那个德国人发明的缩微系统的说明书和波波夫的缩微样本送给了罗斯福总统的助理埃德温·沃森（关于珍珠港情报的缩微材料，胡佛并没有送）。罗斯福看了这样的发明后，什么都没有说。三个月后，珍珠港事件爆发。那份埋藏在联邦调查局的波波夫的情报已经沾染上了灰尘。

胡佛之所以要做出这样的事情，是因为他对外国人的痛恨。波波夫作为外国情报人员，虽然为英国和美国服务，但仍旧使胡佛心里不舒服，之所以有这样的情绪，是因为罗斯福新成立的那个特工部门让他厌恶他非常的同行威廉·杜诺万和威廉·史蒂芬森。

因个人情绪而导致的一场大灾难，胡佛局长难辞其咎。

在珍珠港事件爆发后，联邦调查局居然对罗斯福的命令很是上心。仅在一个月后，调查局间谍罗伯特·西弗斯就给胡佛发来报告，报告上讲：本年11月12日出版的《纽约人》杂志第86页上曾刊登一则广告，宣传一种掷骰子的游戏，似是利用广告来暗喻偷袭日期。

胡佛立即找来《纽约人》杂志，找到了那则广告。那则广告是一幅漫画，上半部画的是在炮弹爆炸和探照灯照亮下的荒野，下半部是一群人在防空洞里正兴致勃勃地玩着掷骰子的游戏。下面写着宣传语："注意！警惕！警报！"画上的骰子当时售价3美元。这原本是一条很普通的广告，但特工们却看出了其中的玄机。广告画上有两个骰子，如果将两个骰子正面所显示的数字看作是死亡的象征，第一个骰子看作月份，第二个骰子看作日期的话，那么图中就暗示了12月5日或12月7日这两个日子。

联邦调查局特工们展开联想，莫非日本人早就向世人宣告了对美国袭击的时间？这虽然是可笑之谈，但联邦调查局还是展开了调查。他们找到了该广告所属的印刷公司的经理克雷格先生。克雷格非常配合他们的调查，多日之后，联邦调查局承认，他们的调查和珍珠港事件发生前的预防是两回事。他们现在的调查是钻牛角尖，而对他们的局长在珍珠港情报上的态度则是嗤之以鼻。

第五章

胡佛

掌控了秘密，就掌控了总统

随着联邦调查局能量的扩张，胡佛逐渐偏离“罪恶斗士”的自我定位，黑暗面越发显性。他握住了世上最可怕却最稳操胜券的武器——私人秘密。通过非法窃听，他热衷收集政界见不得光的秘密，累积政治筹码。没有一位总统知道胡佛究竟知道些什么，这对总统来说是最大的恐吓，这也正是历任总统不敢撤换胡佛的原因。

罗斯福离不开埃德加

埃德加·胡佛在主宰联邦调查局的近半个世纪里，先后与8位总统打过交道，其中，他为彼此没有丝毫好感的罗斯福效力时间最长。这位“对政治不感兴趣”的联邦调查局局长，对“自由派”怀有深深的不信任，而罗斯福所启用的尽是“自由派”。胡佛仇视罗斯福本人，认为他有“变态的帝王思想”，认为“新政”是罗斯福御下的共产党人搞起来的，尽管表面上对总统毕恭毕敬，但在私下场合却从不放过任何一个攻击总统的机会。他仇视罗斯福内阁班子里的农业部部长亨利·华莱士（1941年后曾任副总统），对罗斯福的密友和私人特使、主持各种联邦救济工作和工程兴办工作的哈里·霍普金斯，更是从内心深处加以痛恨，所以，当罗斯福授权他秘密调查这两位重臣（政治家们的密友其实只是一种朋党关系）而他却未能抓到丝毫真凭实据时，失望之情真是无以复加。

另一方面，正是罗斯福的委以重任，才使胡佛和联邦调查局在美国政治舞台的地位和作用空前上升。从30年代初期对付穷凶极恶的犯罪分子，到30年代后期负责国家安全和情报工作，联邦调查局的职能有了大幅度的扩展。

总统和联邦调查局局长彼此提防却能相安无事、相互借重的这种格局，其原因在于，作为伟大政治家的罗斯福，首先是一个高明的政客。为了确保自己的权力稳固，对付来自左翼、极右势力、国际法西斯势力的形形色色挑战，他需要借助于胡佛局长的特务政治手段。为此，他甚至可以容忍胡佛对自己的夫人采取特务行动。一次，美国劳联负责人罗伯特·瓦特向总统抱怨联邦调查局对自己进行秘密调查，豁达的总统开导他说：“如果把你的遭遇与埃德加·胡佛对我妻子的态度相比，那就算不了一回事了。”

第一次世界大战期间，罗斯福总统在威尔逊政府里担任海军助理部长，对埃德加·胡佛在打击德国侨民亲德情绪和此后“帕尔默袭击”中的巨大能量，留有很深的印象。在担任总统一职后，罗斯福认为，现在的美国也存在着来自共产党和法西斯分子的危险，为此，胡佛先生在打击绑架案和团伙犯罪战役告一段落后，应当把火力集中在安全和情报这个他颇为熟悉的领域。

1929年后美国爆发的空前危机，导致国内阶级矛盾空前尖锐。即使在罗斯福上台推行“新政”以后，罢工运动仍风起云涌，政府不得不经常出动警察和国民警卫队加以镇压。同时，法西斯及亲法西斯的团体和组织也在金融寡头们的创立和支持下发展起来，如“自由同盟”“共和国卫士”“美国白卫军”“银衫团”“美国十字军团”“基督教阵线”“德美协会”等，尤以“美国军团”的势力最为庞大。这些极右势力鼓吹美国应实行法西斯独裁统治以走出危机，在对外关系中则应与德国修好。早在1934年5月8日胡佛就到白宫与总统和其他高级官员探讨了纳粹运动等右翼势力阴谋颠覆政府的现实危险，联邦调查局第一次获得罗斯福政府的批准，对各种政治团体进行侦查，这既包括形形色色的纳粹分子，更包括工人运动和农民运动中的进步团体。

为了完成罗斯福政府对政治调查工作提出的多重任务，联邦调查局进一步把手伸进了工业界、工会组织、社会团体、教育界，大量收买告密者，其积累的“危险分子”秘密档案也越积越高。

到1936年8月24日，罗斯福绕过司法部部长卡明斯，单独接见埃德加·胡佛时，正式向他提出了搜集共产党和法西斯分子在美国活动情报的课题。胡佛表示，他将严格遵循总统对绝对保密的要求，但由于这一任务不属例行性执法范围，为使联邦调查局可以合法地开展工作，需要国务院事先提出要求。次日，罗斯福找来了国务卿科德尔·赫尔，当着胡佛的面说："美国当前正受到来自苏联间谍和法西斯间谍的威胁。"赫尔当即表态："应当迅速采取措施，查出这些间谍！"此后数日，罗斯福又亲手写了一份备忘录，放在白宫里的保密柜中，记录了他指示国务卿（通过联邦调查局）搜集"敌对团体"活动情报这件事。但为了保密起见，国务院并没有向联邦调查局发放正式的书面文书。不仅如此，就连胡佛名义上的直接上级、司法部部长卡明斯，也是事后才得知这一情况的。

搜集这种敌对势力的情报，保密要求甚于一切。应胡佛的要求，经罗斯福政府批准，联邦调查局将得到一大笔追加经费，而且无须经过国会的专项审批即可用于国内情报活动，因为这种国内秘密警察行动"要极其保密，以免引起不明情况者或动机不良者的无端反对或批评"。

值此非常时期，联邦调查局的职能必然扩大到非常的程度。

得到来自罗斯福和赫尔的支持，联邦调查局立即投入了比"帕尔默袭击"的声势还大的"安全和防间谍计划"行动。对于联邦调查局和胡佛本人而言，声势和规模越大，在政治上的收益也就越大。到1938年春，联邦调查局取得了一个重要的"阶段性成果"：18名"纳粹间谍"被送上了法庭。

胡佛离不开罗斯福

当时，欧洲形势一片混乱，希特勒政权先后在莱茵河、奥地利、苏台德区、西班牙得手，一场新的世界大战的烽火正在燃起。怎样把企图隔岸观火、置身事外的美国公众带上战争轨道，使威尔逊的"大美国梦"重新上演，是摆在罗斯福面前的一个重要课题。而联邦调查局的使命就是，通过发现和渲染战争气氛，使美国人重视战争危险，激起战争激情，做好战争准备。

与反间谍相比，联邦调查局更重视对付共产党等进步势力，以及正直的社会活动家。为了搜集有关情报材料，胡佛甚至不排除对黑社会势力的利用。例如，1939年初，他会见了在“汽车大王”亨利·福特手下、以打击工会势力起家的哈里·贝内特，通过贝内特与一些黑社会组织建立了联系。胡佛和贝内特臭味相投，都需要相互借重。此后，在福特汽车公司所在地底特律的特工们，就可以调阅贝内特搜集的一些共产党人的档案材料了，而这些材料是他从一个名叫杰拉德·施密斯的法西斯分子那里购得的。

1939年底，胡佛大胆作出了拟定战争时期需要监视和扣留者的清单，其中不仅有同情德国及其盟国的外侨，而且包括类似于著名记者索尔兹伯里这样对时局持较客观、公允立场的人。索尔兹伯里以时势报道见长，当时是《纽约时报》的记者。由于被列入“危险嫌疑者”名单，他在1942年被派往国外报道战争进程时，迟迟得不到护照而难以成行。究其原因，根据联邦调查局的记录，是某个长舌妇邻居向当局揭发，索尔兹伯里“可能是德国间谍，可能是一个密码专家，他家里可能有密写设备和发报机”，云云。

胡佛的这个决定，事先并没有请示司法部部长。但是，由于联邦调查局业已得到罗斯福总统和赫尔国务卿的允许，所以，其与司法部之间的隶属关系确实要打上一个大大的问号。1940年，司法部部长罗伯特·杰克逊作了反击。他表示，如果美国进入战争状态，应当由司法部就应对哪些人进行监视和扣留作出决定。但大权在握的胡佛对此置若罔闻。

由于胡佛得到了罗斯福总统的信任和垂青，先后担任司法部部长的几个人在公开场合都只能尽量与这位下属保持友好的合作关系，但在内心深处，他们却无法容忍这位联邦调查局局长的挑战。1939年，司法部部长法兰克·墨菲向自己的助理发泄了对胡佛的斥责：“这是一位病态的人。如果他想调查某个人，他总是能找到借口。”墨菲当时可能还不清楚，胡佛已经对他也建立了秘密的“官方档案”。

直到1943年比德尔担任司法部部长后，决定司法部系统只能对违法事实加以追究，而不能仅仅依据公民具有“危险性”与否建立档案时，胡佛也可以稍作变通，照行不误。“危险人物卡片”的名称变成了“安全索引”，内容却是依旧。

与此同时，罗斯福秘密指示埃德加·胡佛“便宜从事”，争取抓住那些反对他通过《租借法案》援助英国人的代表人物的某种把柄。罗斯福注意到，最高法院法官弗兰克·墨菲有一个可疑习惯，无论他走到哪里，都要随身携带一个小提琴匣子，到底在搞什么鬼？胡佛遂命令特工寻找机会对这个匣子进行秘密搜查。一次，墨菲法官在华盛顿卡尔顿酒店参加午餐会，在上洗手间时把匣子放在了门厅。担负监视任务的特工如获至宝，抓紧时间完成了开匣检查：里面放的是一只网球拍。联邦调查局对左翼势力和右翼分子的调查，对罗斯福把美国渐次纳入战争轨道的既定战略，起到了重要的思想发动作用。而通过这次战争提供的契机，联邦调查局的职能和作用将产生一个跃升，胡佛在政界的地位也将更加重要和牢固。

作为奖赏，与其志同道不合的罗斯福总统，将成为这位联邦调查局局长的政治保护人。

胡佛，作为“政坛不倒翁”的道路将由此开创。

杜鲁门不喜欢“盖世太保”

1945年4月12日，在任的总统罗斯福于佐治亚州的温泉镇与世长辞。按照美国宪法规定，副总统哈里·杜鲁门成为总统。胡佛局长的心情一直不太好，在他看来，罗斯福总统是把联邦调查局提升到一个更高层次的人，并且始终在为联邦调查局的事业而尽心尽力。但杜鲁门却和罗斯福是两种不同类型的人。

杜鲁门刚到华盛顿时，曾是一个敏于事而讷于言的人。在他主持参议院战争调查委员会时，他既为国家节省了15亿美元，又获得了秉公办事的好名声，为自己积累了足够的威信，从而得到了罗斯福总统的信任，成为罗斯福1944年大选时选择的伙伴。

在刚继任总统后，杜鲁门的第一件事就是听取陆军部部长史汀生就原子弹研制工作所作的报告，然后是参加波茨坦会议、参与联合国组建、完成二次大战胜利庆典活动，似乎是迫不及待的，他把精力转移到了联邦调查局上来。

1945年5月12日，杜鲁门总统在他的备忘录中这样写道："我们不需要盖世太保或者秘密警察。联邦调查局正在向这个方向蜕变。他们的职责本应是对付犯罪分子，但现在他们热衷的却是搜集名人丑闻并以此为把柄进行讹诈。他们对地方执法官员的藐视已达到无法容忍的程度。我们需要的是合作。"

所以，杜鲁门故意把消息传播出去，以获得支持者。他的这段见解对联邦调查局而言无疑是一个定时炸弹，虽然暂时没有任何事情发生，但任何人都知道，事情迟早会发生。事实上，杜鲁门的见解有些过于偏激。当时的联邦调查局虽然还存在这样那样的问题，但绝不至于如他所说的已经彻底沦为法西斯特务组织。仅以局长胡佛而言，时人就送了他司法界"罗伯斯庇尔"的雅号。联邦调查局的工作人员们也深为自己是这个局里的一员而感到自豪。但总统的见解没有对与错，只有是与非。局长胡佛感到了前所未有的压力。他现在想的已经不是如何扩大权力，而是如何求得生存了。

但生存有时候却是一个特别大的难题，杜鲁门总统在以后的多次讲话中都明白地提到联邦调查局，认为在美国这样的民主国家，有这样的机构实在是对民主的一种挑衅。而包括总统在内的美国上层是不允许这样的挑衅的。

胡佛不想坐以待毙，他决定还是先从杜鲁门身上找到突破口，因为只有杜鲁门才是让他们生存的唯一的人。皇天不负有心人，胡佛终于在联邦调查局里找到了一位与杜鲁门相熟的人，此人是杜鲁门的密苏里州同乡、幼时玩伴的儿子马里恩·齐恩斯，齐恩斯小的时候曾见过杜鲁门。胡佛希望马里恩·齐恩斯能以后辈的身份去见杜鲁门，说明联邦调查局对总统的一片忠心。联络官马里恩·齐恩斯只好从命，因为他必须要在联邦调查局里继续供职，所以，他找了个机会，到白宫去拜访这个父亲当年的好友、现在的总统。

在谈话中，马里恩·齐恩斯把胡佛的意思转达给杜鲁门，他说："胡佛先生希望让您知道，他和联邦调查局完全听从您的支配，随时听从您的召唤。"杜鲁门当时微微一笑，他刚上任，暂时还不知道联邦调查局到底有多大本事，或者说，他认为即使联邦调查局有这个忠心，但能否将这个忠心转化为成果，却是个未知数。罗斯福总统在位时从来没有对他讲过，联邦调查局在对付他的政敌时所发挥的巨大作用。所以，他在一笑后，又是冷哼："如果我真的需要联邦调查局做什么的话，我自会通过司法部部长提出要求的。"

马里恩·齐恩斯将杜鲁门的话转达给胡佛后，让这位局长很是恼怒。无疑，在他看来，杜鲁门总统还是不明白联邦调查局是美国总统的一个秘密武器。而现在，杜鲁门居然把武器束之高阁，或者说，他根本就认为联邦调查局只是司法部下面的一个普通部门而已。胡佛必须要有所行动，才能让杜鲁门回心转意。在他的谋划下，一份份关于罗斯福时代联邦调查局的电话窃听档案送到了杜鲁门的办公桌前。当他看完了从罗斯福阵营中游离出来的一位投机政客汤姆·科科伦的电话窃听材料时，他还很"正气"地批评道："这是干什么嘛！不要再这样搞了。告诉胡佛，我可没有时间看这些东西。"可当他耐心看完这份材料后，居然浑身冒汗，他认识到，罗斯福之所以能在总统任上闲庭信步地击败每个政敌，联邦调查局功不可没。这让处在当时形势下的杜鲁门立即对联邦调查局有了新的认识。

与杜鲁门斗法

杜鲁门并非是通过激烈的竞选而登上的总统位，他是从副总统之职填补空缺而担任的总统，所以，任何人包括他自己都知道，自己的权力基础很薄弱，有多少人在暗中反对他，或是有多少人在暗中密谋想把他推下来，他根本不知道，但这些事情的确有。他必须要找到一个武器，来对这些异己者进行必要的了解。那么，现在看来，联邦调查局无疑是一个非常顺手的武器。杜鲁门向联邦调查局招手，胡佛局长大为欣喜。杜鲁门授权联邦调查局可以对一些目标人物进行监听，这样，联邦调查局表面上再次受到了总统的重视。联邦调查局自然不遗余力，除了电话窃听之外，联邦调查局还向杜鲁门送去大量的政治情报，比如说哪家报纸准备对有关政策提出批评，哪些官员涉嫌政治和生活丑闻等。虽然，联邦调查局尽心尽力，但胡佛还是有些不快。原因就是，杜鲁门始终避免与他发生直接联系，而是通过司法部部长来进行，这与罗斯福时代胡佛甚至可以左右他名义上的上司司法部部长的人选形成了极大的反差。

最使胡佛局长痛恨的是，杜鲁门居然又成立了一个新的部门，这就是美国历史上赫赫有名的中央情报局。杜鲁门成立中央情报局的初衷是，在他上台后，发现情报机构杂乱无章，送到他桌子上的情报有的居然互相矛盾，他经过与军方协商，决定建立一个使陆海军都能接受又不超出总统控制的情报机构计划，即建立一个使所有与国家安全有关的部门均占有一席之地的中央情报机构。但中央情报局的建立其实是一个相当艰难的过程。政府高层经过了一年多的激烈争吵，才在1947年1月通过了《国家安全法》，设立国家安全委员会，中央情报局得以建立。中央情报局不同于内阁下设的专业局的联邦调查局，它是总统直属机构，它既不归军方领导，也不属于国务院，而是对由总统、副总统、国务卿、国防部长、财政部长、国防动员署署长等人组成的国家安全委员会负责。

中央情报局成立后，联邦调查局的职责被分解，仅负责反情报和国内安全工作，而国外情报则全部由中央情报局独揽。虽然中央情报局不像联邦调查局那样拥有发出传票和实施逮捕的权力，可它作为一支隐形力量，并且与最高层亲密接触，所以，其特殊的权力往往让联邦调查局望洋兴叹。

之前，胡佛局长的联邦调查局还掌握着美国对外活动。而现在，中央情报局却让他的梦想彻底破灭。在大战期间，联邦调查局于拉丁美洲取得的地盘，也必须要拱手送给中央情报局。尽管联邦调查局在伦敦、巴黎、罗马、墨西哥、渥太华等地的联络站仍然保留，但也仅限于联络，而不能执行任务了。胡佛局长对中央情报局的诞生异常恼火，但又无计可施。他不能把怨气撒到杜鲁门的头上，因为联邦调查局之所以还存在，也有杜鲁门的一份功劳。胡佛只好消极抵抗，在向中央情报局移交海外情报活动档案时，他烧掉了一些重要材料，而且拒绝向中央情报局讲述过去几年发展起来的一些新型情报手段。

由此可以看出，联邦调查局在杜鲁门时代并不快乐。它的首脑不但不能与总统直接接触，而且在美国之外的情报战果还被瓜分。但是，这并不能说，杜鲁门时代的联邦调查局已经不被人所重视了。还有很多人重视它，杜鲁门总统就是，因为他的身份与势力决定了他必须需要联邦调查局。

杜鲁门身材不高，一张好看的脸，戴着一副深度近视眼镜。他的父亲是密苏里州的一个马贩子，他自己当过银行职员、农场主、炮兵上尉、杂货商、县督学、参议员。在二次世界大战结束后的动荡时期，尽管这位出身低微的总统谨言慎行，并且能够领导和控制最重要的国家大事，但美国精英分子都认为，杜鲁门从骨子里而言，始终是个农民。他的一个很幽默的政敌这样说道："他当总统，却把宾夕法尼亚大街变成了'大街'（指美国作家辛克莱·刘易斯1920年所写小说《大街》，讽刺了一些出身于小城镇的实利主义者）。"甚至他的一个好朋友也对他有所讥笑："对他而言，当总统只不过是一个开端。他真正的抱负应当是密苏里州州长。"这简直可以看成是人身攻击了，跟骂街没有什么两样。杜鲁门为这种讽刺曾经大发雷霆，但他的愤怒与叫骂仍然不能阻挡他的政敌们对他的讽刺。

因此，杜鲁门必须要打破别人对他的成见，于是，他必须要做出一点事情来证明自己的判断能力，证明自己即使不是自命不凡，却也并非懦弱无能。或者说，他必须要转移国人的视线，以掩盖被那些人讽刺的事实。他走的一条路和当年罗斯福有所不同，罗斯福通过新政向世人证明自己的能力，而杜鲁门则通过对外的打击，向世人证明自己的不凡。他先是把罗斯福总统留给他的幕僚通通赶出白宫，这些人都是治国精英，如贝尔纳斯和骄横自负的麦克阿瑟五星上将。然后在远东、欧洲，他开始与以苏联为首的社会主义阵营全面开战。

二战时期，美国与苏联是反法西斯同盟，到杜鲁门时代，这种关系彻底被打破。共产党在美国成了过街老鼠，共产党及所属的工会最先成为受攻击的对象，共产党人和一些工会活动遭到排挤和诽谤。共产党虽然进行反击，但成效不大。这个时候，杜鲁门总统必须要使用联邦调查局了。

胡佛局长当然不会放过这样的大好机会。1946年10月，他在“美国军团”代表大会上给出了他对杜鲁门总统这一计划的好评。他认为，共产党人已渗透到美国的各个角落，国家面临着实现“共产党人可怕阴谋”的威胁，这些人正在千方百计地竭力破坏美国人的生活方式。

共产党人当然不会只倾听，他们在自己的报纸《工人日报》上作出了反击：“胡佛追随纳粹党人的榜样来反对共产党。他企图把一切支持进步思想的人都扣上‘共产党代理人’的帽子。”

共产党人说得没有错，胡佛局长在这个时候的确是想把小事夸大。因为只有这样，他才能证明联邦调查局的存在。但这种没事找事的行为居然受到了美国国会的一致好评，并且发表了一篇文章。这篇文章发表后，胡佛局长更加疯狂，他开始把越来越多的社会活动家呼唤到国会，然后由国会对他们进行询问，与此同时，联邦调查局则对这些人都设立了个人档案，其中不乏用恐吓和欺骗手段制造出来的“黑材料”。根据《美国新闻和世界报道》1951年3月30日的报道，联邦调查局局长透露，每万个美国人中便安置有一名编制内的告密者，当然，还有大批特工未在此计算内。1947年3月21日，杜鲁门总统又颁布了审查国家公职人员“忠诚”的第9835号行政令，他的目的很单纯，就是对250万以上的国家公职人员进行专门的政治可靠性审查，以把共产党人和工会积极分子从中筛选出去。为此，国会专门拨出了1800万美元的经费。联邦调查局提供的“证据”表明，至1947年底，已有数百个社会民主团体被列入“黑名单”，其中包括“争取公民权利大会”“美苏友好协会全国委员会”“保卫外国出生的美国人全国委员会”“援助反法西斯流亡者联合委员会”“全国争取宪法自由联合会”等。在联邦调查局的打击下，美国共产党党员人数从1946年的7万人剧降到1948年的4万人。

虽然联邦调查局出了这么大的力，但杜鲁门在总统位上时，联邦调查局始终没有恢复到罗斯福总统时代的权威。联邦调查局在杜鲁门时代彻头彻尾地沦落成了总统的一个工具。胡佛局长在杜鲁门时代可能是最郁闷的时候。

与艾森豪威尔的和谐共处

早在1945年波茨坦会议期间，杜鲁门就已经答应让艾森豪威尔出任下一届总统了，而后者却一笑置之：“我是一名军人。我肯定谁也不会认为我是一个搞政治的人。”

艾森豪威尔是第二次世界大战中的欧洲盟军统帅，在战后曾担任陆军参谋长，退役后一度任哥伦比亚大学校长，后来又应杜鲁门之邀担任了北约盟军总司令。之后几年里，民主党多次试图把这位打赢欧洲战争的英雄人物收于麾下，当他们拉拢艾森豪威尔时，这位将军却说：“我的信念是，如果一些终身当职业军人的人在没有某种明显的、压倒性理由时，能不追求高级政治职位，那么，军事服从于政治这一必要和明智的准则将能更好地维持下去。”

艾森豪威尔并不是没有动过大选的脑筋，而是在静待共和党盛情相邀。1950年7月3日，他从欧洲返回美国，次日，他放弃了大约每年2万美元的五星上将退役津贴，因为他要从政了。在共和党全国代表大会上，艾森豪威尔挑选了来自加利福尼亚的参议员理查德·尼克松作为自己的竞选伙伴。尼克松的资历和在党内的威信都不是很高，只是在调查希斯案件中才初次在全国获得一定知名度。

民主党推出了伊利诺伊州州长艾德莱·史蒂文森作为总统候选人，这几乎是在他本人不愿意的情况下勉强作出的，因为面对艾森豪威尔，任何民主党候选人都没有几分胜算。

大选结果出来了，艾森豪威尔获得了442张选票，而史蒂文森只获得89张。

联邦调查局对艾森豪威尔的当选出了不少力。

由于民主党候选人史蒂文森3年前曾经对联邦调查局的效率提出过批评，所以毫无疑问，他成为联邦调查局的对立面。特工人员搜集到的不利于史蒂文森的材料源源不断地成为共和党伺机抛出的炸弹。据说史蒂文森和一位大学校长是“伊利诺伊州最出名的两位同性恋者”，史蒂文森的别名是“艾德琳”；史蒂文森曾经对美国共产党持同情态度。在大选前一个月，麦卡锡也在向全国发表的电视演说中抛出了关于史蒂文森在战时曾经与共产党合作、是左翼组织秘密成员的“确凿无误的背景材料”，而且披露说，这是联邦调查局原特工唐纳德·苏赖茵提供的。

艾森豪威尔是一位伟大的职业军人，但作为一位政治家，可不见得那么胸襟坦荡。尽管他外表上是一副落落大方的政治家风度和谦谦君子形象，但任何一位政治舞台上的演员，怎能离开联邦调查局的秘密情报。他所需要的主要是国家安全情报，于是，联邦调查局总部的报告比杜鲁门时期更频繁地送往白宫。

艾森豪威尔由于不求其功、但求无过的为政之道和指挥美国历史上最大战役的辉煌战功，权力基础相当牢固，因而对联邦调查局的秘密襄助，要求得不像以往各届总统那样迫切。不过，他对胡佛提供的情报，也不像前任杜鲁门那样总打个问号。艾森豪威尔对来自联邦调查局的各种情报总是很相信。他当总统后不久，胡佛就发现白宫工作人员中有一位同性恋者，而这人的父亲是一位参议员，也是总统本人的朋友。胡佛便把这个情况报告给艾森豪威尔本人，以免总统日后“为难”。艾森豪威尔得知消息后，便找了个借口，悄悄地把这位老友之子打发出了白宫。

50年代初期，联邦调查局内部成立了一个“国会关系室”，专门负责整理国会议员们的个人生活档案。每位新当选的国会议员都被建立起一整套档案，包括这个人的家庭背景、个人成长经历、兴趣爱好等各个细节。这些档案材料的一个重要来源是临时借到国会各委员会担任调查员的联邦调查局艾森豪威尔总统特工。到70年代，仅在众议院拨款委员会这个国库的“看门狗”那里，就有30名特工在那里帮助工作。

日积月累掌握的这些内幕材料，既可以在关键时刻用作讨价还价的杀手锏，也可以成为平时交往中改善关系的契机。在一些议员闯荡“红灯区”时，特工人员也许会把他们抓住（卖淫嫖娼是违法的，但警方往往睁一只眼闭一只眼，听任近百万妓女每天创造4000万美元之巨的性交易额）。当有关报告直接上呈给胡佛时，胡佛会对诚惶诚恐的议员说：“你放心，这些材料只会放在我自己的保险柜里，别人谁也看不到。”一而再再而三，国会山的要员们不得不对胡佛大开方便之门，任由联邦调查局四处伸爪。

联邦调查局的手甚至伸到了联邦最高法院大法官身上。从20世纪40年代中期到70年代初，联邦调查局的特工人员至少窃听了12位大法官的私下通话。对联邦最高法院的电话窃听是彻头彻尾的违宪行为，但联邦调查局我行我素，在档案室里保存的关于最高法院和联邦司法系统的档案材料越积越多。

联邦调查局的兴趣可不仅止于此，当他们把目光对准总统时，艾森豪威尔无法安宁了。

艾森豪威尔在第二次世界大战期间指挥盟军作战时，曾与他的女司机、爱尔兰姑娘凯·萨默斯比有过一段“忘年交”。这位姑娘1948年出版了一本《我的上司艾森豪威尔》，尽管书中没有提及“我的情人艾克”，到1952年艾森豪威尔参加总统大选时，这本书可能会成为一枚政治炸弹。于是，在胡佛的领导下，这本书神秘地从书店里、图书馆里消失了。

联邦调查局帮了艾森豪威尔一个大忙，但这并不意味着事情会那么简单。1955年9月，唐纳德·苏赖茵向联邦调查局送了一份情报：凯可能以化名入住于华盛顿肖哈姆饭店。联邦调查局立即对此事进行调查，并找到了萨默斯比本人，以了解她与总统是否仍藕断丝连。有趣的是，就在联邦调查局收到这份情报的前一天，正在丹佛度假的艾森豪威尔总统第一次发生心肌梗死。

联邦调查局的调查与艾森豪威尔患病之间有没有联系，后人无从得知。1956年6月，艾森豪威尔经过一次心脏病手术后，声称自己完全恢复健康，再度参加竞选。在此后多年里，艾森豪威尔继续被疾病困扰，继续掌权的欲望终于遮住了他可能的明智，使他开始效法威尔逊，拒绝承认自己身上出现的脑溢血等疾病，也放慢了处理政务的节奏。

由于多年来的清静无为，特别是第二任期内的疾病缠身，艾森豪威尔给他的后任留下的是一个烂摊子：在国外，法国人和英国人为报复纳赛尔把苏伊士运河国有化的努力而派兵登陆埃及；苏联出动红军血腥镇压了布达佩斯的骚乱；艾森豪威尔坚持间谍飞机在苏联上空侦察，换来了飞行员弗朗西斯·鲍尔斯的被擒；古巴也已成为距离佛罗里达一炮之遥的一艘敌对的航空母舰。在国内，年轻的黑人厌倦了种族隔离，在阿肯色州的小石城向白人舞起了拳头，政府不得不派出军队以恢复秩序；国会对总统越来越持敌视态度，围绕预算问题吵得不可开交，甚至连人造地球卫星的研制与发射也引起争议。

与肯尼迪第一次交手

在世界各国的姑娘们不约而同地迷上了超短裙和牛仔裤的20世纪60年代，一个年仅43岁的年轻人成了美国第35任总统。此人长着蓬松的头发和温柔的眼睛，永远带着温文尔雅的微笑，他就是肯尼迪家族的次子、对各类女性都有着不可遏制的诱惑力的约翰·肯尼迪。

1961年1月20日，美国人毕恭毕敬地倾听肯尼迪那气势磅礴、亦韵亦散的就职演说：

我们今天不是庆祝一个政党的胜利，而是庆祝自由的胜利，这一天象征着一个结束，也象征着一个开端，它标志着一种更新，也标志着一种变革，因为我在你们和全能的上帝面前作了我们的先民在将近175年以前所规定的那种庄严的宣誓。

……

我的美国的同胞们：不要问你们的祖国能为你们做些什么，而是要问你们能为祖国做些什么。

全世界的同胞们：不要问美国能为你们做些什么，而是要问我们大家共同能为人类的自由做些什么。

最后，不论你们是美国的公民，还是世界其他国家的公民，你们应要求我们拿出我们同样要求于你们的高度的力量和牺牲。问心无愧是我们唯一可靠的奖赏，历史是我们行动的最终裁判官，我们祈求上帝的保佑和帮助。但是我们都深知，上帝在人间的工作实际上必然是我们自己的工作，那么就让我们来引导我们热爱的祖国向前迈进吧！

美国人松了一口气。从威尔逊、罗斯福到艾森豪威尔，历届总统的衰弱所引起的焦虑似乎被冲得烟消云散，美国有了第一位出生于20世纪的总统。

已历经5位总统更迭的调查局首脑埃德加·胡佛，也能如此轻松吗？

埃德加·胡佛与肯尼迪总统的第一次交手源于联邦调查局对“间谍嫌疑分子”的调查。正是这次调查意外地给了肯尼迪一次成为英雄的机会，从而使肯尼迪踏上了政治坦途。

1941年底，一位名叫英加·阿瓦德的年轻貌美的斯堪的那维亚女子受到联邦调查局特工的严密监视。这名女子出生于丹麦，时年28岁，是新闻工作者，曾采访过希特勒和戈林元帅，在许多公开场合直言不讳地坦露自己的观点：认为希特勒有魅力，富有理想主义色彩。最开始，联邦调查局并没有注意到她，后来她以记者身份会见了联邦调查局的一些要人，其中包括胡佛的秘书和托尔森，并在一次晚会上通过托尔森引见，认识了胡佛本人。胡佛担心此人可能在华盛顿为德国人搜集情报，遂下令对她进行调查，特工人员便在她房间里安装了窃听器。

1942年初，一位名叫约翰·肯尼迪的海军中尉的声音通过窃听器传到了负责监听的特工人员的耳中。电话中两人情意绵绵，甚至谈到了结婚的问题，只是苦于无法取得家族的同意。接到窃听报告后，胡佛立即向白宫作了汇报，并“从安全因素考虑”建议把肯尼迪中尉调到国外。不久，约翰·肯尼迪被调到了与日本人浴血奋战的太平洋战场。1943年，他所指挥的PT-109号鱼雷快艇被日本人的鱼雷击沉，而他又以惊人的勇气带领下属泅渡获生，并在经历了7个月的治疗后拄着拐杖回国。其实，鱼雷艇被击沉一事，作为艇长的他理应担负一定的指挥失当的责任，但坏事可以变成好事，经过肯尼迪家族在华盛顿的大力宣传，他却成了名扬全国的战争英雄，获得了“紫心”勋章和海军奖章。

1959年，在肯尼迪成为美国第35任总统的前一年，一位威斯康辛州的中学生冒失地问起了肯尼迪参议员：“您是怎样成为一个英雄的？”一向很少提起这段经历的肯尼迪笑了笑：“很简单，他们把我的船打沉了呗。”当时的他可能还不知道，是联邦调查局对“间谍嫌疑分子”的调查成全了他的英雄之旅。

牢牢抓住肯尼迪的小辫子

1945年，约翰·肯尼迪从海军退役后，开始投身于政治生活。他担心联邦调查局掌握的他与英加·阿瓦德小姐的一段感情可能会成为仕途上的冰山。1946年，他在马萨诸塞州第11选区当选为美国众议员时，就试图从联邦调查局那里拿回当年电话窃听的录音带。一位朋友告诫他说："别那样干。如果他们知道你拼命想拿回，他们就会意识到已经卡住了你的脖子。"

肯尼迪进入国会山时，只有29岁，被人形容为"刚刚走出父亲家门"。他曾投票赞成《麦卡锡国内安全法》，对麦卡锡主义的横行并未加以抵制。由于健康不佳和漫不经心，再加上因公外出和私人的度假旅行，他在众议院的缺席记录相当可观。到1952年他竞选参议员成功，次年与比自己年轻13岁的杰奎琳结婚后，仍然没有摆脱到处拈花惹草的"唐璜式"生活，仍然毫无顾忌地寻欢作乐。他曾经对一位好友谈及自己与各色女性交往的问题："在我活着的时候，没有谁敢找我的麻烦，到我死去的时候，管它会怎么样呢！"联邦调查局暂时确实没有找他的麻烦，不过，特工们所搜集到的这位国会议员的档案材料则是越集越厚。

出于趋利避害的策略考虑，肯尼迪在当选为参议员后决定与联邦调查局和平共处，换言之，就是与胡佛局长握手言和，甚至在与杰奎琳举行婚礼时，他也没有忘记对在场的特工人员说一句自己随时准备支持联邦调查局的工作。投桃报李，既然肯尼迪参议员已公开赞颂联邦调查局是一个严格遵守宪法和法律的"恪尽职守"的机构，胡佛先生便达到了目的。在继续搜集肯尼迪秘密档案的同时，胡佛发去了数封表示友谊的私人信件。

1956年，年轻的参议员约翰·肯尼迪得到了哈佛大学的名誉学位，以及几句简短的评语："勇敢的军人，干练的参议员，哈佛的儿子。他对党忠诚，坚持原则。"同年，肯尼迪在芝加哥的民主党全国代表大会上差点赢得了副总统候选人的提名。他在政界影响的不断飙升，更引起了胡佛严密监控其私生活和个人交往的兴趣。

到1960年3月，联邦调查局还侦查到一件足以在政坛掀起轩然大波的秘密交往：肯尼迪家族自“禁酒时期”就与一些黑社会势力有染。这时，特工人员发现，一些黑社会的“老大”在财力上准备支持肯尼迪，使他成为民主党的总统候选人。这个情报被当作能够在关键时刻亮出的杀手锏牢牢封存在联邦调查局的档案里。

持较激进思想的肯尼迪，在竞选期间大量抨击艾森豪威尔无所作为的保守政治立场。不过，在他成为下一任美国总统后，由于他所获得的多数毕竟十分微弱，所以很难进行任何显著的变革。

在肯尼迪当选前，一份报纸上预言，如果他获得大选胜利，上台后必然会把已担任联邦调查局负责人36年之久的埃德加·胡佛从他的政府里撵走。尽管这可能是捕风捉影的臆测，但胡佛还是放心不下。于是，托尔森委托一位与合众国际社副社长相熟的特工人员，请他向当选总统肯尼迪加以核实。面对提问，肯尼迪不假思索地回答：“胡佛先生将是我首批予以任命的人之一。”

前途既已有惊无险，胡佛在肯尼迪当选那一天便可以向他表示忠心了：“亲爱的参议员，请允许我与其他支持者一道，向您当选为美国总统表示由衷的祝贺。在这充满动荡的日子里，美国由于得到了您这样雄才大略的领导人，真是一件可喜可贺的幸事……您可以对联邦调查局寄予厚望，因为它愿意为您提供一切所需帮助。”

令胡佛始料不及的是，肯尼迪总统任命了他的弟弟罗伯特担任司法部部长！

肯尼迪决定任命一个“人才内阁”，按照“能办事，有才能，有敏锐的判断力”的标准，细致地审查了数以千计的为获得各种职位而提出申请或受到推荐的名单。在这方面的活动中，罗伯特·肯尼迪起了非常重要的作用。当肯尼迪最后问罗伯特准备在内阁中担任什么职位时，他回答说：“司法部部长。”

新任司法部部长年仅35岁，而他的下属埃德加·胡佛在联邦调查局局长的位置上已达37年之久！

在此之前的数十年里，联邦调查局局长一直越过顶头上司司法部部长，与总统直接联系，如今罗伯特横插一刀，联邦调查局局长不再享有特权，胡佛怎能不气急败坏！

新政府上台后，司法部部长下达了一项外人会感到很奇怪的命令：把斯坦利·芬奇的塑像从仓库里取出来，掸去上面的厚厚一层灰尘，重新摆在司法部办公大楼的显要位置。

斯坦利·芬奇1908年担任了西奥多·罗斯福总统组建的特工队，即联邦调查局前身的首任负责人。当年下令把他的塑像搬走的正是埃德加·胡佛。长期以来，胡佛在联邦调查局这个“国中之国”里的绝对统治，使联邦调查局内外都觉得他是唯一担任过局长的人。罗伯特下令把芬奇的塑像搬到醒目位置，是为了提醒包括胡佛在内的人们，胡佛之前有过联邦调查局的局长，在他之后也还会有。甚至在肯尼迪总统任期内也可能更换联邦调查局领导人。

为了证明谁是司法部大楼里的唯一主人，罗伯特借口需要随时同胡佛先生保持联系，派人在联邦调查局局长办公室里安装了直线电话，而且不允许秘书代接这个电话。一次，电话铃声响起来，胡佛颇为恼火地拿起话筒，里面却是到司法部部长办公室玩耍的罗伯特的孩子们的哧哧笑声。还有一次，罗伯特在电话里吩咐一句：“我要你立即来一趟。”随即“砰”的一声挂断了电话。而罗伯特之所以要胡佛立即来一趟，也只是为了证明自己对这位老人拥有绝对的权威。胡佛虽然涨红了脸，但还是不得不立即来到了罗伯特的办公室。

罗伯特与胡佛之间的矛盾，不仅因为他们是不同时代的人，价值观和人生观不同，更重要的是因为两个人在政治倾向、司法工作方针以及对待黑人民权运动的态度上截然不同。

罗伯特把司法部的主要矛头对准了有组织犯罪，重点打击日益膨胀的黑社会，而胡佛在这方面却越来越保守，固执地把联邦调查局的工作重点仍限定为打击共产党。在罗伯特正式上任前，胡佛给他发了一份备忘录，称“美国共产党对国内安全的威胁比以往任何时代都大”。罗伯特对此嗤之以鼻：“费时费力地再去揭发什么共产党的威胁，不是太无聊了吗？共产党的势力日渐式微，还能构成什么严重威胁？也许，硕果仅存的共产党中，大多数已经是联邦调查局的卧底特工了吧！”

在对待黑人民权运动的问题上，肯尼迪总统主张，“旧的时代已经终结，旧的行为和思维方式已不再适用”。在推进黑人选举权、黑人教育、黑人就业的平等权利方面，肯尼迪总统及他的弟弟罗伯特颇想有一番历史性的成就，而胡佛统治下的联邦调查局在对付白人种族主义者的血腥暴行方面，却很难起到相应的支持作用。恰恰相反，胡佛更感兴趣的是跟踪、侦查马丁·路德·金等黑人民权领袖的私生活，以期从中找到在政治上加以诋毁的证据。

尽管肯尼迪兄弟在幕后策划“换马”，想任用国务院的威廉·博斯韦尔接任联邦调查局局长之职，但他们却不敢轻举妄动，因为胡佛手里至少抓有肯尼迪的两条小辫：一是从各种秘密渠道获得的肯尼迪不检点的私生活的材料；另一条是“黑人之音”马丁·路德·金真假参半的秘密材料，以及马丁·路德·金与肯尼迪总统的亲密联系。一旦肯尼迪逼他掀开底牌，他决定把这一切都抖落给他影响下的一些报纸去发表。胡佛把收集到的有关肯尼迪和马丁·路德·金的全部材料都放在他的私人档案中，塞满了司法部大楼五层的四个房间。

当然，胡佛没有必要公开他所掌握的一切了，因为肯尼迪总统1963年11月22日在得克萨斯州遇刺身亡了。

尼克松的同盟

埃德加说，“最大的敌人是时间。”但他的所作所为好像他可以使时钟不走似的。1968年，他73岁了，那个粗壮的身躯仿佛没有什么变化。他的医生说他很健康。助理们还把这个消息告诉新闻界。不过，骨干们日益产生怀疑。洛杉矶的一批特工人员给司法部部长写信说，“局长老朽昏庸，权迷心窍，妄自尊大。”有两个以前曾在调查局搞过特工工作的人竟然敢于写书批评他。埃德加·胡佛发现，昔日的压制办法已经不灵了。他发现，甚至保守的报纸现在也刊登文章嘲笑他说，他当局长究竟还能当多长时间。

过去，胡佛总是知道如何随机应变，保持调查局的良好形象。现在，他未能认识到，作为他的群众基础的美国中产阶级已经发生变化。舆论是支持民权的；调查局本来可以利用这一点，显示出自己执法的作用。然而，埃德加则大骂共产党对黑人运动的影响，大骂马丁·路德·金的“谎言”。当千百万美国人反对越南战争的时候，他却派特工人员渗入抗议团体，破坏游行队伍。他再也不能操纵舆论了。

当埃德加·胡佛的衰落和垮台似乎是不可避免的时候，理查德·尼克松出现在政治舞台上。

仿佛有某种历史的磁石把他们俩吸引到一起似的。自从胡佛第一次对尼克松投以赞许的目光以来，已经过去了21年。他和他的富有的石油大王们培养尼克松从政，使他在1952年当上副总统。在1960年的大选把尼克松推下政治舞台以前，人们多次看见他同胡佛肩并肩地坐着，一起观看赛马和棒球赛。甚至在尼克松下野以后，胡佛仍然是他家的座上客。当水门事件把他拉下马后，尼克松说，“胡佛是我的好朋友。”

1968年，当尼克松竞选总统进入高潮时，他保证在他当政时留用胡佛。胡佛向他透露有关情报，以打击民主党反对派。他并不想作为尼克松的竞选伙伴，去争夺副总统宝座，而只希望乘坐共和党这只经得起风浪的大船过几天安全的日子。

胡佛知道民主党现在的主要角逐者休伯特·汉弗莱仍然很有可能获胜。所以，当汉弗莱的人要求胡佛像几年以前为约翰逊效劳那样提供“同样的服务”

时，他并没有反对。不过，这回没有电子监听，因为当胡佛要求司法部部长拉姆齐·克拉克批准时，被断然拒绝。

胡佛担心，如果汉弗莱当选为总统，他的官位难保。在白宫，心情郁闷的约翰逊又为他个人的安全担心。他对一位助理说，“自从我当权执政后，我一直照顾他。现在我要离职了，我希望他关照我……”

11月份，当尼克松得胜时，胡佛给约翰逊写了最后一封讨好他的信。在他写出此信两天后，他就在纽约的皮埃尔饭店会见了尼克松，对尼克松说，约翰逊在竞选运动期间非法利用了联邦调查局。尼克松回忆说，“胡佛对我说，我的飞机的座舱在过去两周中被安装了窃听器。他分别告诉了米切尔（内定为司法部部长）和我……是约翰逊下令这么做的。”

但调查局的档案中并没有证据表明尼克松被窃听了，只是对他的竞选伙伴斯皮罗·阿格纽的电话记录进行了检查，因为约翰逊认为共和党在破坏越南和谈。尼克松的助理霍尔德曼证实，胡佛不仅进行了窃听，而且他还在其他方面利用了尼克松的恐惧心理。

这位局长警告尼克松说，“当你进入白宫的时候，不要通过总机打电话。有些你不知道的小人会偷听你的电话。”胡佛说，美国陆军通讯队负责的总统电话线是不安全的，“总统应该知道，如果他在这条线路上通话，他很可能被监听。”

霍尔德曼回忆说，“我们常常看到胡佛带着一个小皮包来白宫，里面装着各种情报、惊人的东西。他的眼睛望着天空，不作出肯定的结论，造成一种印象，好像联邦调查局对总统十分有用。”

胡佛希望自己万事如意，重新恢复共和党上届政府期间他享有的那种权力和特权，在那届政府中尼克松担任副总统。霍尔德曼亲眼看到胡佛和尼克松在皮埃尔饭店会见时的情景。他认为他们像老朋友一样亲热。尼克松说，“胡佛先生，你是少数可以随时同我直接接触的人之一。”

然而当时也在场的尼克松的顾问约翰·埃利希曼则认为他的上司是“故意

在表面上做做样子”。尼克松怀疑胡佛的能力，正在秘密地考虑把他解职。甚至当他向胡佛封官许愿的时候，他就在同别的人接触，以寻求合适人选来取代胡佛。

在棕榈滩的一次会晤上，尼克松向戈德华特派的一个保守分子、前调查局特工人员皮特·皮彻斯提及局长职务。皮彻斯反应很谨慎，他说，“胡佛还没有说他要退休。”尼克松说，“不，他对我说，他将在他生日的那一天退休。”皮彻斯说，“是啊，但问题是，哪一个生日？”尼克松转换了话题。为什么尼克松没有搞下去呢？皮彻斯说，“他害怕。每一位总统都怕胡佛。约翰逊总统是这样，甚至肯尼迪总统也是这样。他们全都怕他。尼克松也不例外。他说，‘我得巧妙圆滑地对付胡佛。’”

1968年圣诞节以前，尼克松和胡佛在皮埃尔饭店会晤几周以后，他就宣布重新任命胡佛为联邦调查局局长。他还把他的年薪增加到4.25万美元，这在当时是一个不小的数字。

阻挠基辛格窃听计划

1969年3月17日，尼克松下令在柬埔寨轰炸北越军队。这次行动最重要的是保守秘密以防止该国抗议。柬埔寨的西哈努克亲王同意这次轰炸，但是，由于他的国家的中立立场，一旦消息走漏，他将不得不公开指责轰炸。1969年5月9日，《纽约时报》第一版刊登了记者威廉·比彻关于这次轰炸和西哈努克没有抗议的报道。尼克松和基辛格认为，他们的战略计划遭到政府中持不同政见者的破坏，破坏者可能是国家安全委员会基辛格那里的工作人员。尼克松相信，柬埔寨大轰炸可以挽救美国人的性命，同时，也可迫使北越进行谈判。“但

《纽约时报》披露的消息把一切都破坏了。”

为了解决这个问题，尼克松把希望寄予了联邦调查局。他从胡佛那里得知有三种防止泄密的办法：调查背景、跟踪盯梢、电话窃听。胡佛认为，窃听是查出泄密者的“唯一”有效的办法，于是，尼克松制定了一套程序，由基辛格将泄密涉嫌人名单送给胡佛。清晨，消息刚一见报，基辛格就给胡佛打电话，要他“竭尽全力查出消息来源，并谨慎处理，不可再泄露消息”。尼克松希望调查计划应“最大限度地保密”，因为，一旦白宫官员发现对他们使用窃听器，他们的士气就会受到打击。同时，他也害怕电话窃听一旦被揭露出去，很可能被反战派“抓住把柄”。作为调查的一部分，对17人进行了窃听，其中包括4名新闻记者，还有白宫、国务院、国防部的13名官员。总统明确授权联邦调查局调查柬埔寨轰炸的泄密情况。而且，按照司法部部长约翰·米切尔对法律的解释，对涉及国家安全的案件，总统有宪法权力命令进行窃听，无须有授权令状。但胡佛不愿像以前那样，一贯充当总统的代言人。尽管他命令对最大的嫌疑对象——国家安全委员会的莫顿·霍尔柏林进行窃听，三天后，他还是要求并取得了米切尔的书面授权令状。

除了确保基辛格要求的窃听都是根据书面授权外，胡佛还把这项任务与联邦调查局的其他行动区别开来。他把这项任务私下交给局长助理威廉·沙利文，指示他不得保存任何复制记录，并把记录与联邦调查局的一般性档案分开保管（开始放在他本人的办公室里，后来放在沙利文办公室里）。窃听报告不得编入该处索引存档。这个程序对白宫和胡佛都有好处。如果窃听的事实没有记入联邦调查局的卷宗，万一进行调查，他们将会受到总统特权的庇护。

胡佛并不把基辛格布置的窃听任务当作联邦调查局的行动，而把它看作是白宫的一项计划，在这项计划中，联邦调查局只是提供了技术服务。尽管这样，他还是紧张不安。窃听器安装后不久，他心事重重地找到司法部部长，请求他与白宫交涉，拆除那17个窃听器。米切尔在白宫与黑格和基辛格进行了讨论，他们也认为窃听器是具有爆炸性的“危险游戏”，但是，窃听器仍是原封未动。

胡佛越来越不愿意联邦调查局卷入白宫防止泄密的日益鲁莽的行动中，他很清楚，在1969年这样动乱的环境下，如果他们在新闻记者或者政敌身上使用窃听手段，一旦被发现，将是最危险不过的。莫非尼克松看不到这一危险性，或者对此并不在乎？这使胡佛很难理解。另一方面，胡佛的小心谨慎更加激怒了白宫的助手们，他们在尼克松的驱使下正在调查泄密问题，对合法性无所顾忌，甚至不惜冒着败露的危险。他们的鲁莽行为使胡佛更加坚定不移地阻止联邦调查局正式卷入他们的行动。

尽管在1972年6月17日盗窃文件案发生的六周之前胡佛已经去世，但是尼克松的官员们还是把水门事件和相继而来的尼克松政府垮台的责任归咎于胡佛。他们的理由是，由于胡佛不能胜任工作，尼克松和他的助手们不得不在1971年建立白宫“管子工小组”，以防止新的泄密发生。既然胡佛阻止内阁关于重组国内情报网的计划，那么白宫必须建立自己的调查组，因而给戈登·利迪提供了任职的机会。戈登却一直在出卖约翰·米切尔和总统连任竞选委员会关于在民主党的国家委员会办公室内安装窃听器的计划。他们认为，如果胡佛配合得更好，尼克松政府绝不会吸收那些喜爱“幕后活动”和“偷偷摸摸”的人。

第六章

谁与争锋——时代舞台上的纵横捭阖

胡佛

胡佛的成功，源于他的聪明、机警，源于他赤诚的忠心，更因为他知道很多“秘密”，和他有非凡的处世智谋及纵横捭阖的政治手腕。他自我标榜秉公执法，醉心于工作，为了国家，为了一己利益，不惜以身犯险，与当权者进行斗争。

与媒体大众亲密拥抱

随着罗斯福为对付经济危机而采取的“新政”逐步走向成功，美国国内社会秩序渐趋好转，埃德加·胡佛领导的联邦调查局对付犯罪活动的大规模战役也渡过了它的高峰时期。

在此期间，胡佛在联邦调查局里已成为大权独揽的帝王般的人物。对每一位特工的任用和提拔权，都毋庸置疑地集中在他的手上。如果他漫不经心地说上一句：“这个人不像是联邦调查局的特工，倒是与一个卡车司机没有什么两样。”那么，不管什么人再三求情，这个倒霉鬼第二天都得卷铺盖走人。这位“特工之王”每天都从他在华盛顿的“王宫”向全国各地发出成打的指示信函，在“王宫”里亲自动手，记下特工们的成功与失败，出生日期与牺牲日期。不久之后，细心人就看出了其中的门道：如果信函起头使用的是“亲爱的琼斯先生”，那么琼斯肯定在哪个环节上已获罪于这位“帝王”；如果使用的是“亲爱的保罗”，那么保罗的前景肯定是一片光明。

胡佛在联邦调查局绝对权威的形成并不仅仅取决于他的权术，联邦调查局特工们在缉捕“娃娃脸”“贝克妈妈”“一号公敌”时的辉煌战功，为胡佛主宰联邦调查局奠定了牢固的基础。

胡佛很重视处理与大众媒体的关系。他把全国执法部门活动的对外宣传决定权牢牢掌握在自己手中，对“亲联邦调查局”的记者们或优先发送消息，或以私人名义不时送上一些“小礼品”，并由局长宣传秘书考特尼·库珀捉刀，借助于报界的“公正、客观”身份，抛出一系列吹捧联邦调查局和胡佛本人的文章和书籍。经胡佛之手而成立的联邦调查局第八处即“犯罪记录处”，更是发挥了很突出的公共关系职能。真凭实据的破案记录，加上妙笔生花的精心炒作，使胡佛已经成为一个家喻户晓、妇孺皆知的“美国英雄”。在《时代周刊》上，埃德加·胡佛的照片赫然登在封面上；在乔治·华盛顿大学，在纽约大学，毕业于乔治·华盛顿大学法学院的联邦调查局局长成了这两所大学的名誉博士。

与此同时，联邦调查局特工（G—man）成了一代美国少年儿童心目中的偶像。人们看的是描述G—man的电影和书籍，戴的是缀有G—man标志的徽章，玩的是G—man随身携带的手提机关枪模型，穿的睡衣上也标有G—man字样。可以说，G—man这些“与魔鬼打交道的人”已成为美国人心目中的天使。那么，天使们的总管埃德加·胡佛，就是上帝的化身。成千上万崇拜者给他们心目中的上帝寄来了圣诞卡片，其中一张的称呼是“美国的耶稣”。尽管不是上帝，但成为上帝在凡间的代言人，成为神圣的三位一体的一员，胡佛已经有理由心满意足了。

这时，埃德加·胡佛的声誉达到了生平的最高峰。据一项有1.1万名中小学生参加的民意调查表明，他在全美国最具魅力的名人中位居次席，仅次于漫画家罗伯特·李普莱。接受调查的学生们表示，与美国总统相比，他们更希望自己成为像埃德加·胡佛那样的大人物。

屡试不爽的“笨方法”

一切政客都要制造出一些为自己辩解、把自己装扮成不朽的天使的神话，都要把一己之利益说成是全体国民的共同事业。埃德加·胡佛也不例外。年复一年，胡佛和他的联邦调查局已经成为新版“美国梦”和20世纪传奇的一部分。年复一年，他都要到国会山汇报联邦调查局过去一年的工作，争取在下一财政年度赢得更多的预算。对国会山，胡佛先生并不感到陌生。想当年，他刚刚从乔治·华盛顿大学毕业后，就是在国会图书馆里找到了自己的第一份工作。20多年过去了，昔日的图书馆卡片整理员已成长为联邦调查局局长，此番来国会山，是为自己的机构预算问题在拨款委员会作证。

在美国，政府所支出的每一分钱，不管是用于军队建设、对付犯罪，还是用于公共工程、难民救济，都要由国会通过拨款法拨款，“钱袋权”牢牢地掌握在国会手中。国会在制定预算授权法和拨款法时，各有关常设委员会及其下属的小组委员会要举行听证会，要求有关行政机构到会作证，说明现行预算的执行情况、目前各项计划执行情况和效益，以及来年的计划项目等，并须回答议员们提出的各种问题。“钱袋权”（拨款权）是国会最重要的权力，正因为如此，参众两院的拨款委员会作为美国国库的“看门人”，是影响和名望最高的。

联邦调查局的工作“日费千金”，如果没有充裕的经费保障，就如同是汽车没有汽油作为燃料，必然是寸步难行。美国把“要员”区分为7级。其中，总统、前总统、外国国王和国家元首为一级要员，副总统、政府部长、国会议员、州长、武装部队五星上将、外国总理（首相）等为2级要员，副部长、武装部队上将等为3级要员……武装部队上校为7级要员。按照这种划分，联邦调查局局长只能算一个3级要员，实际上，胡佛手中的权力远远大于一个普通的国会议员，甚至大于普通的政府部长。但在请求国会授予拨款权时，不管是总统、政府部长还是某个局长，都必须打起十倍的精神，赔上十万分的笑脸，埃德加·胡佛也不例外。

在国会图书馆和司法部整理卡片资料的经验，是他在国会持续取得高分的三大法宝之一。“聪明的办法就是不要显得太过聪明。”胡佛在与国会打交道时，使用的是“此时无声胜有声”的“笨方法”，却又是屡试不爽的好方法。

每当胡佛代表联邦调查局到国会争取经费时，他总是带上一大堆各式各样的表格和统计数字，这包括一年来实施逮捕的案件数、判处徒刑的犯人数（又具体划分为死刑、有期徒刑和刑期）、抓捕到的在逃犯人数、找回的被窃车辆数、罚款数、开支节省数，等等，一笔笔账摆在那里，确实可以起到“事实胜于雄辩”的作用。在这些统计数字的右边，表格的题头是“比上一年度上升或下降百分比”，但在胡佛精心的审核下，联邦调查局取得的各项成果从来就没有出现过下降现象。正由于该局负责统计全国性的犯罪数据和执法成效，所以联邦调查局送呈国会的数字永远呈上升势头，以验证该局在上一年度在对付犯罪活动的战役中不断取得的胜利。从胡佛入主联邦调查局以后，数字的堆砌就成了它打动国会“看门人”的万应良方。而胡佛所运用的这种争取国会认可和支持的方法，是与立法机构打交道时创纪录的一个发明，确实比长篇累牍地夸夸其谈要高明甚多。

而作为其结论，一成不变的是“对付犯罪活动需要更多的特工”，亦即“需要更多的经费”。美国国会的各委员会和小组委员会成员，一般参照两大政党在国会中的席位比例平衡分配。在整个20世纪二三十年代，众议院中的多数党都是共和党，而在参议院，1933年以后民主党占据了多数席位。尽管两大政党彼此攻讦，相互拆台，但在涉及联邦调查局的议题中，它们的赞同态度和一路绿灯放行，却体现出惊人的一致性。众议院联邦调查局拨款小组委员会主席、老资格的纽约州民主党人约翰·卢尼坦称：“我从来没有压缩（胡佛先生的预算），我也从来没有打算这样做。”

在参议院，以雄辩滔滔著称的共和党人埃弗雷特·德克森也持同样看法。他在1955年回忆说：“参议员们清楚地了解了这一伟大机构的现行活动和出色成就。在此基础上，加上众议院拨款委员会听证会上提出的充足的正当理由，使得局长及其助手已无须再在参议院参加听证了。”“驴党”和“象党”在对待联邦调查局问题时采取的共同立场，应归功于埃德加·胡佛上任伊始对该局采取的“非政治化”。胡佛曾自我标榜“对政治不感兴趣”，那么，以政治游戏为乐事的两党议员，也就没有必要出于政治需要为难这位为美国国内安全效力的联邦调查局局长了。当然，胡佛的这种自我表白，就像法律上使用的“传闻证据”一样，它的说服力并不在于它的正确无误，而在于他确实这样说了。

拿手好戏——收集国会“黑材料”

不过，如果不谈及胡佛在政治上永葆青春，以及在为联邦调查局争取更多经费时的每战必胜中运用的第三大法宝，政治舞台就显得太过纯洁了。在政治上，维系联姻的要素往往不是爱，而是出于恐惧。国会两院之所以对胡佛永远是异口同声地网开一面，胡佛先生之所以能成为国会山的宠儿，是因为双方心知肚明口不言，胡佛手中可能掌握有令他们恐惧的某种东西。由于胡佛先生“对政治不感兴趣”，所以，联邦调查局对公众人士“黑材料”的搜集工作对两大政党也是一视同仁的，国会山也是一个重要的对象。

当然，联邦调查局是不会对国会展开正式调查的。该局与国会的日常接触是通过担负联络任务的特工进行的，这些人表面上看必须品德端正、谨言慎行、不喜好收集和传播名人隐私、值得信任，同时又可以为议员代行对某人的秘密调查。这些人在接受派遣时已经知道，局长大人喜欢掌握政治人物的“劣迹”和不当言行，因此，为了自己在联邦调查局步步高升，飞黄腾达，把涉及国会议员们的小道消息悉数上报，将是取悦上司的最佳途径。这样，来自国会山的一条条情报相继飞进了胡佛私人办公室里的“官方机密”文件袋。这些情报很大一部分是互相矛盾的，更多的是假的，绝大部分是相当不确定的，如果作为证据在法庭上出现，十有八九会被法官驳回。但是，精于算计的胡佛不仅毫不嫌弃，反而视若珍宝，亲自动手，分门别类地按照图书卡片管理办法进行了整理，以保证随时可供查考。胡佛整理名人“黑材料”的情况，直到几十年后他驾鹤西去以后才为世人证实。不过，早在30年代，有关当事人就有所风闻。胡佛当然是矢口否认此事的存在，不过，也只有让这个消息流露一二，才能使上下左右的官僚们对自己有所忌惮。

胡佛的这种“模糊威慑”战略取得了极大的成功。正如一首歌曲所唱的那样，“没有黑哪有白”，在美国，凡在政治上取得重大成功者，有几个人是没有劣迹，操守谨严的彬彬君子，在其冲击政治舞台的征途中没有做过任何“小动作”？正因为国会人士也担心自己在胡佛的“黑材料”中榜上有名，才一次次地按捺住了对联邦调查局进行一番调查的热情，才一次次地对胡佛关于该局非凡成就大肆宣扬时争相做首肯状。所以，两党议员们对联邦调查局局长的宠爱有加，也是他们迫不得已啊！

大张旗鼓地插手犯罪领域

胡佛在以自己的方式将特工队伍整顿好之后，开始有步骤地一步步扩大调查局的权限，将手越伸越长，最终使调查局变为美国联邦政府机构内不可或缺的重要机构，他自己也因此而牢牢地掌握了美国政坛的命脉。胡佛伸手的第一步棋是插手执法系统，并使执法手段现代化。这一点也可以说是他对美国乃至世界执法史的重要贡献。按照司法部最初赋予调查局的权限，调查局没有资格插手国内犯罪领域。国内刑事犯罪历来由警察负责，调查局只负责跨州际案件或事件。但胡佛知道，如果他要使自己举足轻重，就一定得设法打入甚至控制这一领域。

因此，从1924年开始，胡佛着手整理指纹卡片，并将这些卡片有条理地保存入调查局内一间特别的办公室里。他一共保存了司法机关送来的约80万个犯罪嫌疑人的指纹。埃德加还朝思暮想着在美国建立“普遍指纹制”，即将美国所有公民的指纹全部保留在联邦调查局的指纹室里。然而，这是一个极其庞大的工程，加之当时没有诸如电脑这类现代化储存设备，因而胡佛到死都未能完成这一宏愿。不过，胡佛还是做到了他力所能及的极限，因为他不但保存了所有罪犯的指纹，而且还为海陆空三军将士、全国警察、所有的联邦工作人员和军工企业职工等建立了指纹档案。他的指纹档案室由一间小屋一直发展到一层大楼，继而扩展为六层大楼。到20世纪60年代末，如果将调查局所保存的指纹档案全部堆成一摞的话，那么，这些指纹档案的高度将是帝国大厦的一百多倍。

胡佛死后，他所建立的指纹档案在电脑的帮助下有了长足的发展，现在，如果需要，负责指纹档案的工作人员可在很短时间内（甚至一瞬间）从其所保存的近两亿指纹档案中检索到你所需要的任一指纹。

此外，胡佛还在他的总部内设立了一个极其庞大的犯罪实验室，并网罗一大批犯罪问题研究专家对各种犯罪活动进行分析研究。这些专家各有专长，有研究弹道轨迹的，有研究毒药、毛发及各类纤维的，还有研究各种笔迹、图章、标签、商标及其档案的。犯罪实验室保存了美国重要机构所有机要人员的档案，还为各种型号的打字机、票据、标准印刷或复印纸张等建立了档案。

胡佛在犯罪实验室上投入了大量的人力与物力，不久就使该室成为美国乃至世界上犯罪问题最先进也最权威的研究部门。指纹档案和犯罪实验室的设立及逐步完善是使埃德加帝国迅速扩张的关键。二战后，随着美国在世界上霸权地位的确立，国内的各种问题与矛盾冲突也相应剧烈起来。而在所有这些矛盾与冲突中，最令美国人感到头疼的就是犯罪问题。由于有了现代化的指纹鉴定系统与犯罪活动研究实验室，破案工作就在一定程度上显得轻松多了。

胡佛手中有了这两张王牌后就开始插手别的领域。首先是美国十分庞大的警察系统。他没有多费口舌就使警察局的头子们相信他的联邦调查局不仅是破案工作中一支不可或缺的重要力量，而且也是确定是否犯罪与如何判罪的重要依靠力量。在获取警察部门及其他有关机构的支持之后，胡佛立刻改变了联邦调查局的性质，迅速使其从一个权力有限的跨州际调查机构一跃而为全美国内务类司法机构，尤其是警察部门，不得不依靠的重要机关。

其次，胡佛见他的努力奏了效，决定立即趁热打铁，越权建立一个全国犯罪信息中心，收集了来自全国各地数以百万计的犯罪问题统计资料。而后，他又授命让调查局提出标准化犯罪报告制度，并出版执法公报。该公报成为联邦政府第一份刊登被通缉人员名单、阐述联邦调查局观点（或者说他自己的观点）的第一流刊物，美国所有警察人手一份，联邦调查局轻而易举地实现了犯罪问题的信息垄断。

最后，胡佛决定全面控制美国的警察队伍。1935年，他独具慧眼，率先创办了全国第一个警官训练学校。当时整个美国的警察都没有经过素质训练，尤其是警官，几乎百分之百地是在实践中摔打出来的。该学校一经成立，立即成为美国警官们争相进修的地方。从这个学校毕业的警官们回到地方后身价大增，很快成为业务骨干，许多甚至不久即升为警察部门的头脑人物。没过多久，该学校改为全国警察学院，美国警察的高层人物几乎全都经过他的培训。第一届学员举行毕业典礼时，连美国总统与司法部长都亲自出面并作讲话。

胡佛大张旗鼓地插手犯罪领域，甚至特别设立一个“犯罪记录和信息处”，并派他的亲信之一路易斯·尼科尔斯担任该处的处长。犯罪记录和信息处无所不做，也无所不能做，尤其是在冷战时期，该处更成为联邦调查局的重要部门。二战结束时，调查局已扩张到三千多人。此时，鉴于国际形势出现新的变化，也就是苏联所带来的共产主义威胁及残余纳粹分子威胁，罗斯福总统决定给埃德加增加权限，让其负责保卫国家安全。这样，他一下子成为钦差大臣，立刻更加神气起来，联邦调查局的脸面自然又大了不少。

秘密档案控于一手

本来，罗斯福是让其调查国内的法西斯分子与激进分子，也就是共产主义分子，胡佛却擅自扩大权限，将所有他看不顺眼的美国人或进入美国境内的外国人都视作被调查对象，更把共产主义视作洪水猛兽，将美国的一切社会问题，从道德沦丧到少年犯罪都归咎于共产主义运动与美国共产党，不惜一切代价进行弹压。在疯狂镇压激进主义的同时，他又千方百计使美国政府的许多权力机构或较有势力的组织对其俯首听命，唯他马首是瞻。这些组织或机构自然都是与犯罪问题或国家安全问题有关的，诸如警察机构、检察系统、各级法院、中央情报局、美国军团（退伍军人组织）等。

胡佛一方面加紧扩大自己的权力，另一方面不择手段整理各界人士的黑档案，将美国的上层牢牢地掌握在自己的手中。对美国国会的议员们他更是不敢怠慢，明处百般巴结讨好，甚至虚报功劳或提供假材料争取拨款，暗中则收集、整理他们的黑档案，若有不顺从者就让其身败名裂。埃德加很会做戏，更会逢迎拍马。如果需要，他会随时装出一副毕恭毕敬、唯命是从的奴才相，然而一旦翻脸，他便立即动用他庞大的机器千方百计地让对手没有好日子过。因而，美国的历任司法部部长，也就是他的顶头上司，对他都要恐惧三分，见他尽量躲得远远的，很少与他正面对抗过。

不要说美国的司法部部长，就是美国总统，若想动一动他，也要权衡再三。在埃德加主宰联邦调查局的48年间，他先后经历过8任总统。几乎每一任总统都对他不满，都想撤换他，但几乎每一任也都想利用他或惧怕他，因而不敢对他动半根毫毛。使埃德加可以在任何人面前讨价还价的最大资本是联邦调查局庞大的档案系统。每一位政客，不管其位置多么显赫，总有辫子握在埃德加手中。谁要是惹得他不高兴或与他为难，埃德加总要生出办法搞到他的丑闻记录，并在适当场合让其下不了台，甚至带来灭顶之灾。

埃德加的档案系统极其庞大，内容五花八门，包罗万象，其中不少与性有关，诸如“性越轨档案”“性淫乱档案”“个人机密档案”等，也有诸如“行贿受贿档案”“六月邮件”之类。这些档案的最终控制者只有一人，就是埃德加·胡佛。

该出手时就出手

在华盛顿度过了40年时光，已届不惑之年的埃德加·胡佛，是一个很有风度的雅士。他自然十分清楚自己多年来所收藏和积累的名人“秘密档案”的巨大价值，但他在与这些名人握手、拥抱、互致问候时，从来不曾在言语中提及这些档案的存在，从来不曾利用这些档案要挟有关当事人。而这些当事人也表现出很得体的“绅士风度”，似乎对这位掌握自己“阿基里斯脚踵”秘密的特工首领毫无戒意。

“政治舞台”这个词汇真是太形象、太生动了。政治人物的真正功力和成败得失取决于幕后的操作，而在前台，每个人都会像演员那样满脸堆着笑容，谨慎地遵守着舞台上的一切规范。正如俄罗斯文学家高尔基所说：“我知道，在我们这个文明程度很高的时代里，人一天比一天变得心软了；即使在他们捏住邻人的喉咙，明明要勒死他的时候，也要竭力做得尽可能的和善，并且还要符合这种场合中所应有的一切礼节。”

胡佛在与上自总统、国会议员，下至一般政府官员们打交道时，极少摆出一副“你的底细我全知道”的盛气凌人气势；这些对他有所忌讳的要人，绝大多数都不会拿自己的政治前途去冒险而试图撞个鱼死网破。场景虽然不尽相同，和风细雨、知交好友似的交往却是不变之通则。

直到1936年4月10日，才由于田纳西州参议员肯尼思·麦克凯勒漫不经心的一句话，使胡佛极不自在起来。

在参议院拨款小组委员会上，有关听证已顺利完成，麦克凯勒就像少年郎、“追星族”一般，鬼使神差地问了一句：“局长先生，您本人曾经亲自实施过逮捕行动吗？”一句话让胡佛呆半晌，最终才说：“没有。”亡羊补牢，未为晚也。埃德加·胡佛发誓要早日消除这一人生经历的空白，以免危害自己作为“美国英雄”的声誉。

20多天后，新奥尔良的联邦调查局特工向总部报告说，他们业已确定，绑架团伙的头号人物阿尔温·卡庇斯目前正居住在一幢公寓里，并请示是否立即予以逮捕。卡庇斯是一个胆大妄为的匪徒，曾从全国各个地方向华盛顿投寄恐吓胡佛的明信片。早就跃跃欲试的埃德加·胡佛，决心利用这个机会，用行动回击麦克凯勒的挑衅。他下令，暂缓逮捕卡庇斯，因为他决定“亲自”领导这次逮捕工作。

为了提升这次行动的意义，他及时地把卡庇斯定位为“一号公敌”。

效率就是生命，时间就是胜利。胡佛果断下令，包乘一架有14个座位的飞机，直飞奥尔良。5月1日，埃德加·胡佛下机伊始，顾不上稍事歇息，就马不停蹄地率领18位特工以及数位新闻记者，直扑卡庇斯藏身的地方。局长亲自出马，当真是威风凛凛、意气风发之至！但整个逮捕过程却充满了戏剧性。

一位在牧场长大的特工提出，他可以用领带把罪犯捆起来。所以，当声名远播、作恶多端的卡庇斯被押出藏身之处时，他的两只手就是被一条领带捆在一起的，随行记者拍下了这张照片，照片中自然少不了一脸严肃的联邦调查局局长。卡庇斯是在毫无准备的情况下被逮捕的。后来，埃德加对外界宣传说，正是他本人亲手解除了卡庇斯这个恶棍的武装。而28年后卡庇斯获释后的说法则是，埃德加·胡佛先生当时躲在一幢建筑物后面的安全处，特工人员为他摆好布景后才现身押解罪犯的。

其实，逮捕这样一个重犯，由特工人员动手本来是理所当然的，局长大人本来就应该坐镇华盛顿静候佳音就行了，没有必要越俎代庖。但是，麦克凯勒参议员的讥讽口吻令胡佛如芒在背，必须用行动证明自己的果敢精神和无畏作风。

如果由新奥尔良当地特工动手，数日前就可以把卡庇斯擒拿归案了。现在胡佛先生亲自出马，也是大功告成，不虚此行。不过，准备工作百密一疏，一行人押解着卡庇斯踏上回程时却突然发现迷路了！

这时，卡庇斯帮助了他们。迷路处附近有一家邮局，而这位惯匪已经把这家邮局作为下一次打劫的目标。于是，他指点着押解自己的联邦调查局人员，浩浩荡荡地返回联邦调查局办事处。在那里，特工们找来了手铐，戴在了卡庇斯手上。

第二天，胡佛下令，用飞机专程把上戴手铐、下拖脚镣的卡庇斯送到明尼苏达州审判。返回华盛顿后，胡佛已成为全国各大报纸竞相在头版重要位置大力宣传的新闻人物。

又过了数日，胡佛又下令包租一架小型飞机，与局长助理克莱德一起去了新奥尔良，顺利地对卡庇斯手下的一个匪徒实施了逮捕。

亲自逮捕卡庇斯行动的成功，使胡佛再次名声大噪，也使麦克凯勒等人的“诋毁”不攻自破。自此以后，胡佛在许多年里对这种“现场办公”的勇敢者的游戏乐此不疲，难以自拔。

胡佛先生最后一次“现场逮捕”行动发生在20世纪40年代。当时，他和亲密下属克莱德亲赴纽约进行一次逮捕行动。市警察告诉他们：警方已经查明罪犯的藏身之处，大批警员正在警察局集合，准备会同联邦调查局一起采取行动。胡佛点头道：“很好。现在，我们前往布朗克斯（纽约北端的一个区），对罪犯加以逮捕！”

特工人员率先抵达了现场，机关枪弹如雨下，倾泻在罪犯藏匿处，据说这是为了避免己方人员伤亡。建筑物很快着起火来，纽约市消防队赶到了，暴跳如雷的市警察这时也赶到了。罪犯差点趁着混乱局势逃跑。胡佛先生顺利地跑了，溜回了他在华盛顿的办公室，在他走进墓穴之前，有关逮捕案都将在那里指挥。尽管纽约市警察对胡佛无耻争功的闹剧还会念叨很久一段时间，但公众很快就忘记了这次“失当”。以沃尔特·温切尔为代表的广播公司和报界，连篇累牍地报道的是这位局长身先士卒亲自办理的令人动容的案件，数量之多，简直具体到胡佛每天的日程安排。因此，这位“美国英雄”在整个30年代，在全国的知名度一直在稳步上升。

1937年夏，埃德加·胡佛迎来了自己进入司法部工作的第20个年头。由于联邦调查局在他的整肃和统治下凯歌高奏，国会通过了为该局建造新办公大楼的拨款法案。胡佛亲自为办公楼的启用剪了彩，报界也对此大加讴歌和赞颂：“宾夕法尼亚大街上这片现代化新建筑群的出现，使英国苏格兰场的同行也自叹弗如。这一建筑物耗资达1100万美元，将成为美国对付犯罪活动的心脏。”

志得意满的埃德加·胡佛，也得到了“联邦调查局第一号金质勋章”，以表彰他为维护美国国内安全所作出的卓越贡献。

老虎的屁股也敢摸

尽管胡佛从骨子里是一个老派、保守、更接近于共和党立场的人，但他与有浓厚自由派倾向的民主党总统罗斯福，表面上却建立了深厚的私人友谊。1940年6月，罗斯福亲自给他写信，对联邦调查局“出类拔萃的服务”表示感谢，而胡佛在回信中则称，总统的信是“我有幸收到过的最鼓舞人心的信件，是美国价值观的生动体现。”

从名义上看，总统和联邦调查局局长之间还隔了一个司法部部长，但实际上，胡佛却和罗斯福建立了频繁的直接联系。事实上，他甚至可以左右司法部部长的人选问题。

尽管与总统政见相左，但一向以“对政治不感兴趣”自居的胡佛，从来不表露对罗斯福的不敬和不满。不过，对“第一夫人”埃莉诺，胡佛就没有那么客气了。他在私下场合从来不掩饰自己对埃莉诺这个“老猫头鹰”的鄙夷不屑和极度厌恶之情。这其中自然有政见相歧的原因：胡佛非常反感埃莉诺超越时代的女权主义思想，反感她对黑人不幸境遇的同情，反感她与包括共产党和“过激分子”的接触。胡佛甚至把罗斯福所采取的许多“新政”措施也归咎于埃莉诺。

在联邦调查局的“安全档案”库中，埃莉诺名下是厚达449页的案卷，案卷上标明“绝密”字样，只有极少数负责人才能调阅。卷宗里涉及许多名人，相当一部分是关于“第一夫人”私生活的。

在美国历史长河中，第一夫人的传统形象应当是默默无闻，不公开干预政治，除了玛丽·托德·林肯和伊迪丝·威尔逊等曾利用第一夫人地位对政治施加影响外，第一夫人们绝大多数是置身于政治活动之外的。但在富兰克林·罗斯福担任美国第32任总统之后，夫人埃莉诺在丈夫的支持下，扮演了一个推动社会进步、影响总统决策、坦率而公开的政治活动家的角色。

埃莉诺是西奥多·罗斯福的侄女，是富兰克林的远房堂妹。幸福对政治家总是吝啬的。埃莉诺是罗斯福总统在政治舞台上的好帮手，但总统需要的是一个百依百顺的女人，而埃莉诺并不温柔，而且这位“丑陋公主”的相貌也不足以成为总统倦怠了政治游戏时停泊的港湾。

因此，罗斯福早在1917年任助理海军部长时就与妻子的社交秘书露西·默塞尔开始了婚外恋。海军当局虽然以特别命令方式于1917年10月解除了露西的工作，但并不能阻止二人的暗中交往，直至露西于1920年下嫁时年58岁的鲁瑟福德。一年后，罗斯福突然因小儿麻痹症而双腿瘫痪，后来通过温泉疗养以恢复健康，陪伴他的是利汉德小姐。后来，罗斯福恢复了健康，也恢复了与露西的旧情。直至罗斯福总统因脑溢血在温泉去世时，在他身边的也不是埃莉诺，而是鲁瑟福德夫人露西。当埃莉诺匆匆从华盛顿赶到时，露西已经黯然离去。

埃莉诺得到了罗斯福却未能拥有他，露西拥有他却未能得到他。世事无常，就是如此捉弄众生！

罗斯福的私情自然不能逃脱联邦调查局局长胡佛那鹰一样锐利的眼睛。不过，他更感兴趣的还是第一夫人的“红杏出墙”。

埃莉诺对丈夫以残疾之身而荣登美国政治的塔尖感到欣慰，但与此同时，她对成为第一夫人的心态并不平静，因为“这意味着我自己的个人生活的终结”。确实，在罗斯福总统整日忙于“新政”时，埃莉诺完全成了他的拐杖。他将一切邀请前来白宫做客的安排都交给了埃莉诺办理。穷人、黑人、失业工人、矿工等，纷纷带着不平和不满来到白宫，希望发泄，希望申诉。当埃莉诺亲切平和地化解了他们心中的不平衡后，他们在见到总统本人时竟会忘记提出要求，只剩下了问候和祝福。

但是，学识过人的埃莉诺并不满足于当白宫的内当家，她逐渐显示了自己的个性，甚至举行了只供女记者出席的总统夫人记者招待会，并代表总统到国外进行了多次访问。但在感情方面，她也有自己的需要，于是发生了令美国人难以启齿的“第一夫人红杏出墙”。

按照后世罗斯福夫人传记作者库克的看法，埃莉诺可能同负责白宫问题报道任务的美联社记者希柯克、她的保镖米勒有染。不过，根据胡佛先生的电话窃听记录，与第一夫人保持身体联系的还有“全国海员工会”的两位领导人以及一位黑人司机、一位医生、一个美军上校。

在电话里，这两位工会领导人相互打趣说，之所以与埃莉诺保持这种关系，是为了便于接近美国总统。其中一个不无得意地嚷道：“我已经付出了足够的代价。下一次应该是你去为那个老女人服务了！”

总统的夫人竟然与两个工会领导人轮流睡觉，这份情报怎能不令联邦调查局局长如获至宝！于是，他含沙射影地把这两个人的材料呈递给了罗斯福，至于如何处置他们与埃莉诺的秘密联系，胡佛还要等一等再作决定。如此宝贝，当然要卖个好价钱才行。胡佛对埃莉诺的嫉恨，主要原因还不在于他那病态的对女性的看法，而在于他极端保守的政治价值观在作祟。由于埃莉诺同情和支持苏联反世界法西斯的斗争，在1933年就坚决鼓励罗斯福与苏联建立外交关系，胡佛等右翼保守势力对她进行各种诽谤性攻击也就不足为怪了。直至1995年10月14日，英国《泰晤士报》还刊出一条消息，说苏联秘密警察曾企图招募埃莉诺当它的间谍，声称这是美国情报机关事隔半个世纪后在华盛顿披露的，当然，“也许是苏联情报机关误解了罗斯福夫人的意图，以为她是亲苏的”。

胡佛确实是把罗斯福的许多进步做法都归“咎”于、归“罪”于埃莉诺的影响。确实，埃莉诺的政治主张比罗斯福更进步、更激进。例如在黑人民权问题上，罗斯福试图从法律上作出种族平等的努力，在受到国内种族主义势力的压力后，这种努力变得苍白无力，而埃莉诺坚决反对私刑和其他种族歧视，并为制定有关法律而积极奔走呼号。在妇女政治地位问题上，埃莉诺更是首开“妇女解放运动”之先河。

以其人之道还治其人之身

1941年1月，埃莉诺得知胡佛手下的联邦调查局特工询问了她的两个秘书伊莉丝·赫尔姆斯和马尔维纳·汤普逊，就十分恼火地提出了抗议。当时，特工人员对这两位女性的私人生活进行了刨根问底的了解，甚至细致到去了赫尔姆斯小姐在伊利诺伊州的故乡调查。在遭到抗议后，胡佛亲自作出了解释：赫尔姆斯小姐曾在一个与国防有关的机构工作过，这就是对她进行调查的原因。当然，联邦调查局不清楚她现在是为第一夫人效力，否则就不会作这次调查了，因此务必请埃莉诺原谅。埃莉诺兀自气愤不平，又写了一封信，内称：“在我看来，这种调查与盖世太保如出一辙。”

这已经是胡佛第二次看到埃莉诺对联邦调查局作如是评价了。上一次是打入美国共产党内部的内线呈递的材料，反映埃莉诺有一次在与一位共产党员谈话时说：“你现在可以看出了，胡佛这个混账东西是怎么一回事。他在掩藏他的法西斯作风。你应该见一见富兰克林。这只能证明希姆莱之流是两面人，富兰克林就这么看待。”

在对付埃莉诺时，利用她的婚外恋情问题比直接攻击她的政治主张更为致命，这就是胡佛不遗余力搜集她的黑材料的动因所在。无论是罗斯福本人还是埃莉诺的婚外恋曝光，他的政治生涯都必将面临重大危机。为防止这种局面的出现，他怎能不对胡佛先生礼让三分？当然，不管总统夫妇和联邦调查局局长私下里怎样相互诅咒，但在一切公开场合，在一切政治场合，仍然是惺惺相惜，谨防“祸从口出”。

罗斯福可能想不到，他授予胡佛进行电子窃听的权力会用在对付埃莉诺上，并炮制出“拉希风波”。

为了保护公民的“隐私权”，美国国会曾于1934年立法禁止电话窃听，胡佛也标榜自己反对窃听电话。在他主持编写的调查局第一部守则中，就明确规定窃听是“不适当的、不合法的、不道德的”。他还向国会保证，一旦发现特工进行窃听，就立即开除此人。但现实生活与政治说教当然不是一回事。

无论是罗斯福还是胡佛，在对政治对手进行秘密侦察时，电子窃听都是不可或缺的手段。到1940年春，随着战争的日益临近，罗斯福总统以国家安全利益为借口，正式授权司法部部长可以“对那些被怀疑为从事颠覆美国活动者，包括有间谍嫌疑者”进行窃听。此门一开，电子窃听便逐步走向了合法化。在胡佛的亲自部署下，特工人员对埃莉诺的电子窃听和秘密监视昼夜不停，更加紧凑了。

大战期间，监视的焦点逐渐聚集在一个人身上。他就是“美国青年大会”的领导人、比埃莉诺年轻25岁的约瑟夫·拉希。拉希是一个激进的反法西斯分子，曾访问过苏联，并志愿参加过在西班牙打击德、意侵略的“国际纵队”，但他并不是共产党人。回国后，他成了一名激进的学生领袖，由于受到联邦调查局的秘密监视，他在1939年众议院“非美活动委员会”会议上第一次见到了埃莉诺，此后借参观白宫之便，还见到了罗斯福总统。在拉希与埃莉诺建立起某种私人情谊后，胡佛对他的兴趣大大增加了。1942年1月，联邦调查局特工溜进拉希所在的“美国青年大会”纽约总部，把埃莉诺与他的私人通信信件拍照下来，交给了胡佛局长。

在联邦调查局的干预下，当拉希申请加入海军参战时，遭到了海军当局的拒绝。他再度请求埃莉诺代为说项，于是第一夫人给司法部部长比德尔写了一封信，内称：“不知您可否向联邦调查局了解一下，他们到底是出于何种考虑而调查拉希？”比德尔遂询问胡佛，胡佛推脱说：“我们没有对此人进行调查。”

胡佛所说的倒也是实情，因为这种出于搜集名人绯闻目的的秘密进行的“情报活动”，确实不同于执法意义上的正式调查。正因为这样，在埃莉诺和比德尔的帮助下，拉希终于获准加入美国陆军，在战争中为国效力。

拉希办理入伍手续后的两周，又是与埃莉诺在一起度过的，而且与好友们一起举办的临行晚会，也是由埃莉诺付钞。这一切自然也逃不过胡佛那时刻保持警惕的双眼。

苦苦的等待，终于在1943年3月5日迎来了收获的喜悦。那一天埃莉诺在其助理汤姆逊的陪同下微服出行，到伊利诺伊州厄巴纳的林肯饭店包下了332号房间，同时预订了隔壁的一个房间，对服务员说这是为一位年轻友人预备的。当天晚上，拉希住进了330房间，除了一起到餐厅去了两次以外，两个人在房间里待了36个小时。

在返往华盛顿的火车上，埃莉诺给“最亲爱的”拉希写了一封情意绵绵的信：“相爱的人每次分别，会使下一次重逢更像一次新的发现。”

此后，这对“忘年交”又鸿雁传情，书来信往。埃莉诺写道：“我真不情愿道别。我喜欢在你熟睡时坐在你的身边。”拉希写道：“在黑暗中睡在你的旁侧，听凭你轻拍我的头发，可比玩牌有趣多了。”

直至拉希被派往太平洋战区参战时，埃莉诺还专程前往旧金山为他送行。后来她曾写道：“与自己所爱的人分别，确实是一件令人痛苦的事，但我却不得不送走我所爱着的人。”

如此频繁的接触，怎不令胡佛先生浮想联翩？

埃莉诺在给拉希写下那篇篇情话时，如果知道自己与拉希的幽会已被录制下来，还会有那么好的兴致吗？应胡佛的要求，陆军情报部门对拉希与第一夫人“非同寻常的友谊”进行了秘密调查，甚至在他们共同下榻的饭店安装了监视器。后来，联邦调查局在陆军提供的录音带的基础上，剪辑了一盘可能是两人发生肉体关系的磁带，据说由此还导致了罗斯福与埃莉诺之间的激烈争吵。须知，埃莉诺当时已经有58岁，而拉希年方33岁。埃莉诺正出于某种女人的母性心理为拉希张罗他和其女朋友的婚事，难道会“越俎代疱”地与他跑到一张床上吗？

不过，经过联邦调查局剪辑加工的这盘磁带上，确实有埃莉诺的声音：“躺在我的床上，休息一会儿吧。”再往后面，便是一个男人与一个女人喘息、呻吟的声音了。

那个女人到底是埃莉诺，还是拉希的女友？

这里，也许还是应该引用先哲克劳塞维茨关于情报的论述：“通常，人们容易相信坏的，不容易相信好的，而且容易把坏的作某些夸大。”

人们宁信其有，不信其无的思维定势，令罗斯福总统遗孀在十余年后还吃尽苦头：当共和党当选总统艾森豪威尔1953年想把埃莉诺赶出美国驻联合国代表团时，胡佛当年编辑的这盘录音带就派上了用场。

第七章 胡佛

绝对权力！绝对服从！

在胡佛的指挥下，联邦调查局成为一个严密而有序的机构。这个机构里有他建立的指纹档案系统和犯罪实验室，当然还有能干的联邦调查局侦探。胡佛要求这些侦探对自己绝对服从。他的这支队伍中所有人都只效忠他一人。他的手下从来不听首席检察官的命令，也不听美国总统的命令，他们只听胡佛的命令，他掌管着华盛顿的钥匙。

终生不改歧视眼光

乍一看，埃德加的特工队伍似乎颇有代表性，他们来自各行各业，有农民、飞行员、记者、烤面包师傅、职业足球运动员、牧童、铁路工人、矿工等，有些人有军事经验。胡佛特别欣赏以前当过海军陆战队员的人。他对黑人、拉丁美洲裔人和妇女不感兴趣。他歧视犹太人。

胡佛1924年当局长时，有3名女特工人员。他在一个月之内就解雇了两人。第三名妇女利奥诺·豪斯顿之所以能够留任，是因为她的国会议员亲属对胡佛施加了压力。然而，她也没待多久。调查局的档案表明，她被送进了精神病院，她扬言，“她一出院，就杀死胡佛先生”。

从那时以后，埃德加就再也没有招募女特工人员，说她们“不会手枪格斗，而我们所有的特工人员都必须掌握这门技术”。50年以后，两名女权主义者控告调查局，说它拒绝妇女是对她们的宪法权利的侵犯。对此，胡佛置之不理。不过，他一死，政策就变了。今天，调查局大约有900名女特工人员，她们全部接受了武器训练。

但他雇佣妇女担任办公室事务性工作，并对她们要求特别严格。他成长的那个时代，妇女在公开场合吸烟是要遭逮捕的。所以，他禁止她们在办公室吸烟。他让女工作人员穿裙子，不准穿裤子。直到1971年，他自己的秘书劝说他，女工作人员冬天寒冷，需要穿裤子，他才让步。有一个女工作人员没有结婚就怀孕了。他发现她同一个搞同性恋的男人睡觉，便立即把她开除了。

胡佛歧视犹太人。每年他都在迈阿密海滩过圣诞节，他总是选择那些挂有“犹太人与狗不得入内”牌子的饭店。在第二次世界大战以前，他一直是如此。后来，也有过两个助理局长是犹太人。调查局的特工人员中大约有0.5%是犹太人，调查局的篮球队曾经一度大部分是犹太人。

胡佛没有外国朋友。他对外国人有一种本能的不信任感。他除了到加拿大和墨西哥边界地带作过两三次一日游之外，从来没有离开过美国。有一次，他曾作出这样的决定：《新闻周刊》记者德怀特·马丁“作为采访者不受欢迎”，因为他的来自香港的中国妻子在给一个水兵当助手时结识了许多海军军官，胡佛担心她是个间谍。

胡佛对黑人的态度，类似他那一代大部分南方白人，他们认为黑人当佣人蛮不错，但不适合从事正式职业。胡佛排斥黑人的时间相当长。他上任时，有一个黑人特工人员，名叫詹姆斯·阿莫斯，外号叫“托姆叔叔”。

最初，阿莫斯给西奥多·罗斯福总统看孩子。他之所以当上特工人员，还得感谢胡佛的前任威廉·伯恩斯。他被用来渗透入黑人积极分子中间进行活动。他是第一个黑人特工人员。

在胡佛当权的头40年中，有9名黑人被从下层提拔上来，其中5人给他当仆人。他的第一个仆人是萨姆·诺伊塞特。他从信使提升为胡佛办公室的看门人。每天早上，主人的汽车一开进地下室的汽车库，蜂音器便响了，诺伊塞特赶忙迎候在电梯处。他一直待在胡佛身边，伺候到晚上下班为止。诺伊塞特会画画，受到胡佛的鼓励。他给局长的狗斯普丽作的画像挂在胡佛的家里。他的其他画在办公室的休息厅每年展出一次，有些官员为了讨好主子而购买一些画，那些不来看画展的助理们往往受到局长的申斥。一些黑人的被提拔只不过是做做样子，安抚全国有色人种协进会而已，因为它公开指责调查局执行一种“纯白种人”雇佣政策。在60年代以前，调查局是白种人的天下。

1962年接受训练的犹太特工人员杰克·莱文惊讶地听到教官们公开地把黑

人称作“黑鬼”。有一个教官对新人说，全国有色人种协进会是共产党的外围组织。一位急救教官说，最有效的急救办法是嘴对嘴地进行吸气，如果伤员是黑人，可以采取另外的办法。

罗伯特·肯尼迪当司法部部长时，督促胡佛雇佣更多的黑人。他一再提出这个问题。往往当胡佛离开房间时，又把他叫回来，“噢，顺便问一句，埃德加，这个月雇佣了多少黑人？”调查局只用白人的政策第一次受到严重的压力。

一些黑人突然被要求参加调查局的工作。奥布里·刘易斯以前是“圣母”足球队的明星，后来当了教练。在肯尼迪总统参加的名人纪念馆宴会上，他发现自己坐在调查局的一位高级官员的身旁。不久，他就被吸收参加他的队伍。1962年6月，他进了调查局在弗吉尼亚的警官学院。除了他这个黑人外，进入这个学府的还有一个黑人，名叫詹姆斯·巴罗，他以前是调查局的办事员。《黑檀》月刊很快就精心撰文，介绍他们两人的情况。1962年年底，调查局在总数6000人的特工队伍中，有了13名黑人。

胡佛逝世的时候，调查局有70名黑人特工人员，但没有一人担任高级职务。到1991年，这个数字上升到500人，不过，在10360名特工人员总数中，这仍然只占4.8%。歧视黑人特工人员的丑恶现象至今仍然不断浮现。

高压而苛刻的管理

20世纪20年代末期，胡佛已彻底建立起一套行之有效的监控机制。但如果人员编制少，雇员们承受的压力过大，就会造成某些人性的成分分崩离析。20年代就已出现小规模的反抗之举，其矛头直指胡佛的权威。这种举动在胡佛日后的工作中时有出现。1929年曾爆发了一场对胡佛的反叛。

当时，一名特工愤然辞职并给司法部部长威廉·D·米歇尔写了一份26页的备忘录，诉说对胡佛的不满。他控告胡佛为达到所谓整顿纪律的目的频繁调换各办事处的特工人员，造成了财力的浪费。受过费用昂贵的培训的特工们纷纷辞职，因为“很少有自尊自爱之人甘于忍受局长大人那暴虐的待人之举”。这样一来，就造成了更大的财力浪费。尽管调查局的工作性质十分诱人，但惊人的人员流失和匮乏现象还是出现了。他谴责胡佛偏爱有政治背景的、来自华盛顿的和乔治·华盛顿大学法学院的校友一类的求职者。这名特工还说胡佛高薪雇用了一批探长，唯一目的是监视各办事处人员。

胡佛重视数字统计和对雇员的监控从而导致了对调查工作的忽视。他还说：“在胡佛领导下，调查工作——联邦调查局的真正工作——几乎得不到来自华盛顿的监控。这大概是因为胡佛式的培训内容只是繁文缛节而不是调查工作。其前任都当过侦探，都具有胡佛所欠缺的实际工作经验……胡佛竟雇用一名会计师当探长，这表明数据至上而不是调查工作至上……实际上，自从1924年5月胡佛上台以来，他下达的所有指示都是强制性的，矛头所指不是罪犯而是工作人员……上述种种事实，以及我的其他见闻正是官僚泛滥的见证。”

如果对针对胡佛的人身攻击不偏听偏信（“至少有75%的人强烈厌恶局长，他好像只要求下属忠心。为达此目的，他采用了威胁、清规戒律的手段并经常残酷地非人道地处理问题”），那么，抱怨和投诉反倒恰恰证实胡佛成功地将一个腐败、失控的局转变成了一个问题在于纪律过严而不是过松的局。

对此谩骂和讽刺，司法部部长米歇尔做出了反应，他上书白宫申明特工们的投诉丝毫不能动摇他对胡佛的信任。他说：“我确信，胡佛正在出色地领导调查局的工作。”胡佛本人对这些投诉也十分重视，他向米歇尔递交了一份6页长的辩驳书，并联合执法界的朋友们为其辩护。国际警长协会通过一项议案，对“强加于J·埃德加·胡佛先生的非正义的、毫无根据的种种污蔑不实之词”表示不满，来自其他执法部门的、措辞完全一致的决议书纷纷涌向司法部部长的案头。这表明，胡佛以其典型的高效率方式组织协调了一场对被解聘雇员的投诉进行反击的自卫。

其他报道也经常披露胡佛对下属的苛刻。1932年，华盛顿一家报纸以“人称无情奴隶贩子的胡佛”为标题，报道了调查局一名雇员因受骗误喝药酒而被炒了鱿鱼的故事。别的雇员抱怨说，胡佛的高压政策均出自其“感觉不舒服就得多干工作”的理论。这种不满是调查局组织不平衡的征兆，它对训练、纪律和监控雇员这三项工作的一味强调简直到了无以复加的地步，这同手头的工作很不相适应。调查局的组织机构并未朝着与其潜力相称的业务目标发展。也许是对这个问题有了认识，20世纪30年代末期，胡佛的领导重点从控制雇员转向分析动机心理和鼓舞士气。他创办了局内的报纸、社交俱乐部和办事处体育代表队。在同其他联邦机关的比赛中，这些代表队为调查局频频获奖。

一手大棒，一手胡萝卜

胡佛要求所有特工人员都必须接受严格的培训，并通过这种培训力图让每一个特工明白这样一个道理：联邦调查局实际上是一个大的家庭，而他则是这个大家庭中唯一的也是当之无愧的家长。为了当好这个家长，胡佛使尽了浑身解数，将家中的所有成员都牢牢地捆绑在他的周围。他也时时处处以家长自居，特工人员甚至在暗中将他比作“拿破仑”，称他是个彻头彻尾的独裁者。什么事情都由他一人说了算，调查局内唯他一人马首是瞻。为了显示他独特的地位，他让人专门设计了一把奇特的旋转椅，若需要时可旋转得很高，他就坐在上面居高临下地俯视来访者。

胡佛的个头不高，他一直为此感到自卑，这把椅子正好弥补了他这方面的缺憾。此后，不管是谁来访，他都把椅子旋转到最大高度，而来访者则被领到低矮的沙发上就座，相形之下，他就显得异常高大。他的鞋子也是特制的，鞋底被鞋匠加高到最大极限，无论他走到哪里，看起来都要比他的实际身高至少高五厘米。他的随行人员个子都不能过高，偶有高于他的陪同，这个人十有八九要倒霉，如果他再不识相一点（要么躲得远远的，要么低头屈膝）的话。

胡佛对其下属最常用也最严厉的惩罚是将其赶出调查局，无论是谁，只要不合他的意，只要违犯他所制定的规矩，他都要将之扫地出门。他要求特工人员不准喝酒，曾经一次把所有喝酒者全都开除。他还制定严厉的惩罚措施以整顿调查局内特工们的作风纪律，尤其禁止乱搞两性关系。一位在田纳西州诺克斯维尔市办事处工作的特工与该处一位女工作人员发生性关系，被人告密，胡佛掌握确切证据后，一气之下，不仅把这一对男女解雇，而且在调查局内将所有来自诺克斯维尔的特工全部解职。

胡佛在特工队伍中安插了许多密探，这些密探随时会向他报告特工们的违规行为，有时候搞得整个调查局内人心惶惶，生怕一不小心而被人告密。胡佛将所有他所不喜欢或准备开除的人都列入“黑名册”，这些入册的特工一旦被开除，那就永世不得翻身，因为联邦系统内没有一家单位敢雇用被胡佛开除的人。胡佛也尽可能地向外界施加压力，百般阻挠他找到新的工作。

当然，胡佛对其下属的控制并不只限于高压这一种手段，有时候，胡佛很讲人情味，对手下的特工也会像老母鸡一样左右呵护。这也是许多特工人员仍然愿意跟着他干的重要原因。特工人员不但报酬较高，福利更比一般联邦政府工作人员丰厚，还可公费周游全国，并享受实报实销的最惠待遇。这且不说，若有哪位特工不幸因公殉职，胡佛总是亲自督阵追捕凶手，并发给遇难者家属一大笔抚恤金，提供远优于其他人的就业机会。有时候，胡佛关爱起下属来，竟也能无微不至。譬如有个特工的妻子怀孕，胡佛知道后就特许把这位特工调到其妻子身边来，使这位特工感激涕零。这些做法使他在调查局内深得人心，有时甚至使那些已经离开的特工也会留恋在他身边的生活。

埃德加·胡佛在联邦调查局内实行家长式强权统治，没过多久就将调查局建设成为以他个人为核心的强权集体。在这个集体中，胡佛完全以其个人的喜怒恩怨实施控制，任何人，不管其是否有才华，只要有悖于胡佛的意志，甚至只要其一不留意惹得他不高兴，就可能立即遭到解雇。

严格挑选"精英分子"

胡佛将联邦调查局改造为一个金字塔式的王国，他则成为高坐塔顶的独裁者。那么，这位独裁者是如何治理他的臣民，又是如何不断地扩展这个王国的权限，并使其渐渐成为左右美国政治数十年的重要力量的呢？

胡佛自有他的一整套方法。不过，其中最为重要的应数对下属特工吹毛求疵的选聘与不择手段的控制了。

胡佛在大量裁减不称职人员的同时，对所有效力于调查局的特工都下发委任状，将人事权紧紧地握牢在他一个人的手心。他要求特工人员上班一律得穿制服，打领带，坐有坐相，站有站相。严格做到坐如钟，动如风，随时随地保持一股只有调查局特工才能发出的精神劲儿。他在心目中勾画了他所理想的特工形象：他相貌出众，品行端正，受过良好教育，懂得现代技术，知识丰富，行事果断，凡事都有自己的判断，绝不人云亦云；他应具有相当强的组织与社交能力，不管到什么地方都能迅速地打开局面；他应懂得格斗且熟悉各种枪械；他应是一个中产阶级，吃好的穿好的，但绝不挥霍浪费；他应一天24小时都想着工作，把整个身心都交给局里；他应学会从新的视角正视自己的生活，摒弃普通人的所有粗俗嗜好；他应常常为了工作而废寝忘食；他的座右铭应是："一切为了上帝，一切为了国家，一切为了埃德加·胡佛。"

胡佛制定标准后，就严格地按照这个框框去套所有愿意投奔于他的人。胡佛精简机构后，就把节省出来的部分经费用于补贴他所看中的特工。无论是谁，只要加入调查局，只要拥有胡佛的委任状，他就可以拿到约2700美元的年薪（该年薪是一般工薪人员的数倍，也远高于联邦政府其他部门的公职人员），外加实报实销的差旅费与其他名目繁多的种种补贴。调查局一下子成为当时整个美国最有吸引力的公职单位，许多卓有才华的年轻人大都愿将进入调查局视作自己求职的最高理想。而进入调查局的唯一决定者是胡佛，因而，胡佛在每一个想应聘特工这一职业的年轻人心目中，从一开始就变得高不可攀。

胡佛打开大门，广招贤才，加之财大气粗，待遇优厚，故而应聘者如云，可以说调查局门前总是门庭若市。前来应聘者来自美国的各个行业，其中有律师、教授、政府职员、商人、工程师、运动员、司法人员、保险公司职员、记者、中学老师、大学毕业生、退役军人、自由职业者，等等。

胡佛对所有这些应聘者都严加考核，层层把关，百里挑一地选出一批批"精英分子"，将他们集中起来进行准军事化培训。胡佛通过对部属的种种培训确立自己的权威地位。一般来讲，他所录取的学员年龄大都比一般在校大学生大，有不少人在成为特工之前甚至担任过其他行业的负责职务，工作经验及综合知识相当丰富，因而，比一般大学生更具独立性，更有自信心，更富挑战精神。而且，更为重要的是，他们大多数人投奔调查局也并不是冲着胡佛许下的优厚待遇而来，因为在来之前，他们的待遇已经不差，有许多人的待遇甚至远远高于一般人，达到或超过美国中产阶级水平。他们来这里的目的只有一个：品尝做一个特工人员的特有刺激。

淘汰率极高的训练

通常，调查局的教员都是经过胡佛精心挑选的，当然，都是最忠于调查局事业也最忠于胡佛的。这些教员从一开始就对学员们灌输说，调查局特工人员一定要比政府其他任何公职人员“高上一截”，因为他们是“整个美国的精华”，因为他们所要供职的单位是联邦调查局。在他们的眼里，联邦调查局显然比美国任何一个政府机构都要高出一头。一般情况下，学员每期受训3个月。受训期间，每天上午9时上课，晚上9时下课，每周5个学习日，若学习任务繁重时周六周日还要加课。受训地点在华盛顿市司法部或附近维吉尼亚州关蒂科海军基地。胡佛很少给学员们训话。通常情况下，他每期只来视察一次。

学校得知局长要来视察的消息后，立刻全部行动起来，煞费苦心地准备各项迎接活动。教员开始向全体学员讲述有关胡佛的各种神奇传说，将他们的顶头上司夸成一位天神。之后，就开始具体辅导，譬如说，若胡佛来时应该如何站立，如何说话，如何做事，总而言之，教会他们如何才能赢得胡佛的喜欢。学校将胡佛的视察视作全学期最为重大的事件。胡佛到来时，整个气氛十分紧张，大厅两边各有10～20个特工人员默然肃立，全体学员如临大阵，无形之中就对胡佛产生一种敬畏之情。接着，胡佛开始训话。胡佛训示时说话的速度极快，内容简单明了，言辞锋利，偶尔也富幽默感，加之逻辑清楚，故而很得学员们的好感。他讲话的主题只有一个，即联邦调查局特工人员的职业有多么神圣，每一个学员要真正地通过各项审查有多么困难等。其实，即便此刻他什么也不说，单在那里一站，所有的学员也会感到他们面前的人物有多么非凡与高不可攀。

教员在授课的时候都要向学员们大力灌输个人英雄主义，尤其在提到联邦调查局英雄及其业绩时，更是津津乐道，百讲不厌。在讲火器射击时，他们最爱提及的是枪战故事，尤其是调查局内的枪战英雄，如沃尔特·瓦尔什等，因为瓦尔什在心脏中弹后还能把袭击他的对手打死。

三个月的训练时间说长不长，说短不短。学员们都紧张而繁忙，每个人都会感受到一种说不出的压力。这种压力主要来自胡佛所制定的极高的淘汰率。学员们稍有不慎，如学习不及格、说话不小心（暴露自己的不满）等，便可能遭到淘汰。这种压力有时也会波及教员，甚至使其精神崩溃。例如，有一位50多岁的火器课教员，他的枪法极准，语言也很生动活泼，尤以风趣幽默著称，因而特受学员们的欢迎。

在所有受训课程中，学员们最感紧张也最需认真对待的是火器课。火器训练往往包含着危险因素，教员们执教时大都严阵以待，如临战场，只有这位教员能使学生于紧张之中有所放松，甚至开怀大笑一阵。然而，在教一期新学员时，他却为自己的幽默付出了代价。起因是这样的，不知是谁想开这位教员的玩笑，就在开始受训前向该期一位学员透露一个“绝密消息”，说有个射击教员专会逗学员发笑，并以此考验学员的心理素质，任何学员只要笑出声来，他极不严肃的笑声就会永远地留在调查局为他建立的专页档案里。透露消息的人告诉这位学员一定要保密，但该期的所有学员还是很快就知道了，而且立刻相信了这个子虚乌有的故事。由此可见，学员们的心理压力有多巨大，连像这样根本不可能的事都信以为真。结果可想而知，那个可怜的射击教员抛出一个又一个十分可笑的笑话，可没有一个人笑出声来。教员的自信心大大受挫，但仍不死心，以为这些笑话过于陈旧，于是就拿出他的看家绝活，一连讲出几个他的专利笑话，仍然一无所获，整个教室里不但听不到笑声，就连一个微笑也没有，所有的学员都表情木然地站在那里，一个个一脸严肃地望着他。下课时学员们心情激动地走出教室，大家都为这次大挫调查局整治学员的新花招而沾沾自喜，几个同学还特地到小酒店里撮一顿以示庆贺。

事情到这里还没有结束。那位可怜的教员第一次遇到这种事，心里颇感不安，就四处向同事请教。大家都想拿他寻开心，因而众口一词地说他的笑话已经过时，他已不再能理解现在这一代年轻人。该教员越发心烦意乱，苦闷之中提笔向胡佛写信请求调动工作。而早已串通在一起捉弄他的寄信者却暗中把信扣下了。爱开玩笑的教员一天天徒劳地等待着胡佛发给他准许调动的调令，其他人则天天兴高采烈地围着他看热闹。终于，他的精神达到了所能承受的极限。要不是一个好心人见他实在太可怜而对他说明原委的话，他真有可能住进精神病院呢。

大力培植亲信和死忠

学员们在整个受训期间，被灌输得最多的是忠诚思想。每一个学员必须得宣誓效忠宪法，捍卫宪法，打击任何一个与美国作对的敌人，不管其是国内的还是国外的。每一个学员必须得忠于联邦调查局，忠于胡佛先生，教员往往在第一节课时就告诉学员，联邦调查局是“人脑所能想象出来的最伟大组织”，并要求学员们记住美国著名作家爱默生的一句格言：“一个机构是一个人延伸了的影子。”教员的话再明白不过，机构是指调查局，这个“延伸了的影子”自然是指高高在上的局长大人埃德加·胡佛先生。调查局就像一个家庭，埃德加就是家长，而他们这些初来乍到的学员，自然而然地成为这个家庭不可或缺的孩子。家长自然是永远正确的。

一位教员这样教育他的新学员们：“小伙子们，指引我们前进的是这位美国英雄，埃德加·胡佛先生。他不仅是我们的局长，更是我们大家勇往直前的鼓舞力量。有人说得好，‘他的光辉永远照耀我们前进的道路！’是的，永远照耀，过去，现在，一直到永远。他永远是我们的指路明灯！”

学员们在学完所有课程后要举行毕业考试，而只有通过毕业考试，才能成为联邦调查局的正式特工人员。考试科目通常为6门主课，9门辅课，及格分为

85分。试卷交上后就再也不让学员见面，考多少分谁也不知道，一切取决于调查局的正式录用通知书。一般而言，凡是上面（尤其是胡佛）不喜欢的人总是会不及格，不管他考得有多好。通过考试的学员并不意味着你就真正成为一名调查局特工了，因为一个更大的关口还在等着你，那就是，等候胡佛先生的接见。只有胡佛先生首肯了，才算一个真正的特工队员。

接见那天，新学员们要在胡佛的办公室门前排成整齐的队伍，鱼贯而入胡佛的办公室，而后一一同胡佛先生握手。握手是极有讲究的，许多人就是因为不会握手而断送了自己的锦绣前程。第一是用力不能太大，因为这样极有可能把局长大人的手握疼，但又不能用力太小，这样会显得你没有精神，可能胜任不了调查局的紧张工作；第二是握手时手不能颤抖，更不能僵直，否则说明你的心理素质不好；第三是手不能出汗，因为用潮湿的手与局长相握是对局长大人的极不尊重。

所有的新学员们在握手前都受到教员的谆谆教导，因而在接待室等候时个个不停地拿手掌在裤子上磨擦，真可谓是摩拳擦掌了。即使你是个握手专家，即使你的手干净得一点水气、一星儿灰尘也没有，若你没有一个好的相貌，或碰巧你脸上有脓疮或秃顶，你的前程也就算是终结了。有一期学员在与胡佛一一握完手离开后，胡佛叫住教员道："这帮家伙不错，只是他们头略小些！"教员不敢怠慢，回去后立即把学员们的帽子全都拿过来测量一遍，却发现有三个人的帽子均为最小号。教员不知道胡佛先生指的是哪一个学员，只好把这三名学员全都打发了。

最可惜的是一个叫莱洛瓦的人。他当过教师，个头高大，身材魁伟，白皮肤，蓝眼睛，且为人机智、善辩，从体态与智力上完全符合胡佛的要求。然而他有一个严重的缺憾：声音尖细。照胡佛的要求，调查局特工应一个个声音雄浑，一旦发声，就具有一股男子汉的阳刚之气。教员们拼命努力，甚至借助药物治疗，终于使他的声音粗犷起来，乍一听也有那么一股雄浑之气。最后握手时，局长竟没有过分挑剔他的声音。然而，就在他暗自庆幸自己蒙混过关之时，助理局长克莱德却突然发难，目不转睛地望着他说："你的耳朵是用来扇风的吗？"原来莱洛瓦的耳朵奇大，且厚而下垂，照中国人的传统说法是一脸福相，应福大命好才是，不料此时却因此而横遭淘汰。

学员们终于在通过种种考验而被正式录取为调查局特工后，被分配到设立在全国各地的分局及办事处。胡佛有一个很聪明的做法，那就是，所有新聘特工人员在就职的前几年里，必须尽可能多地到各个办事处接受锻炼，凡表现上佳且讨他喜欢者，就调回到总部他的身边来，去办理更为棘手的案件。这种做法产生一个最直接的好处：新特工一下子就可学会适应各种生活，学会与各种类型的人打交道，眼界也大大开阔。

特工也是宣传品

如果我们把联邦调查局的成绩按实际情况进行拆分，那么，这十分成绩可分为：三分实干，七分鼓吹，即调查局的许多业绩都是靠宣传出来的。对于胡佛而言，似乎联邦调查局的工作重点不是进行调查，而是通过各种媒体或调查局自身的强大机器向外界进行宣传。宣传无外乎两个方面的内容，其一是鼓吹联邦调查局的赫赫功能，其二是神化胡佛本人。每个特工人员，无论其职级高低，只要他一踏入联邦调查局的门槛，就自觉地承担着为联邦调查局做广告的重要任务。

在胡佛看来，特工人员本身首先应该是个宣传品，也就是说，他应该从一开始就给人以"良好的印象"。而这个"良好的印象"的先决条件就是身材高大、相貌堂堂、五官端正、声音雄浑、衣着得体，就是说，每一个联邦调查局特工应该首先是个美男子。光是个美男子还不够，他还必须举止优雅、谈吐不凡、言辞幽默、富有教养，一看就是个使人乐于接触、乐于交往的人。

胡佛非常讲究以貌取人，若雇员没有一个称他心意的相貌，例如说衣着不整，或长有粉刺，或是个秃头，等等，只要给他看到，他都坚决予以开除，不管其是否才华横溢，也不管其是否拥有背景。

有这样一件事，在联邦调查局办公大楼里，一个穿红背心的青年文书碰巧与胡佛同乘一辆电梯。也是这个文书活该倒霉，因为胡佛这几天正好有点事儿不开心，尤其对穿红衣服的人看不顺眼。这且不说，碰巧这几天该文书上火，内分泌失调，脸上长满粉刺。胡佛越看越生气，一出电梯就下令迅速找出那个脸上长满肉刺且穿红背心的人，并马上将他开除。

因为相貌的问题，曾经发生过一件很有趣的事。内森·费利斯是个很有资历的老特工了，但他是个秃顶，众所周知，联邦调查局是绝对禁止雇用秃顶做特工的，因为胡佛认为秃顶会给人以“不好的印象”，而在人际交往中，第一印象往往是最重要的，胡佛极看重这一点。所幸内森·费利斯并不是个天生的秃顶。他初进调查局时长着一头浓浓的头发，没想到事业上如日中天时，头顶的毛发却是越来越稀拉，并终于在不惑之年完全脱落。当然，胡佛也不是一点不讲人情味，如果头发是进来后才秃的，假使没有特意招惹，胡佛往往并不会刻意解雇他，只不过遇事不让其出头露面而已。内森是胡佛助理副局长比尔·萨利文的部下，主要负责所有驻国外办事处的协调工作，人很精明能干，很得萨利文的器重。20世纪60年代初，也就是他的头完全秃顶之后，他找到萨利文请求调动工作，想在离开联邦调查局前有机会到墨西哥城分局里待上一段时间，因为他曾在那里干过，很喜欢那里的风土人情，更有许多不了心愿，尤其是有人情债等着他去了结。再者他的妻子具有拉丁血统，从小在墨西哥长大，一心想回到那里去看看。内森表示，只要能让他到墨西哥去，让他干什么都成，即使职位再低一点他也不会有意见。

内森是萨利文的老部下，萨利文当然没有什么话好讲，问题是，驻墨西哥办事处不比在国内，时时事事都有可能抛头露面，譬如说发表演讲、人事应酬、公共关系等，总之，他的秃头肯定得时时亮相。

“内森，我个人没有什么好说的，你想去哪儿都成，我竭力成全就是。只是，你不是不知道局里对秃头的政策，你让我如何给你弄到那个位置呢？”

萨利文叹了口气，显出一副无可奈何的样子。

“我知道，”内森不死心地说，“能不能想想办法，试一试也成，只要能蒙混过去，我这一辈子都感激不尽。”

萨利文见他执意要去，只好在他的申请书上签字同意，并把该申请书放在他所要呈送的备忘录里交给调查局的第三把手阿尔·贝尔蒙特。

贝尔蒙特一拿到萨利文的备忘录，马上打电话道：“你疯了吗？萨利文，怎么能把有关费利斯调动的事弄到我这儿！局里没有人不知道他是个秃头，胡佛不会批准的！”

萨利文详细解释了费利斯的苦衷与心愿，贝尔蒙特决定想个办法试一试。但他们两个都知道，这件事成功的概率等于零。

然而没过几天，贝尔蒙特打电话给萨利文，笑得口都合不拢道：“我说比尔，这次可真有意思啊，总算让托尔森这个混蛋上个大当。”托尔森是胡佛最相信的助手，可以说也是胡佛一生中最亲密也极有可能是唯一的朋友。联邦调查局明的讲是胡佛的天下，实际上是二人共享，因为不管是什么事，胡佛都要让托尔森过目，如果托尔森不同意，胡佛自然不会同意，若过了他这一关，胡佛很少去说个“不”字拂他的意。原来，萨利文把内森请求调动的报告递给贝尔蒙特，贝尔蒙特又把报告转给托尔森。托尔森记起内森是个秃头，就找贝尔蒙特责问，没想到竟给他糊弄过去了。

“贝尔蒙特，你怎么把个秃头派到国外？”托尔森气呼呼道。

“噢，最尊敬的托尔森先生，您可能记错了吧，您说的那个秃头是不是那个叫沙里的家伙？”贝尔蒙特忙把话题移开。

沙里是局里最有名的秃头，比内森的头秃得还要厉害。托尔森整日足不出户，很少与部下打交道，是个彻头彻尾的官僚主义者。他并不完全了解内森，此时见贝尔蒙特这么说，忙打官腔道："对对对，我记得正是这么个人！"

托尔森当下就批准了内森的请调报告，并将之转给胡佛。这是最后一道关口，当然，也是最难通过的一关，因为胡佛有一个规矩，凡派到国外办事处的特工，他都要亲自接见。若是他亲自接见，内森的秃顶自然无法再瞒过去。也该内森走运，他申请调动的时间恰好为胡佛一年中最忙的季节，胡佛每年都要到国会拨款委员会听证，汇报过去一年的成绩，同时，申报联邦调查局新年度的预算。胡佛视听证会为本年中他所要做的最重要的事，因为该听证会直接决定联邦调查局的预算，因而，他必须做缜密的准备，其他事情自然能推就推了。

萨利文抓住这个机会，决定写封信给胡佛，说服其既不需接见，又同意派内森到墨西哥城。萨利文早已摸透胡佛的脾气，给他写了一页半的短信，其中百分之九十五的话用来吹捧他的功绩，另百分之五说明内森调动的理由，并特意注明，内森知道他日理万机，因而宁愿牺牲自己宝贵的被接见机会，以免不使他的正常工作受到任何干扰。

萨利文与内森把信发出后就开始忐忑不安地等待，没想到的是，胡佛居然破天荒地准允内森出国任职而不接见他。内森晃着个秃头高高兴兴地携家带口赶赴墨西哥城就任。不过，内森的好事并没有一下子成就，因为还有一件麻烦事在后头，那就是，按照调查局规矩，他必须每隔两年回总部向胡佛与托尔森汇报工作。

这一次，聪明的内森想了个绝招，临行前特地花了一百多美元为胡佛与托尔森带回一大堆墨西哥银器作礼物以分散他们的注意力。没想到这一招还真灵，胡佛与托尔森一见桌子上一大堆银光闪闪的首饰，自然兴高采烈地埋下头去验看，哪还有闲心顾及他的光头！

胡佛坚持以貌取人，有时达到一种十分可笑且荒唐的程度，一位名叫伦道尔的青年怀着一腔热血报名加入联邦调查局。伦道尔模样洒脱，性格善良，才华出众，聪明果敢，一看就是一个不可多得的人才。但他的申请立刻就给否决了，因为接待他的人见他穿着太土气，而且举止“不够文雅”，眼睛里缺少某种“狂热精神”。伦道尔不服，就找到萨利文帮忙。萨利文另派一个人面试，结果他给录取了。

伦道尔从学习班毕业时各门课程均名列前茅，他的表现得到许多教官的一致肯定。毕业后他被分配到辛辛那提分局，干几年后却死活要转业。“我想干工作，想出成果，我不想使自己成为一个多余的人，我不想把大多数时间花在喝茶、聊天或看报纸上，然而，你看看，我整天都在干些什么！”这位一心想进调查局的伦道尔牢骚满腹地在推荐他的萨利文面前诉苦道。原来，该分局早已人满为患，许多人待在办公室里无事可做，人浮于事的现象已达到令人震惊的程度。譬如说，有一次分局要监视一个嫌疑犯，实际上只需一至两个人就绰绰有余了，而分局却派出五个人盯梢。五个人挤在一辆小车里，施展不开手脚不说，干起事来难免互相推诿，实际效果更差。萨利文没能留住伦道尔，正如他没有能够留住许多像伦道尔一样不满于现实的年轻人一样。

往自己脸上贴金

胡佛将联邦调查局无休止地庞大化，将越来越多的全美精英分子尽可能地纳入自己的麾下，却并不是要他们来吃闲饭的，因为胡佛交给了他们一个至关重大的任务，那就是打通各种公共关系，使联邦调查局与胡佛的名字响彻在每一个美国公民的心中。可以这么说，公关活动与吹捧胡佛的各类宣传是整个联邦调查局的工作重心。胡佛之所以竭力扩张调查局的势力，其中一个最重要的原因就是为加强调查局同社会各界的交往。联邦调查局共有59个地方分局与不计其数的办事处，这些分局与办事处分管全美的每一个村镇，每天都有近八千名专搞外勤的特工人员或调查局各分局雇员从各自的分局所在地出发，四散分流到无数个村镇社区，同下至普通老百姓上自达官显贵的三教九流各类人交朋友，可以说调查局特工无处不插手，无处不晃动着他们的身影。

这些人员大都是搞公共关系的好手，尤其是他们的负责人，几乎天天都要外出走访。他们的主要工作就是拜访那些“应该拜访的人”，如出版社编辑、报刊发行人、电台和电视台记者、教堂执事、大公司老板等。另外，警察局、检察机构、法院、市政厅、共济会等机构中的有关人员也是他们的拜访对象或座上常客。在联邦调查局庞大的预算经费中，有许多是用来支付诸如此类的公关费的。胡佛非常重视与教育机构，尤其是学校的关系，因为学校是培养新一代的场所，若控制住学校，胡佛就可拥有未来。胡佛常派他的得力助手到全国各地的大、中、小学进行宣传，并通过高薪招聘这种形式使联邦调查局的名字深入人心。20世纪60年代有人做过一个调查，所有在校大学生中，希望进入调查局当特工的人占67%，更多的中小学生则把当特工作为自己一生中的一个崇高理想去追求。为了显示对学院（校）的偏爱，胡佛有时也亲自到一些学校讲话。若此时该院（校）能授给他一个名誉学位的话，胡佛更会欣喜不已。

四五十年代，胡佛一度极度追逐名誉学位或职位。局内的特工人员大都知道他这一嗜好，若谁有私事要办，譬如说谋取一个较好的职位或介绍某个人进入调查局等，只要答应给胡佛弄个学位，如法学博士或客座教授之类头衔，一切便都解决了。有位特工在分局工作许多年后见仍得不到升迁，得知胡佛的这一嗜好后就赶到其母校，与院长商讨给胡佛弄个法学博士当当。该特工在与院长商谈好后给胡佛写下一封信，以说明这件功劳是他做下的：

尊敬的胡佛先生：

昨天下午我到母校与院长商谈一件事情。我们谈了许久，也谈了许多事情，但谈得更多的是我们的联邦调查局和您。您的大名在该学院已如雷贯耳，几乎没有人不知道您。临别时院长拉住我的手对我说：“我个人认为，贵局局长埃德加·胡佛先生是我一生中所见过的最伟大的人物之一，他对美国历史将起到十分重要的作用，这一点，任何一位美国公民都可以看得到。有鉴于此，我很想授予他一个名誉博士头衔，不知他肯低就否？望您能向尊敬的胡佛先生代为转达我的意思。”

胡佛见到这封信自然心花怒放，不但立即升迁了这位特工，还亲笔给他起草一封表扬信，外加250美元的奖金。奖金虽说无关紧要，但那封表扬信却非同小可，因为它要永远装进他的个人档案里，一生一世伴随着他，带给他的好处将会是不可估量的。

20世纪60年代后，胡佛年纪大了，对这种沽名钓誉的事也看淡了，这种学位授受之风才算有所收敛。

拉大旗做虎皮

为了在更大程度上欺骗大众，颂扬自己以及自己所领导的联邦调查局，胡佛决定出版一本书，他定名为《欺诈能手》。《欺诈能手》当然不敢劳驾胡佛亲自执笔，但署名却必然是，也自然是胡佛自己。实际上，该书是由他的助理比尔·萨利文建议写作并组织一帮精干的写作班子集体炮制出来的，只不过胡佛将所有这些功劳都收拢在他一人身上而已。因而调查局内部有人戏言道：“《欺诈能手》是由从未读过这本书的欺骗大师所写的。”当然，说胡佛从未读过此书也是不对，但他除了署名外没有写过一个字却是真的。

该书的第一稿原是研究共产主义及其运动的。为了吸引读者，该书在出版前又进行了大规模的修改，减少了其原有的严肃性与学术性，增加了适合广大读者需要的趣味性和刺激性。该书远在出版前就被胡佛庞大的宣传机器炒得火爆，出版后更被各地分局与办事处的特工们渲染得神乎其神，加之众多媒体推波助澜，该书不久即成为全美第一畅销书。

胡佛曾经说过，联邦调查局有能力让一本微积分教科书成为一本畅销书，这句话也真不是吹牛。《欺诈能手》在出版后，推销得最为卖力的是各地的分局与办事处。全国各地的特工人员几乎全都出动了，他们利用各自所掌握的宣传机器神吹这本书，并出动到书店、电台、电视台进行现身说法，雇用人在各家杂志或报纸上进行吹捧，甚至还有人背着书深入工厂、学校和办公室进行硬性推销。推销得多的分局或办事处都能收到胡佛本人签发的感谢信与一笔小小的奖金。

为了使这本书家喻户晓，胡佛还专门组织了一些推销机构或组织之类。他的助理，也是本书的主要作者之一比尔·萨利文，就曾到此类机构之一——辛辛那提州的公民委员会作过推销演讲。这一次，一位名叫伊万·洛德斯的阔佬充当了冤大头，出钱买下满满几车的《欺诈能手》，凡来参加听讲的都能免费获得一本。演讲会开得极为隆重，台上悬挂着美国国旗，台后面还特地安装了两台电风扇将国旗吹得呼啦啦直响，远望去竟像在随风飘扬似的。台上就座的有辛辛那提市市长和一位国会议员，议员的旁边端坐着一位美貌无比的年轻小姐，她曾当选过美国小姐，在美国公众中享有相当大的声望，其影响力一点也不比坐在她身边的市长和议员大人差。

也许是被现场热烈的场面所感染的缘故，听众一次次地跳跃欢呼，全场掌声雷动，不绝于耳。掌声最终静下去时，斯克里普斯——霍华德报业公司的一位老板当场含着热泪对演讲者说："萨利文先生，我十分想为伟大的胡佛先生做点什么，可不知道该做些什么？"调查局辛辛那提分局局长海森在旁听到后，还没等萨利文开口讲话，急忙抢前两步说："如果我是您的话，就立即给伟大的胡佛先生写封信，告诉他您参加了今天的盛会，告诉他全场人都激动得流下了热泪，告诉他您和您的报纸会全力为他老人家效劳。""好的，我马上就写，不过，这封信直接寄到华盛顿吗？”这位老板顿一下道。“我看这样吧，明天早晨我上您办公室去，替您口述一封信稿，您只需签个名就成了。”殷勤的分局局长热忱地说。等到萨利文结束演讲回到总部时，海森口述的那封信已经送到了他总部的办公室桌上，要他转交给最最尊敬的胡佛先生，署名者正是那位报业老板。

胡佛在《欺诈能手》一炮打响之后，写书的瘾头大增，决定再接再厉，完成一本续集，他定名为《共产主义研究》。写书者自然又都是之前的人员，共有六个精干的特工，还由萨利文牵头。

在《欺诈能手》中初尝甜头后，胡佛一心使《共产主义研究》一书再次成为轰动全美的畅销书。为此，他投入了巨大的人力与物力，并在原班人马的基础上增加了许多个打字员与资料员。当该书底稿已交给出版商之后，尚差一份术语表，出版商写信来索要。副局长德洛奇一听，甚至决定派两个反间谍专家去完成这项一个普通打字员就可胜任的工作，由此可见胡佛等人对此书的重视程度。

该书出版之后，在联邦调查局强大的宣传机器鼓噪下，自然又成为一部畅销书。凡参加写书的人都收到了胡佛亲笔署名的表扬信。信的内容是这样的：

亲爱的××，

我密切注视着您的一贯表现，对您长期以来所表现的卓越才华与优异成绩印象颇佳，现附上奖金250美元，望您再接再厉，再创辉煌佳绩。

您的诚挚的埃德加·胡佛

1964年10月4日

胡佛利用自己的强大机器自吹自擂，自称自高，甚至有一说十，弄虚作假，不择手段地为自己与联邦调查局涂脂抹粉。他对吹捧他和联邦调查局的任何人都笑脸相迎，而对任一个胆敢蔑视他的权威，或对他稍有微词的人，都要横眉冷对，甚者打击报复。

出书还不算，胡佛连好莱坞也不放过。

1959年的一天，在联邦调查局总部的放映室里，当灯光再次亮起来时，有人看到满脸是泪的胡佛在掏手绢。放映的是一部好莱坞刚刚送来的新片《联邦调查局的故事》。其他特工见局长掏手绢，也都纷纷掏出手绢朝脸上掩盖。胡佛抹完泪水，异常激动地对特工们说："这是我所看过的最优秀的影片。"影片描述的是以联邦调查局为主要范本的一连串电影故事，刻画了一个由一大批顶尖特工所组成的、效率极高的、一心为了美国利益且舍生忘死的典范集体。这样的影片自然能博得胡佛的欢心。而实际上，该影片只是作家笔下的联邦调查局，真正的调查局完全是另外一种模样。

自1924年胡佛上台对调查局进行脱胎换骨式的改组以来，它的组织机构几十年来几乎没有变动过。在外人眼中，调查局是由精明强干的一班人马组成的，里面的特工人员个个英勇机智，人人视死如归，然而，在知情者眼中，整个调查局却是一个外强中干的纸老虎。所谓外强，是指调查局有一班人马，胡佛称之为外勤人员，他们中确有许多杰出的特工人员，整天战斗在与犯罪分子作斗争的第一线，吃苦耐劳，无怨无悔，他们才是当之无愧的美国英雄，当然，也是胡佛赖以吹嘘的唯一老本。即便是这些外勤人员，也难免良莠不一，人浮于事，因为胡佛每年都在扩编，许多新的特工人员都增补进外勤人员的行列，却又整天无事可干。所谓中干是指调查局的核心，即总部。胡佛习惯上称他的总部为"政府所在地"，也就是他的王国首府所在地。总部人员多是从外勤人员选拔进来的，也有胡佛亲自招募来的。他们大都长年累月坐在办公室里，足不出户，没有调查研究，而且人浮于事现象更为严重，官僚主义盛行，以至于许多能干的特工人员产生这样一个印象：总部是随波逐流者与附炎逐利者欢聚的天堂，是产生文牍主义与愚蠢命令的源泉。最可怜的是那些局长助理们，照英国军事情报五处官员彼得·怀特的话说，他们就是"外表强硬，资历深厚，但在局长大人面前却胆小如鼠"。美国名义上是个极端民主的国家，政治透明，新闻透明，然而实际上所有这些新闻机构或宣传机构都严密地被置于受监视状态，而监视者往往是胡佛的联邦调查局。电影制片厂之所以甘于为胡佛添枝加叶地立传颂扬，除却胡佛个人的善于拉拢外，政治高压也是一个极为重要的因素。胡佛一度曾夸口说："整个好莱坞都置于我的控制之下。"不管这句话有多少真实性在里面，言辞中的嚣张之意却是不言自明的。

不合己意的人是什么下场

埃德加·胡佛不但要手下的特工们人云亦云，变成自己的传声筒或应声虫，而且还要他们严格按照他自己的意志行事，有时甚至达到十分可笑的地步。耐生·吉本斯是个非常优秀的特工人员。他曾在海军陆战队服过役，又当过几年警察，有着与各种犯罪分子打交道的丰富经验，也多次因工作出色而受到胡佛的称赞，还先后得到6次表扬与3次加薪，并在其33岁时达到他事业的鼎盛点：杀入总部并当上了小头目，在司法部大厦中赢得了一间属于自己的办公室。这虽是个小小的成功，但对大多数搞外勤的特工而言，已是梦中之事了。然而，自进入总部后，他的厄运就开始了。说来也是可笑，他的厄运竟同胡佛的体重有着关联，而与自己则一点关系也没有。原来，胡佛在63岁时突然觉得自己正走向暮年，而这一点正是他所不愿看到的。他开始一次次地去看医生，并一次次地换医生看。

有一次，胡佛无意中读到一家保险公司四处散发的说明书，上面列出身高与体重的理想比例，并附加一份科学食谱。按照这个比例，胡佛的体重应该从眼下的203磅降至170磅，这样才能保证身体健康。这本是条荒诞不经且商业味很浓的广告信息，既没有科学价值，更没有医学依据，人们至多看上一眼就会将其投入垃圾堆里。然而，谁也没有想到，赫赫有名的联邦调查局局长却视为真理，不但言听计从，而且决心按照此比例与食谱改进自己的饮食习惯。

胡佛要减肥，其他特工当然没有理由也没有资格超重。于是，一场波及整个联邦调查局的减肥运动掀起。这场运动的受害者是联邦调查局内的无数个胖子。而吉本斯则是其中的一个，虽然他远比胡佛要瘦13磅多。按照胡佛规定的标准，吉本斯已经超重，因为他的身高只有6英尺，而体重已达到190磅，并在胡佛特意组织的体重秤量中达到195磅，超出规定整整7磅。

按理说，超出7磅应该属于正常范围之内，不应该算为肥胖，而且，检查他的医生也这么认为。但命令却不得不执行，吉本斯不得不在一个月之内节制饮食，并终于使体重降至187磅，达到规定标准。减过肥的人都知道，稍不注意，体重就会反弹。因而，在他的体重下降至标准后没过几天，竟又箭一样直蹿上去，没出半月，他的体重就又超过195磅。胡佛下达了死任务，凡超重者一律调出局总部。1960年，吉本斯由于体重不合标准，首次没有获得晋级。吉本斯大叫委屈，并要求面见胡佛。胡佛不但不见他，还将他调到底特律，并命令他每30天称一次体重。他的体重再也没有下降过，因而，没过多久，他又从底特律给调至阿拉巴马州的莫比尔办事处，两个月后再调至俄克拉荷马市。

吉本斯的工作地点越来越小，越来越偏僻。这还不是最糟的，因为他开始无缘无故地被点名批评，并一度给停发工资。虽然给整成这样，但吉本斯还不打算离开联邦调查局，因为他早已将之视为自己事业的一部分，并发过誓言要终生为“这个世界上最优秀的组织而奋斗”。胡佛却铁了心要赶他走。因为吉本斯除了超重外没有犯过什么大错，胡佛不好明着赶，只能暗中施加压力，最好让他自己滚蛋。他的手段是一刻不停地将他调来调去，并无缘无故地追查他在海军陆战队曾酗酒的有关传闻。

吉本斯终于忍无可忍，决定认输。他给胡佛起草一份电文，称“自己精神不好，无法继续工作，故而请求提前退休”。吉本斯当然精神正常。调查局派医生给他检查，结果却诊断他已患严重的“妄想狂症”，已“不再适合做特工人员”。胡佛批准吉本斯退休，但只能领取失去工作能力退休金，不能领取数额异常庞大的正常退休金。胡佛在搞掉吉本斯后长出一口气道：“终于又搞掉一个令人讨厌的肥猪。”比起其他真正肥胖的特工来说，吉本斯还不是最倒霉的。纽约胖子特工人员乔治·布朗因为突击减肥而整整一周没有吃过一次饭，最后一头栽倒在写字台前，再也没有起来。

在联邦调查局内，不管是谁，如果敢对调查局，尤其是对胡佛本人，稍有非议，一旦被胡佛知道，他一定挖空心思地把这个人整个死去活来。

枪打出头鸟

在联邦调查局，胡佛就是上帝，他是独一无二的权威。那些能力远远超过他自己的人，他就忌妒得发狂，急欲去之而后快。

20世纪30年代初，也就是胡佛刚出道时，曾有一位极得力的帮手，名叫梅尔文·珀韦斯。珀韦斯出生于美国南卡罗来纳州一个种植园主家庭，曾参加过大学生联谊会和共济会，后获得法学学士学位。在进入联邦调查局工作之后，因其工作刻苦认真而获得胡佛好感，不久即升任至芝加哥办事处处长。

珀韦斯相貌极其儒雅，生活也极为讲究，一天之内要换三次衬衣，胡子也要一日刮两次。不知得益于其儒雅的相貌，还是得益于他踏实的工作作风，胡佛对珀韦斯极其信任，两人没过多久即发展起一层牢不可破的私人关系，可谓无话不谈，更无秘密可言。珀韦斯家人至今仍保存着两人自1927年至1936年10年间大约五百余封私人信件。胡佛在信中称珀韦斯为“亲爱的梅尔文”，珀韦斯则称胡佛为“亲爱的局长”。这些信件今天成了研究胡佛不可多得的重要素材。

珀韦斯很能干，在轰动全美的几宗绑架案中，都因为他的全力调查而破获。1933年6月，明尼苏达州圣保罗市一家酿酒公司的总裁威廉·哈姆被歹徒绑架，被敲诈10万美元后获释。而在堪萨斯市，调查局一名特工与三名警察被持枪歹徒用机枪打死。两周之后，又一富翁约翰·福克特被绑架，并索要巨额赎金。一连串悲剧事件发生后，整个美国都为之震动。国会讨论决定让调查局介入跨州际犯罪事件，特工人员可以携带枪支，直接调查绑架案。胡佛最后授权珀韦斯去组织人力物力，务必破案，给国人一个交代。

珀韦斯立即行动，不辞辛苦地奔走于各地进行调查，他果然不负众望，没过多久即逮捕伊利诺伊州非法酿酒商罗杰·图伊，并控告其涉嫌哈姆与福克特两起绑架案。胡佛为此大加吹捧，认为图伊是“美国犯罪史上最最危险的罪犯之一”，而将其捉拿归案是“整个调查局的功劳”。实际上，这是一起冤假错案。一位警察在钓鱼时无意中发现一些线索，调查局据此认定图伊就是这两起大案的元凶。后经调查取证，首先否定他与哈姆一案有关，但后一宗绑架案他却怎么也无法洗清，因而在监狱里一待就是二十多年，直到1959年，有关人员才查清他是被犯罪分子栽赃陷害的，他才从监狱里被释放出来。不管怎么说，这起案件在珀韦斯的主持下告破，珀韦斯名气大振，胡佛趾高气扬，志得意满，四处吹嘘联邦调查局的功劳。

使珀韦斯和胡佛名声大噪的是闻名全美的迪林杰一案。约翰·迪林杰曾于1933年因涉嫌抢劫而被逮捕入狱。不久，他组织囚犯集体越狱，从警察局窃得机关枪与防弹衣后流窜，并在此后的四个月中横行美国西部州县，接连抢劫银行，杀死三名警察。1934年，迪林杰在印第安纳州再次被逮捕。此时他又故伎重演，不知从哪儿弄到一支玩具手枪，在抢了看守人员的真枪后冲出狱，开着监狱的汽车逃之夭夭。

胡佛将此案立为调查局一号重案，再次授命珀韦斯擒拿。1934年4月，珀韦斯得到情报说，迪林杰躲进旅游胜地波希米亚城，立即带着大批特工赶赴那儿。结果弄巧成拙，非但没抓住迪林杰，而且造成一名特工被迪林杰打死，另一名被打成重伤，连过路行人都受到波及，一人中流弹毙命，另两名负伤。其他特工人员把这一切都归咎于珀韦斯，联名要求其辞职。

胡佛并没有让珀韦斯辞职，只不过他又加派督导员萨姆·考利并精选30名特工人员组成迪林杰特别行动队，并把迪林杰骂为“全美国头号公敌”，在全国贴出布告缉拿他。但是，时间一天天地流逝，迪林杰依然逍遥法外。

胡佛开始对珀韦斯不满起来，写信的语气也由亲密而渐渐变得严厉。正当珀韦斯处境尴尬之时，一位名叫安娜·塞奇的罗马尼亚女人打来电话说她知道迪林杰的下落，但联邦调查局必须答应在事成之后帮她办理居美绿卡，因为她一直没有获得在美国的长期居留权。珀韦斯当即答应了她的条件，并要她配合特工人员抓获迪林杰。之后，珀韦斯将情况通告胡佛，胡佛让其务必将迪林杰捉拿归案，生见其人，死见其尸。

在珀韦斯的精心布置下，数十名特工人员将迪林杰看戏的奥格拉夫剧院团团包围起来，胡佛则待在家里，一刻不停地守在电话机旁等候传来的捷报。迪林杰按照预定时间出现后，珀韦斯即发出行动信号。迪林杰一见形势不妙，当即拔出自动手枪。然而，他还没有扣动扳机，珀韦斯的枪就先响了，迪林杰胸部中弹，当场毙命。

胡佛听到迪林杰被击毙的消息后，大喜过望，赶忙到办公室召开记者招待会，对珀韦斯的“勇敢行为”赞不绝口。司法部部长也来电表示祝贺。胡佛宣称，珀韦斯是在与迪林杰发生枪战中打死他的，并说迪林杰如何了得，但毕竟不是联邦调查局特工的对手。胡佛在高兴之余，还在办公室里摆开一个展台，上面展示了迪林杰的草帽、烟卷、被打碎的眼镜及手枪等。

珀韦斯凯旋之时，胡佛亲自到火车站迎接，报纸上头版标题写道：“两位反迪林杰英雄大会晤。”迪林杰事件使珀韦斯声名远扬，全国都将他视为英雄人物。之后，珀韦斯又频频出击，接连破了几件大案，可以说是捷报不断，在全国人心目中，尤其在美国的年轻一代心目中，其地位扶摇直上，大有超过胡佛之势。

此时，胡佛的心里有点不是滋味，心想如果任其发展下去，将来他可能控制不住珀韦斯，弄不好自己的宝座也坐不安稳。于是，他逐渐冷落了珀韦斯。而且，胡佛还有意无意地使他受窘，并尽可能不让其出头露面。“显然，他（埃德加）忌妒珀韦斯，”珀韦斯的秘书多里斯·洛克曼于1988年回忆道，“在这个王国里，你只有不停地讨好国王，才有可能继续受宠。”

胡佛开始有意无意地责备珀韦斯，有时甚至问出一些莫名其妙的问题。1935年3月，他写信给珀韦斯，要其汇报在芝加哥喝醉酒的事。还有报纸登出文章说，珀韦斯到一家商店里挥动手枪制造混乱。珀韦斯觉得再干下去没有意思了，于是打电报给胡佛提出辞呈。胡佛当即同意其辞职。此后，不管珀韦斯到哪里寻找工作，胡佛总要设法阻挠。珀韦斯实在没有办法，只好应征入伍，并在二战中被提升至上校军衔，工作异常出色。

虽然珀韦斯已经远在天边了，可胡佛始终感觉眼前有他的影子，为此，胡佛心烦不已。不管是谁，只要在他的办公室里提及珀韦斯的名字，都会让他大发雷霆。为使自己解脱，他决定让“珀韦斯”这个名字彻底从调查局消失。1956年出版的《联邦调查局史》中根本没有出现过珀韦斯的名字，在好莱坞所拍的电影中，也没有珀韦斯这个角色，尽管当时他在击毙迪林杰时曾是主角。

后来，胡佛听说珀韦斯想竞选参议员，立即让人四处散布言论，极力贬低珀韦斯的人格。而且，他还阻止了珀韦斯担当法官的唯一机会。胡佛的所作所为使珀韦斯感到可怕。珀韦斯终于明白，他的力量还不足以抗击这个“上帝”，因而，除了与之和解之外，别无他路可走。于是，在其妻子的安排下，珀韦斯与胡佛在交恶多年之后终于会面了。

珀韦斯同其儿子阿尔斯顿一起来到胡佛的办公室。后来，阿尔斯顿回忆说：“胡佛正在打电话，足足一分钟他都没有理我父亲。我父亲的手开始发抖，又停了一会儿，他终于站起来指着胡佛的鼻子骂道，‘你个婊子养的，简直不是个东西！等下我妻子进来时，你一定得给我站起来！’在胡佛站起来时，会见也就结束了。”1960年，珀韦斯被任命为参议院首席顾问。然而，两个月之后，他却莫名其妙地用手枪结束了自己的生命。珀韦斯自杀之后，他的遗孀向胡佛发电报说："您对梅尔文之死无动于衷，我们感到很难过。您的忌妒使他深受创伤，但在他心里，他一直深爱着您！"

宁得罪君子，不得罪小人。胡佛就是一个心狠手辣的小人，得罪了他，谁都没有好果子吃。

第八章

胡佛

魅影重重——国家利益高于一切

联邦调查局是美国打击犯罪的权威，同时，它在反激进组织、反共产主义、反间谍中也不遗余力。在胡佛的字典里，国家利益高于一切，不论对方是政治团体，还是明星、科学家，凡是对国家、对自己不利的，他都要调查。

滑稽的闹剧——驱逐卓别林

第一次世界大战期间，为了防止一切人士趁机搞破坏，联邦调查局极力想找出那些藏在各处的潜在危险人物，连好莱坞也不例外。

1914年2月7日，头戴圆顶礼帽、手持竹手杖、足登大皮靴、走路像鸭子的流浪汉夏尔洛的形象首次出现在影片《威尼斯儿童赛车记》中。这一形象成为卓别林喜剧片的标志，风靡欧美20余年。他奠定了现代喜剧电影的基础，卓别林戴着圆顶硬礼帽和礼服的模样几乎成了喜剧电影的重要代表，往后不少艺人都以他的方式表演。

卓别林出生于伦敦一个贫苦演员家庭，父母都是游艺场的歌舞演员。他的童年动荡不安，10岁时便进了一个滑稽剧场充当演员，开始独立谋生。1914年，卓别林演出了第一部喜剧片《谋生》，并在1923年创建了自己的影片公司，成了好莱坞第一个真正独立制片的艺术家。他身兼导演、演员数职，拍出了如《淘金记》《城市之光》《摩登时代》《大独裁者》等许多令世界赞叹的伟大作品。

尽管卓别林非常成功，而且从1914年至1952年始终住在美国，但他一直保持着他的英国国籍。在麦卡锡主义时期，他被指责从事“非美行为”，并被怀疑倾向共产党。胡佛下令联邦调查局秘密收集卓别林的情报并建立了一个秘密档案，试图将卓别林驱逐出境。

20世纪初，美国国内经济低迷，物价暴涨，失业率不断上升，工人工资却一再下降，造成工潮四起。恰逢此时，在好莱坞找出路的卓别林，通过塑造各种流浪汉形象，演绎了底层社会人民的生活，仅一年多时间便成了国际明星。但他演出的针砭时弊的电影却引起了政府的注意，卓别林很快成为联邦调查局的调查对象。

1922年，联邦调查局派遣特工混进卓别林的电影厂做卧底，监视他的一言一行。时间不长，便有卧底向局长报告，说那里都是“高谈阔论的布尔什维克”，还有大量“电影界激进分子”，讨论的主题是“为工人运动和革命作教育宣传的电影是何等重要”。

当时担任联邦调查局局长的是伯恩斯，接到报告后，他立即让手下收集整理有关电影界思潮的档案，罗列电影圈内的激进活动，特别是如何通过电影作共产主义宣传，企图说明由于电影宣传共产主义思想会对民众造成思想影响，必须予以密切监视。

特工们大受鼓舞，他们不知从何处搞了一份报告，上面记录的正是卓别林以无名氏名义，给美国共产党人捐款1000美元。联邦调查局为了寻找证据，足足花了几年的时间，但始终没有结果。

胡佛升任联邦调查局局长之后，虽然国内严重的犯罪情况令他疲于应付，但对卓别林的调查他却一直没有忘记。

1941年6月23号的清晨，天刚蒙蒙亮，街头便传来报贩子的吆喝声：“看报！看报！《泰晤士报》有最新消息，著名影星卓别林的男仆布莱克原来是日本间谍！布莱克是日本间谍！”

布莱克是日本间谍的新闻立即吸引了人们的好奇心，小贩的报纸瞬间被抢购一空。

这个布莱克20多年前曾是卓别林的男仆，并在电影中扮演过一些小角色。之后，他积攒了一笔钱，并经营了一个小商店，每天过着悠闲的日子。

联邦调查局得到消息：布莱克和日本人来往过密，并和日本的“立花致”

组织有联系，该组织正筹划拟一张沿海地图，在上面标出美国主要海军基地和军事设施、发电站和饮水工程等，以便战争一旦爆发，他们就可以很快地制定出一个对这些目标进行破坏的计划。联邦调查局对日本人的阴谋惊愕万分，立即逮捕了布莱克。

但是，令联邦调查局始料不及的是布莱克并不是特务，而是海军情报署安排的卧底线人，他的反间谍工作做得十分出色。海军情报署的计划被联邦调查局给搅乱了，在情报处长面前胡佛敢怒不敢言，他又把账都记在了卓别林头上。

1942年12月，随着日本偷袭珍珠港，美国参战，卓别林出于反法西斯和爱国热情，参加了很多公众活动，胡佛局长亲手布置对卓别林详细调查，建立档案。这些档案多达1900多页，包括某家开明杂志对他的一句赞扬，某个进步组织说要请他去演讲等，都被毫无遗漏地记录下来。

1943年，卓别林与女演员斯柏莉签约并与之产生了爱情。但当斯柏莉在好莱坞成为小明星后，却变得放浪形骸、酗酒借债。于是，卓别林便和她解约，将她送回纽约。但不久斯柏莉又回来，向卓别林纠缠不休，索要一大笔生活费，卓别林只好报警，把她送出城去。1943年5月，她忽然大着肚子回来，受人教唆指认卓别林是肚中孩子的父亲，告上法庭。

胡佛终于找到了突破口。联邦调查局资助斯柏莉周游全国作证和散布诋毁卓别林的言论，同时，特工们也忙于收集和调查卓别林的收支情况、生活作风情况。尽管后来通过血亲鉴定否定了斯柏莉的谰言，联邦调查局还是没有放弃对卓别林的迫害。他们甚至找来了25年前的一份苏联报纸，上面赫然写着“卓别林是共产党员和全人类的友人”字样。尽管联邦调查局用上了窃听器和告密者，仍然没有发现卓别林在政治方面的把柄，但鉴于他“道德上的堕落”对国家安全构成了威胁，在联邦调查局的一再建议之下，司法部还是于1952年作出了将卓别林驱逐出境的决定。

卓别林不得不侨居瑞士，但他的名字仍然保留在联邦调查局的档案中。20

年以后，当他应邀到洛杉矶接受奥斯卡终生成就奖时，胡佛想当然地反对为他发出签证。当然，这一次，他的阴谋没有得逞。

1421页调查档案——监视爱因斯坦

众所周知，爱因斯坦是世界上最伟大的科学家之一，同时也是一个积极的反战人士。这样一个大人物，当然会进入联邦调查局的视线。胡佛命令手下四处搜集他的资料，并建议司法部对他进行监视。

联邦调查局档案柜中关于爱因斯坦的详细个人文件长达1421页，上面记录着联邦调查局对爱因斯坦所作调查的各项内容。《爱因斯坦文件》显示，此人与共产党有关联，自1937～1954年，一直是34个共产主义性质组织的成员、发起人或与之有联系往来。他是三家共产主义组织的名誉主席，正率领着一个反动组织，打算对好莱坞进行接管。

那么，事实如何呢？爱因斯坦不是美国人。1894年，15岁的爱因斯坦出于对军事化模式的反感而离开了德国。第一次世界大战爆发的时候，他因为工作关系再度回到柏林。他对战争之深恶痛绝实出人意料，回到柏林不久后，他就号召欧洲人民团结起来，并且在轰动一时的反战宣言中签下了他的大名。并且还出席了和平组织大会，这一举动自然让世界为之震惊。

当然，爱因斯坦最大的成就并不是他的反战思想，而是他对人类物理学的贡献。1919年，爱因斯坦提出著名的“相对论”，改写了空间和引力定律。随着他名气的增大，随后几年中，很多倡导和平以及裁军的组织都纷纷向他发出邀请，希望他能加入。爱因斯坦那时虽然工作很繁忙，但他仍然会抽出时间出席一些反战与维和的活动，甚至参加的争取和平活动竟让他的科学会议相形见绌。

爱因斯坦不但是一个反战者，还是一个激进主义者，是人权运动最早的倡导人之一。这样的思想在德国一定是不受政府欢迎的，纳粹党在1922年就把他列入了黑名单，以准备向他实施突然的打击。在美国，他的名气也是非常响。1932年，一个叫“妇女爱国者”公司的组织写了一封16页的信给美国国务院反映爱因斯坦的情况，信里说“即使斯大林本人也没有参加过这么多无政府组织”，该组织建议说，美国政府应该禁止爱因斯坦进入美国。

爱因斯坦在美国仅待了半年，联邦调查局就找到移民局，希望由他们出面，把爱因斯坦赶出美国。但移民局并没有与联邦调查局合作。所以，联邦调查局还得亲自动手，对爱因斯坦进行监视。

联邦调查局的监视计划主要针对两个人，一个是爱因斯坦，另一个是爱因斯坦的秘书海伦·杜卡斯女士。海伦·杜卡斯已经在爱因斯坦身边工作五年，并且和爱因斯坦以及他的继女和姐姐一起住在普林斯顿的家中。爱因斯坦的妻子去世后，正是因为杜卡斯的不断努力才保证了爱因斯坦舒适的生活。胡佛认为，两人已经不仅仅是同事关系。

1944年初期，联邦调查局获得情报，认为杜卡斯可能从爱因斯坦那里得到了关于原子弹的材料，当时，爱因斯坦正在研究的原子弹取得突破性进展。于是，他们立即咬定她正在从事“高度可疑”的活动。调查随即展开，不过，让联邦调查局失望的是，调查毫无结果。负责监视爱因斯坦的情报人员要求联邦调查局监听杜卡斯的电话，可是，司法部拒绝了。至于拒绝的原因，现在不得而知。很可能跟当时白宫对爱因斯坦的重视有关（他当时正在制造原子弹）。不过，联邦调查局却认为，司法部担心授人以柄，因侵犯公众隐私而惹火上身。

不过，胡佛并没有因为上层的不支持而放弃对爱因斯坦的调查。他命令特工开始暗暗跟踪打到爱因斯坦家的电话和送到他家的邮件，搜集爱因斯坦所接触人物的资料。让他们失望的是，他们所得到的一切资料都是无关紧要的内容。

只有几条能激发联邦调查局特工们的精神。其中一条是，爱因斯坦曾经和苏联副领事帕威尔·米可哈伊洛夫在纽约见过一面，而这次会面是由一个叫作玛格丽特·科奈恩科娃的俄国女人安排的。据联邦调查局的调查显示，玛格丽特·科奈恩科娃是个苏联间谍。但当时的联邦调查局可能还不知道，这个女人还是爱因斯坦的情人（1998年拍卖的一封爱因斯坦的信件可供证明）。

在胡佛的眼中，玛格丽特·科奈恩科娃是个神秘的俄罗斯女人。20世纪30年代，已经结婚的她与爱因斯坦邂逅相遇时，她当时的任务就是勾引大西洋西岸所有参与研制原子弹的科学家，让他们能为苏联原子武器的发展效劳。她相貌漂亮、气质优雅，很少有男人能在她的勾引下无动于衷。

后来，玛格丽特·科奈恩科娃混进了普林斯顿大学，只略用妩媚就俘获了爱因斯坦的心。爱因斯坦在玛格丽特回到苏联后寄给她的那些“情书”中，把他俩经常谈情说爱的那间办公室称为他俩的“洞房”。为了表现他的一往情深，爱因斯坦在情书的末尾别出心裁地将自己的首位字母和她的姓名末尾字母交错在一起来签名。

联邦调查局所调查出来的那件事情正是玛格丽特的安排，她成功地使这个科学家情人和她的上司——当时苏联驻纽约领事馆的副领事帕威尔·米可哈伊洛夫之间建立了联系。

美国在日本广岛投下原子弹后，玛格丽特·科奈恩科娃多次安排情人爱因斯坦与副领事进行面谈。在米可哈伊洛夫的特别“关注”下，爱因斯坦给苏联科学院写了份电报。在电文中，他谈到原子武器给世界带来的新危险。他对此表示忏悔，或者说，他认为自己不会再给第二个国家提供这种危险的武器。

可惜的是，爱因斯坦没有机会给苏联提供这危险的武器了。由于联邦调查局对爱因斯坦的那份调查文件怀疑到他的反战立场和左派倾向，爱因斯坦的名字虽然在参与原子弹研制的科学家名单里，可他最终还是被阻挡在曼哈顿原子弹计划之外。

1949年10月，爱因斯坦正式加入美国国籍。他的影响力使他在短时间内成为当时政治舞台上的活跃人物，随之爆发的冷战，让他站出来反对，他还为以色列的建立四处奔波，在联合国讲坛上为成立世界政府而大声疾呼。

1950年2月12日，在某电视谈话节目中，爱因斯坦深刻剖析了当时两个强大国家美国与苏联军备竞赛的危险性。电视节目播出不久，胡佛就下达命令对他进行全面调查。立即有人告密，而联邦调查局通过告密者找到了一些使他们欢喜的罪证，爱因斯坦在柏林的办公室里有一条俄国间谍20世纪30年代埋下的电缆，在那间办公室里的人只要被爱因斯坦允许，就可以通过这条电缆和苏联的莫斯科方面取得联系。

正式取证开始了。可是让胡佛失望的是，当年爱因斯坦在柏林并没有一间办公室，他只在家工作，他的秘书杜卡斯也是一样。探员们返回头去向告密者深入了解内情，这个人却突然人间蒸发了。

不久后，爱因斯坦才知道自己多年以来一直受到联邦调查局的秘密调查和监视，他非常恐惧与失望。在某次对外界的谈话中，他这样抱怨道："我之所以选择了美国，是因为我听说这个国度有充分的自由。我把美国作为一个自由的国度，实际上是犯了一个错误，而穷我一生，也无法弥补这个错误了。"

1955年，还在受到联邦调查局"关注"的爱因斯坦由于腹部主动脉瘤严重，而被送进了医院，胡佛同样没有放过他，对医院进行了监视。这年的4月18日，拒绝任何治疗的爱因斯坦悄然去世，享年76岁。胡佛这才松了一口气。30年，一代特工们的调查结果让联邦调查局为爱因斯坦建立了数千页之多的档案，在这么多档案中，没有一份材料可以让他们确信爱因斯坦有危害美国利益的证据。于是，"爱因斯坦文件"也随着时间的远去而永远地远去了。

欲加之罪——开除"替罪羊"外交官

20世纪40年代，全世界正处在二战的阴云之下。越是在这样的时候，越是联邦调查局的触角伸向各地的时候。有一点风吹草动，他们都闹得鸡飞狗跳。这次，他们又盯上了一个在中国出生的美国官员。

谢伟思，1909年8月出生于成都，在成都和重庆度过了童年，说得一口流利的中国话。11岁时随父母迁往上海，就读于那里的美国学校。全家返回美国后，谢伟思在那里接受中学和大学教育，毕业于俄亥俄州的奥伯林学院。青年谢伟思立志从事外交，1933年通过国务院的资格考试，成为活跃在外交舞台上的青年才俊。时值“大萧条”时期，由于经费不足，美驻外机构精简人员，新人一时难获外派，谢伟思遂自费来华并在美国驻昆明领事馆打工当职员。两年后，他被国务院正式任命为外交官，被派往北京（时称北平）任文化官员。他是美国外交界名副其实的“中国通”，在那个动荡的时代，他不仅目睹了“一·二九运动”和“七七卢沟桥事变”，还结识了史迪威将军、埃德加·斯诺、拉铁摩尔等风云人物。

日本全面侵华战争爆发后，谢伟思被调往美国驻上海总领事馆，后又于1941年调往“陪都”重庆任大使馆三等秘书。一个月后，原驻上海总领事高斯被任命为驻华大使，而被任命为“中印缅战区”参谋长的史迪威将军也于1942年3月抵达重庆。不久，这两位大人物之间就围绕才华过人的谢伟思展开了一场“人才争夺战”。

1944年7月，史迪威趁高斯大使回国治病之机，把业已升为二等秘书的谢伟思的使用权拿了过去，委派他担任派往中共政权首府延安的美军“气象观察组”的政治顾问，以充分利用中共武装对日寇进行更有效的抗战。此后，谢伟思在延安生活了三个多月，多次会见毛泽东、周恩来、刘少奇、朱德、彭德怀、任弼时、叶剑英、董必武等中共领导人，还访问了许多抗日革命根据地，会见了林彪、聂荣臻等将领。

谢伟思根据自己在延安的所见所闻，在报告中这样写道：“美军观察组人员及迫降的美空军人员几乎访问了华北和华中所有重要的中共控制区。他们的所见所闻证实了中共所声称的对敌占区广大农村地区的有效控制。”“迄今，对我们证实这点帮助最大的是从这些地区被护送到安全地带的大批美国空军人员（现有70名）。”“从他们的获救处到达终点，有些飞行员在中共控制区内行进约1000英里（约1600多公里）。他们在抗日军民护送下从山海关附近毗邻满洲的海滩途经北平抵达延安。在苏北着陆的另一些人穿越苏皖两省到达安全地带。还有一批人从与南京隔水相望的江北被送到山西。中国共产党曾在上海、汉口、广州、南京和太原附近（均为日军占领的要地）解救了美国飞行员。他们在离日军机场和碉堡咫尺之遥处安全着陆后，穿越日军控制的铁路线多达百次。不言而喻，要将盎格鲁·萨克逊人在中国偷偷转移是很难的，除非要穿越铁路和离日军近处。然而，事实上，所有的遣送行动都在光天化日下进行且无须遮掩。一路上，庆祝会、欢迎会和演讲会几乎成了家常便饭。根据地的报纸不断提到这些过路客人，有的飞行员连美国军装都懒得更换。以下结论无疑是正确的：

1.我们必须承认中国共产党关于他们控制了华北和华中地区广大农村的说法总体上是对的。

2.我们过去一向将这些地区统称为‘日占区’的提法要修正。日军只控制了点和线，其余广大地区实为我方势力所控制。”

在延安的所见所闻使谢伟思相信：“中国共产党早晚会成为执政党。”在与周恩来、刘少奇等人多次交谈后，谢伟思得出这样的结论：中国共产党很想在抗击日本侵略者的过程中得到美国的支持，也想在战争结束后，在经济方面与美国人合作。同时，延安与重庆的强烈反差也使他更为厌恶国民党政权。谢伟思的观点在当时在华的美国人中有一定的代表性。

针对蒋介石和美国国内有些人宣扬中国共产党是苏联的“附庸”和“代理人”的诬蔑，谢伟思以其敏锐的观察和精辟的分析给予了有力驳斥。他在报告中说：“目前在延安仅有三名俄国人，其中一位是名叫奥洛夫的外科医生。他自己说他不是职业军人，只不过是在1938年应征入伍而已。他于1942年获准离职三年，并在11月乘最后一架俄国飞机抵达延安。他是一位名副其实的外科医生。他带来了一些新的医疗技术，终日在延安中央医院忙于做手术。另两名俄国人是‘塔斯社’代表，于1942年来接替他们的前任。在延安，没有任何人把他们当成重要人物。他们来时不会讲中国话，现在也说不好。他们身上毫无‘中国通’的特征。他们看上去和中国共产党主要领导人并不熟悉……事实上，除非在重大社交场合，他们很少露面，即便出外活动，也消失在普通人群之中。在中国共产党控制的所有地区内，除了从像天津那样的城市来的白俄难民外，看不到其他俄国人，而这些白俄总是被当作潜在的日本间谍受到特别的怀疑和监视。”

毛泽东就中美关系等重大问题所发表的许多精辟谈话，都由谢伟思及时、详尽地反馈给了美国当局，但在国务院的档案室里被束之高阁，尘封了二十余年。当时，毛泽东的谈话要点是：中国人民和中国共产党对美国人民怀有十分友好的感情。中国共产党不仅愿意加强和美国对日作战中的合作，而且期盼在战后重建国家时得到美国的支持。美国应当放弃向蒋介石一面倒的政策，因为那样只会增强蒋压制民主以及在战后发动内战的决心。中美两国战略上和经济上都不会有利害冲突。

对照谢伟思在报告中体现出的前瞻性和非凡的预见能力，胡佛这个一向以国家利益化身自居的政客，祭起的是必欲除之而后快的法宝。

1945年3月30日，谢伟思收到了要他立即返往华盛顿报到的命令。谢伟思的返国，是国会反共右翼集团和亲蒋介石的“院外援华集团”在对华政策上全面发难的结果，是时任驻华大使赫尔利做的手脚。4月12日，谢伟思抵达华盛顿。同日，罗斯福总统逝世。没有人理睬谢伟思的归国述职。

令谢伟思万万没想到的是，他已成为联邦调查局的调查对象。

谢伟思曾经邂逅一位名叫菲利普·贾夫的《美亚》杂志主编，便将自己关于中国问题的一些报告底稿交给了他阅读。外交官和报人之间交换非保密材料的做法，完全是正常的。但在联邦调查局警惕的眼睛里，却不啻是一种叛变行为。一石激起千层浪。联邦调查局终于觅到了口实。被联邦调查局疑为苏联间谍的贾夫和美国杰出外交官谢伟思的这桩往来，很快成了轰动全美国的头版新闻。

6月6日，谢伟思及与此案有牵连的贾夫等5人一同被捕。次日，《旧金山新闻报》在头版头条用大标题登出了《共产党获得了美国机密》的报道。再过了一天，该报的攻击矛头已直指谢伟思这个“赤色分子”和导致史迪威与蒋介石不和的“罪魁祸首”。而在大洋彼岸，中国共产党机关报《解放日报》发表社论说，这次逮捕“标志了美国对华政策的一个转折点”，并警告说：“如果美国当局决心支持中国反动派，那他们将从中国人民那里得到其应有的教训。”

贾夫被判有罪。而大陪审团的20名陪审员一致同意对谢伟思免于起诉，不过，法院所作出的结论里还是留下了一条“莫须有”的尾巴：谢伟思在此案中“有失检点和谨慎”。从此，他就与美国对华政策问题脱离了联系。

贾夫案结束后，谢伟思先是被派往美军占领下的日本，在麦克阿瑟手下工作，后来又被派往新西兰。但国会右翼势力一直对他对亚洲问题的熟稔耿耿于怀，根据联邦调查局提供的“材料”，国务院又被迫对他进行了4次调查，但一直没有发现任何不当行为。

中华人民共和国成立后，美国急需寻找“丢失了中国”的替罪羊时，国务院里的“中国通”们终结其外交生涯的时机也就来到了。谢伟思被从新西兰召回，在国务院工作了一段时间，但鉴于他受到的争议太大，国务院只好委派他担任驻印度加尔各答总领事。这一任命因遭到参议院里一帮右翼分子强烈反对而搁浅，国务院只得重新任命他为领事，复又遭到部分参议员抵制，最后，国务院任命他为驻新德里大使馆参赞。谢伟思不得不第三次印好了名片。但这一次，他的名片仍然没有机会派上用场。他和家人所搭乘的船刚到日本横滨，就收到了要他乘飞机返回华盛顿的命令。麦卡锡得知此消息后得意地嚷道：“他们召回了谢伟思。我终于抓到他们和他了！”

根据“忠诚审查委员会”的要求，谢伟思不得不接受“忠诚安全委员会”的裁决。在那种黑云压城的气氛下，几乎没有谁敢于为他作证以证明他的清白。哈佛大学教授费正清挺身而出，随即失去了访问日本的机会。1950年10月19日，“忠诚安全委员会”作出了没有发现问题的裁决，国务院遂通知已在新德里等候谢伟思赴任达一年之久的家人返国。但到了1951年秋，谢伟思又被召到了“忠诚审查委员会”，“美亚事件”亦旧事重提，审查结果终于推翻了原先的判决，谢伟思的忠诚“值得怀疑”，国务卿艾奇逊马上决定：开除谢伟思。

富有传奇色彩的优秀外交官，就这样被葬送了前途。从此，谢伟思客居纽约，靠着40岁后学到的手艺，得以养家糊口。

共谋者——是谁让梦露死不瞑目

1962年8月4日，美国历史上最惹人注目的电影明星玛丽莲·梦露在她位于洛杉矶的公寓里自杀。在她死后不久，就有很多议论甚嚣尘上，有人认为她并非是自杀，而是死于肯尼迪兄弟或美国联邦调查局之手。

21世纪初，联邦调查局终于将数千页关于玛丽莲·梦露的文件公开，舆论哗然。据联邦调查局公布的玛丽莲·梦露文件称，梦露是想“假自杀”，但却真送掉了性命。

这份绝密文件的标题就叫《罗伯特·肯尼迪》，是总统约翰·肯尼迪的弟弟。这份绝密文件是20世纪60年代由一名为加州州长帕特·布朗工作的前特工调查整理出来，然后在1964年10月送交给联邦调查局的。

据这份绝密文件透露说，玛丽莲·梦露当时与罗伯特·肯尼迪有着私情，还包括性爱内幕等。但是，玛丽莲·梦露却是因为假装自杀而被人用阴谋使自杀成真。

联邦调查局的这份绝密报告这样写道：“彼得·劳福德（后面跟着一句被

审查删除的文字）从梦露的朋友处得知，梦露此前经常自杀未遂，为了唤起人们对她的同情，她有意再伪装一次自杀未遂事件。根据我们的情报来源，劳福德（罗伯特·肯尼迪的妹夫）和梦露的精神病医师拉尔夫·格林森进行了一项'特殊的安排'，这名精神病医生经常为梦露治疗情绪问题，给她开促进睡眠的巴比妥类药物。梦露最后一次到他那儿看病时，他给她开了60颗'速可眠'安眠药，药片数量之多极端不同寻常。梦露去世当晚，她的女管家尤妮斯·穆雷将这个药瓶摆到了她的卧室桌子上。尤妮斯·穆雷和梦露的私人秘书、宣传人员帕特·纽康比可能都参与了这个诱导梦露自杀的计划。"

也就是说，尤妮斯·穆雷和帕特·纽康比以及梦露的情人——美国司法部部长罗伯特·肯尼迪达成"共谋"，参与了一起见死不救、好让梦露"顺利"自杀身亡的阴谋！

一些关于梦露的材料都指出，梦露这个明星的确在此之前使用过假自杀来博取人们对她的同情。不过，在1962年8月4日这天，当梦露再次实施假自杀时，答应让她活过来的那些同谋者背叛了她。

据绝密文件说，就在梦露自杀的同一天，罗伯特·肯尼迪离开了洛杉矶，飞往旧金山市。报告写道："罗伯特·肯尼迪从旧金山市给劳福德打了一个电话，想知道梦露到底有没有死掉。劳福德随后打电话给梦露，后来又打了一次，确保梦露已经再也无法接电话了。"

这份绝密文件还宣称，女管家穆雷是梦露根据精神病医生格林森博士的建议雇佣的，当梦露服用了过量安眠药后，穆雷开始给格林森打电话。"梦露希望医生能立即赶来为她洗胃。然而，医生却只是打电话要求梦露到外面去呼吸一下新鲜空气，直到梦露死亡后，他才来到她的公寓。"

报告披露，肯尼迪妹夫彼得·劳福德可能是这场阴谋的主要策划者，而梦露的精神病医师、梦露的女管家、私人秘书都是这个阴谋的"共谋者"。

联邦调查局的绝密报告称，罗伯特·肯尼迪答应梦露，他会和自己的妻子离婚，然后娶梦露为妻。但梦露最后意识到，罗伯特纯粹是在欺骗她，他压根儿就没有和妻子离婚的打算。当然还有别的事情。1962年中旬，美国20世纪福克斯电影公司声称要和梦露解除合同关系。当她向罗伯特求助时，罗伯特叫她不要担心，称他会“安排处理好一切事情”。可是，罗伯特·肯尼迪什么事也没有做，梦露后来仍然被20世纪福克斯电影公司解雇了。被解雇的那天，梦露给正在工作的罗伯特·肯尼迪打了一个电话，结果两人“发生了不愉快的争吵，她据称向罗伯特·肯尼迪发出威胁，表示要将他俩的私情公之于众”。无疑，联邦调查局的报告给了人们暗示，梦露向罗伯特·肯尼迪发出的“公开私情”威胁，是导致她死亡的最根本原因。

但是，胡佛命令手下在事后调查过程中非常草率地处理了此案，对于人们的质疑，这位局长大人似乎根本就没有听见一样。直到联邦调查局把那些绝密文件公之于众，人们才知道个中因由。

绝密文件透露了梦露和一名流亡墨西哥的亲苏美国人弗里德里克·范德比尔特·菲尔德存在密切的关系。菲尔德是其曾祖父7200万美元遗产的继承者，可是，他没有要这些钱，反而加入了美国社会党。1940年，菲尔德成了一个亲苏组织“美国和平动员”组织的领袖，当时联邦调查局就怀疑此人是“苏联间谍”，并对他进行了骚扰式的调查，几乎把菲尔德搞得无法在美国立足，最后跑到了墨西哥。1962年，梦露慕名成了菲尔德的朋友。可能那个时候，这位女星不知道，菲尔德即使跑到墨西哥，也始终在受到胡佛的特工们的密切监控，所以，她和“苏联间谍”菲尔德的交往全被联邦调查局记录了下来。自然而然地，梦露也成了联邦调查局的跟踪目标。在跟踪与窃听之下，胡佛大为惊讶。据后来的绝密文件显示，梦露曾和司法部部长罗伯特·肯尼迪谈论过政治问题，而她将自己和罗伯特的谈话内容全都告诉了她的朋友弗里德里克·范德比尔特·菲尔德。

1962年7月13日，胡佛收到一个让他脊背发凉的报告，梦露曾经透露过美国总统肯尼迪的谈话，梦露问了肯尼迪许多重要问题，而肯尼迪也向“枕边情人”实话实说。不久后，联邦调查局又得知，玛丽莲·梦露还写有一本秘密的私人日记，在这个日记中，她所记的大都与肯尼迪兄弟有关，有一条是肯尼迪兄弟如何对付古巴领导人卡斯特罗的计划！后来的解密文件显示，有一次梦露的这本日记被罗伯特·肯尼迪看到了，罗伯特被日记中的内容惊得呆若木鸡，他立即要求梦露将这本日记毁掉，但梦露对他的这一要求根本没有听从。

自梦露到墨西哥和她的那个朋友菲尔德见过面后，胡佛就向肯尼迪总统发出了特别警告，称梦露对肯尼迪兄弟已经构成了一个重大的威胁。梦露不仅可能会透露肯尼迪兄弟俩同时和她私通的性丑闻，甚至还会将他们的谈话内容传到美国的“敌人”的耳朵中。在这样的情况下，肯尼迪兄弟都认为，梦露已经成了一个政治毒瘤，他们的“枕边谈话”一旦泄露，不但他们的职位不保，还会使美国遭殃。

1962年8月，肯尼迪兄弟作了一个决定，就是断绝了与梦露的来往。面对突然的剧变，玛丽莲·梦露显然也意识到了自己的危险。8月4日当晚10点，她绝望地打电话给自己的好友西德尼·吉拉罗夫，痛诉了她和肯尼迪兄弟的私情，并称她知道一些“危险的秘密”。

就在第二天凌晨，梦露就被人发现死在了洛杉矶公寓中，颇为“巧合”的是，梦露自杀当晚，她的那本“私人日记”也神秘地消失了。

绝密文件还透露说，联邦调查局的绝密档案柜里保存着一份以梦露为主角的长约15分钟的性爱录像。这部用16毫米胶片拍摄的片子，向人们展示了梦露如何用嘴为一神秘男子“服务”。只见梦露跪在该男子面前，男人的面部在镜头外，只能看到他颈部以下的地方。男人一动不动，明显表示他知道摄像机的存在。而梦露一直没看镜头，很可能不知道被拍。

这段摄于20世纪50年代的影片，在60年代中期被人所知。胡佛曾率领特工们花费两个星期研究该录像，试图证明片子里梦露的性爱伴侣是约翰·肯尼迪或者罗伯特·肯尼迪，但毫无所获。

梦露以一个演员的身份，能受到相当于卓别林一样的高度关注，就是因为她与肯尼迪兄弟的关系。多年以后，她被人们景仰，而她当年的生活却是一塌糊涂。联邦调查局对这件事功不可没，但不知道梦露本人是否知道她始终在被联邦调查局高度关注。

守口如瓶——谁刺杀了肯尼迪

胡佛在处理梦露之死的善后事宜中，紧急隐藏了肯尼迪兄弟与梦露来往的有关材料。此番行动，他不仅挽救了自己的官位，而且使肯尼迪总统不得不对他产生了畏惧之心。因此，就在梦露死后的第三天，当福特基金会副主席弗里指责胡佛动辄拿共产党的所谓威胁来吓唬国人时，罗伯特·肯尼迪出人意料地站起来为胡佛做了一番辩护，不仅对他在“共产主义威胁”方面的做法表示赞同，而且表示“我希望胡佛先生能继续为我们的祖国服务下去”。

在政治生活中，维系联盟的不是什么爱情，而是恐惧。肯尼迪兄弟与埃德加·胡佛的关系就是一个佐证。由于对这位在政府中担任重要职务的下属充满恐惧之心，他们已经把胡佛视作政治上的敌人，尽管不能开罪于他，但对这位下属却越来越予以疏远了。

胡佛出生于1895年1月1日，按照法律规定，70周岁将是所有高级文官的最后退休年龄，除非得到总统签署的行政令，他在联邦调查局局长位置上很难再待多久了。

1963年2月，埃德加·胡佛在接受记者采访时，对自己的未来表示充满信心：“我与罗伯特·肯尼迪的关系一向是诚挚愉快的，我与总统先生也是如此。”

“有传闻说，您两年后将退休，请问是这样吗？”

“哦，情况并不是这样。我愿意继续在这个岗位上为国效力。您知道，总统有权延长我的任期。”肯尼迪总统虽然有权这样做，但他是否愿意这样做呢？在他的任期内，他虽然只会见了胡佛六次，但这位联邦调查局局长已让他操心得太多了。此时，肯尼迪除了要应付美苏争霸的挑战、处理已汇成熊熊火势的民权运动风潮外，主要考虑的是次年的大选。对于胡佛，必须要利用70岁这一法定退休年龄予以摆脱，但为了避免他狗急跳墙，应当等到大选胜利后再动手，让他不失体面地退休。同样的结果，所造成的刺激，对于极为虚荣的胡佛来说肯定要比被强制性解职好得多。

在美国，一位新总统通常需要一年以上的时间学习怎样当总统和处理复杂的内政、外交问题，而到了第三年则要考虑下一届竞选。如果竞选连任失败，其施政纲领和计划往往会随之烟消云散。在短短的四年里，一位总统要把他的施政纲领都付诸实施是很困难的，即使是抱负非凡的肯尼迪，在撤换胡佛这件早已排上议事日程的事情上，也要考虑到它可能对竞选连任带来的不利影响。

面对政治前途的吉凶未卜，一向活跃在“国家安全战线”风口浪尖位置的埃德加·胡佛，度过了很不活跃的一段时间。甚至在对付他极力向国人渲染的苏联等国间谍在美国的活动时，他也显得越来越保守。

这一段时间里，整天萦绕在胡佛脑海，心中系之、无时不忘的，只是他与肯尼迪兄弟的关系，只是如何保住苦心经营数十年的联邦调查局负责人职位。他手上有两张牌，一张是他动用各种手段掌握的肯尼迪私生活的不检点，另一张是“黑人之音”马丁·路德·金真假参半的秘密材料，以及金与肯尼迪总统的亲密联系。一旦肯尼迪逼他掀开底牌，他决定把这一切都彻底抖落给他影响下的一些报纸发表。据威廉·萨利文称，胡佛把收集到的有关肯尼迪和马丁·路德·金的全部材料都放在他的私人档案中，塞满了司法部大楼五层的四个房间。

1963年11月22日，肯尼迪到副总统约翰逊的故乡——得克萨斯州的达拉斯进行访问。在他的林肯牌加长座车上，旁边坐着他年轻貌美的夫人杰奎琳，对面是州长约翰·康纳利夫妇。在街头，在路边，至少有50万人涌出家门，从四面八方前来领略这位年轻总统和比他年轻13岁的第一夫人的风采。

车队由16位骑着摩托车的警卫开道。在总统座车后面的两辆敞篷车里，分别是负责保卫工作的8名安全勤务署特工和副总统夫妇。康纳利夫人看到众多的欢迎群众时兴奋地对总统说："您看，总统先生，您不能说达拉斯不欢迎您！""是的，我当然不能那样说。"肯尼迪也是春风得意。12时30分，车队驶近中央大道、豪斯顿大街、埃尔姆大街的交叉口时，在西北角，教科书仓库楼房六层的一个临街窗户里出现了一个手中拿着卡宾枪的男子。对面楼房里有人很清楚地看到了这个男子，还对其他人说了一句："你们看，警卫工作做得多好，连大楼里都派人保卫总统安全。"车队向西南方向转了一个弯，驶入埃尔姆大街。站在人行道上的一个市民手中抱着一个5岁男孩，男孩朝着总统扬起了胖乎乎的小手，咯咯地笑着。肯尼迪受到了感染，也朝他微笑着扬起了手。

这时，几声沉闷的枪声响了。事情来得太突然了，康纳利州长只觉得背上被重锤敲了一记，只是看到膝盖上溅着自己的鲜血，才对着天空绝望地惨叫起来："天哪！不，不！他们要杀死我们这些人！"肯尼迪没有喊出声来，因为子弹刚好射中了他的背部脖根位置，打烂了他的头颅。杰奎琳没有受伤。她惊恐地向右转过身去，看见的是一脸迷茫的丈夫。肯尼迪总统突然举起右手，似乎是要抓住被击中的后脑勺，但很快又无力地耷拉下来。鲜血和脑浆喷了出来，溅到了同车人的脸上、身上。他的上衣迅即被鲜血染红了。"上帝！这到底是怎么啦？他们杀死了杰克，他们杀死了我的丈夫！杰克，杰克！"

警卫队长乍逢事变仍下达了正确的命令："离开这里，我们遭到了袭击！"并命令前面的开道车，立即把车队带到医院。

接到达拉斯警方报告后，帕克兰医院迅即做好了抢救准备。肯尼迪和康纳利被担架分别抬进了一号和二号手术室。杰奎琳对站在走廊的一位白宫工作人员小声说了一句："去找一位神父。"担架上的肯尼迪睁着眼睛，瞳孔放大，已经死在来医院的路上。

肯尼迪是美国历史上第一位天主教徒总统。附近罗马天主教的神父奥斯卡·休伯随着杰奎琳走进了手术室，这时是下午1时40分。神父揭开床单，杰奎琳俯下身子，把右脸颊贴在丈夫赤裸的胸膛，用泪水与他最后话别。神父开始用拉丁语为他作最后的祈祷。白宫新闻秘书在达拉斯的帕克兰医院向蜂拥而至的记者宣布：肯尼迪总统遇刺身亡。11月22日，副总统林登·约翰逊在“空军一号”总统座机上宣誓就任美国总统。而在肯尼迪遇刺的几个小时后，在华盛顿的联邦调查局局长埃德加·胡佛，就在离开办公室前给约翰逊写了一封信：“亲爱的总统先生：对肯尼迪总统今天遇刺身亡，我深感震惊。对美国丧失了您的朋友，我表示最深切的哀悼。我的联邦调查局和我本人再一次表示，我们真诚地愿意用一切可能的方法支持您。”

美国白宫犹如拉斯维加斯赌城，在正襟危坐的国家元首周围，既有白发的廷臣，也有渴望一展才华的侍从。但是，就像体育比赛一样，历史只能记录下冠军的名字，而亚军往往只是过眼烟云，在退出政治舞台后便被世人从记忆中抹去了。不过，在鸟儿们的舞会上，机会主义者拾到麦穗的可能性确实是存在的，偶然的机遇会把他们推到前台，掀起一阵冒险之风。美国第36任总统林登·约翰逊就是一个例子。

约翰·肯尼迪之所以选择比自己年长9岁的约翰逊当他的竞选伙伴，只是为了获得大量南方人的选票。但是，任何明眼人都可以看得出来，肯尼迪兄弟并没有让约翰逊分享他们的权力，约翰逊这位副总统与肯尼迪总统之间并没有什么友谊，至多就是相互容忍罢了。

对肯尼迪兄弟的共同仇视，拉近了约翰逊和胡佛之间的距离，约翰逊继任总统以后所打的第一批电话，就是打给杜鲁门和艾森豪威尔这两位前总统以及胡佛的。在肯尼迪横遭不测后，约翰逊一直生活在兔死狐悲的恐惧中，担心自己会步前者后尘，死于不知哪里飞来的一发子弹。这时，胡佛主动把自己的一辆防弹轿车送给了他。雪中送炭，远胜锦上添花，怎能不令约翰逊感激莫名？

约翰逊上台后，第一件事情就是要查明谁杀死了肯尼迪。

肯尼迪被刺杀在得克萨斯州达拉斯市，不属于传统的“联邦犯罪”范畴，不属于联邦调查局的职责范围。但总统之死毕竟惊世骇俗，约翰逊授权联邦调查局会同得克萨斯州警察机构共同展开刑事侦查。此后，美国国会通过立法修正案，把今后可能发生的类似案件包括在“联邦犯罪”范围内。8天后，约翰逊下令成立一个由七人组成的总统委员会，调查肯尼迪被杀事件的真相。委员会由美国联邦最高法院首席大法官厄尔·沃伦任主席，成员包括中央情报局前任局长艾伦·杜勒斯、民主党参议员理查德·拉塞尔、共和党参议员约翰·库帕、共和党众议员杰拉尔德·福特、民主党众议员黑尔·博格斯等，后来被称作“沃伦委员会”。沃伦委员会成员福特，后来担任了美国第38任总统。胡佛在一份内部备忘录中写道，联邦调查局可以相信福特先生“照顾本局的利益”。胡佛的希望没有落空，福特把在该委员会内部秘密讨论的情况都原原本本地告诉了胡佛先生。胡佛的首要考虑是，怎样使联邦调查局免受失职批评。

事件发生后，胡佛在联邦调查局总部表示：“我们要全力以赴地进行调查，行动务必要快。”

本来，作为司法部部长的罗伯特·肯尼迪理应在侦破此案中担任领导作用，但兄长之死对他的打击太剧烈了，他不得不离职休养了数个星期。司法部的领导工作暂由副部长卡芩巴赫代理。

胡佛拒绝把手中掌握的案件情报向司法部汇报，卡芩巴赫后来回忆说：“我什么事都不清楚，政府里的其他人也不大清楚。”利用罗伯特的休养，胡佛得以把司法侦查的领导权揽到了手里，任命吉姆·盖尔副局长具体负责，而他本人则在幕后操纵一切。他命令，应抓紧时间“赶在罗伯特回来之前”就把暗杀事件的调查报告从司法部发出去。

对当场被抓住的凶手李·哈维·奥斯华德，联邦调查局并不陌生。但为了保护自己和联邦调查局的名誉，他决定对外封锁消息，秘密写信给17位曾参与搜集奥斯华德材料的特工，要他们不要妄自对外界泄露情况。

奥斯华德生于1939年10月18日，16岁退学，一度对马克思主义书籍很感兴趣，自称信仰共产主义。17岁加入美国陆战队服役。1959年9月退役，一个月后去了莫斯科，表达了成为苏联公民的愿望，获苏联当局批准可在苏联定居，并与一个19岁的苏联姑娘结了婚。1963年6月，奥斯华德获准携妻返回美国，住在得克萨斯州沃思堡。同年9月，他去了一次墨西哥，在墨西哥城大使馆申请了去苏联和古巴这两个国家的签证，但因故未获批准。10月3日，他返回达拉斯，并在教科书仓库找了一份工作。

事件发生后，所有证据都对他不利。一位同事作证说："11月22日早晨，奥斯华德走进仓库大楼电梯里，带着一包裹得严严实实的条形东西，他对别人说里面是窗帘。"

警方指出里面其实是一支卡宾枪。奥斯华德的苏联妻子作证说，她曾在家中看见过这支枪。在他的家中，警方发现了一张地图，图上从教科书仓库楼到总统被害地点之间被划上了一条粗黑的连线。

一位公共汽车司机作证说，在总统遇刺后几分钟，奥斯华德乘他驾驶的车逃离了现场。在奥斯华德的口袋里，警察确实找到了那辆汽车的车票。

最有力的证据在于，奥斯华德用假名从芝加哥一家邮购商处订购了一支意大利产的卡宾枪，但订购单上留下的确实是他的字迹。枪上的编号显示，这正是枪击事件发生后警方在教科书六楼窗口处发现的那一支。

11月22日晚7时10分，不利于奥斯华德的又一条证据传来，他被指控的是在总统遇刺45分钟后，又杀害了一个名叫蒂皮特的巡警。在他逃离现场时，有几位目击者看见了他手中拿着的手枪。

警方接报后，在凶手逃离现场的路上找到了他扔下的夹克上衣，在现场发现的子弹壳，也与奥斯华德被捕时所持手枪吻合。

当天午夜，达拉斯市警察局局长杰西·柯里举行了记者招待会，警察把奥斯华德带到了记者面前，听凭全国各地的记者向凶手提出各种各样的问题。最后杰西说："根据以上证据，我们将在24日上午10时把奥斯华德从市政局监狱转送到达拉斯县监狱。"

24日，来自全美国各电视台、报纸、电台的记者把达拉斯市政局监狱的地下室挤得水泄不通，把凶手奥斯华德转送到另一个监狱的场面，由电视台现场向全国直播。

11时20分，奥斯华德在狱警押解下走出了地下室。在摄像机强烈的镁光灯面前，奥斯华德依然镇定自若，嘴角还带着一丝残酷的冷笑，昂首走向了囚车。

人群里挤出一个人，当他进入奥斯华德的视线内时，奥斯华德突然变了神色，大声叫了起来："啊，不！"这个人冲了过来，把枪口对准了奥斯华德，朝他的腹部开了一枪，同时还骂了一声："你这个狗崽子，见鬼去吧！"全美国的电视观众都亲眼看见了奥斯华德倒在地上的镜头。他痛苦地呻吟了一声，很快就魂归西天，他的嘴巴紧紧地闭上了，带走了刺杀肯尼迪的各种秘密。杀死奥斯华德的凶手被警察当场逮捕。他是达拉斯一家名叫旋转木马的夜总会的老板杰克·鲁比。

在华盛顿，胡佛在奥斯华德被枪杀的两个小时后对白宫说："我关切的是，要发布一个公告，使公众相信奥斯华德就是真正的凶手。"约翰逊总统指示，联邦调查局应尽快就此起草一份报告。围绕鲁比这个杀死凶手的凶手，联邦调查局和警方又展开了新一轮的侦查工作。鲁比在被警方逮捕后，坚决否认自己与奥斯华德相识，宣称之所以枪杀凶手，动机仅仅在于自己对总统的热爱和对凶手暴行的无比痛恨。但是，胡佛先生知道，鲁比的动机并不是那么纯粹。

11月23日，就在事件发生的次日，胡佛收到了一份来自达拉斯的挂号信，发信人是一位名叫贾金纳的达拉斯市民。信中说，10月4日晚10时，他与一个脱衣舞娘到旋转木马去玩，坐在靠近楼梯口的一张桌子边喝啤酒。这时，他看到一个20多岁的瘦子站在账台前，声称自己要见这里的老板鲁比先生。随后他们小声地进行了谈话，话语中出现了"枪""杀死""大事件"等词语。

肯尼迪遇刺后，贾金纳从报纸上看到的凶手正是那天在旋转木马夜总会看到的那位"H·L·李"。出于维护法制的公民义务，他把那一天所听到的话整理出来，用挂号信寄给了联邦调查局局长胡佛本人。不仅是贾金纳的回忆，沃伦委员会、联邦调查局和各级警察组织所掌握的情况都足以证明，肯尼迪之死是一件有预谋的政治谋杀，其影响之大、涉及面之广，可以说是20世纪人类历史上最扑朔迷离的一次。

沃伦委员会经过近10个月的调查，先后寻访了552位证人，联邦调查局特工也接触了2.5万人。最后，沃伦委员会提出了一份912页、近30万字的总结报告，加上附录的证词、证据、其他文件，总字数在百万以上。不过，报告所提出的结论仍然是胡佛先生已经指出的那样：

杀死肯尼迪总统并致康纳利州长重伤的子弹出自李·哈维·奥斯华德之手。子弹从得克萨斯州教科书仓库楼六楼窗口射出，总共发射了3发子弹；

奥斯华德在杀害肯尼迪总统约45分钟后，又枪杀了巡警蒂皮特；

奥斯华德以及鲁比，与国内外任何暗杀组织都没有什么瓜葛。他们之间在事件前也没有任何联系；没有任何证据表明，联邦、州或地方官员参与了针对美国政府的密谋或不忠诚行为；奥斯华德的犯罪动机来自他对一切权威的仇恨以及他对马克思主义和共产主义不加掩饰的俯仰。

沃伦委员会的报告似乎可以为肯尼迪之死作盖棺定论了。但是，事件发生后的20年中，先后有188个与此案有关的重要证人先后死于非命，足以推翻报告中提出的所有结论。

沃伦大法官对这份报告也有过一句评价：“在目前这一代人的有生之年，是不可能揭露在达拉斯所发生悲剧的秘密的。”

因涉及此案而致死的第一个人就是所谓被奥斯华德枪杀的巡警蒂皮特。

有目击证人看到，杀死蒂皮特的凶手长着黑色头发；而电视上频频亮相的奥斯华德却是一头稀稀拉拉的栗色头发。现场找到的空弹壳也与奥斯华德的手枪不配套。

几天后，这位名叫哈罗德·拉塞尔的证人被一颗不知从何处飞来的子弹击中了要害。肯尼迪遇刺案如同打开了潘多拉魔盒，揭开了充满血腥和恐怖气息的连环死亡的序幕。

不管奥斯华德的枪法多么高明，他所使用的枪却是没有自动瞄准装置的一支意大利1940年产旧式步枪。能用这支枪，用三发子弹就能杀死肯尼迪并射伤康纳利，实在太匪夷所思了。后来，威廉·萨利文著文称，他曾在事件发生后在凶手射击位置查看过，他本人一辈子都在与枪打交道，而且枪法相当高明，但如果要让他干这件事的话，他是很难完成的。

有人大胆推断认为，射击者可能不只是一个人，射出的子弹也不是三颗而是四颗，因为一支老式步枪一次连续只能在五六秒钟内发射三颗子弹，所以，可能存在着另一个凶手，从另外一个方向向总统开了一枪。

从肯尼迪总统尸体中取出的子弹，没有立即被送到华盛顿，而是被放进了特工处特工理查德的口袋里，直到晚上19时许，才被送到联邦调查局。

一位目击了总统车队正面情况的铁路工人列·鲍尔斯向沃伦委员会作了报告，但当他步行在街头时，却因一辆疾驰而来的汽车撞击而永远闭上了嘴。

另一位目击蒂皮特遇害的证人名叫雷诺兹，他在接受联邦调查局特工询问时肯定地说："杀害蒂皮特的绝对不是奥斯华德，而是另外一个人。"两天后，一个陌生人朝他开了一枪，子弹射中了他的头部，但没有结束他的生命。他这时才变得清醒起来，当再次接受联邦调查局询问时，他推翻了此前所作的所有供词。

罗杰·克雷格到联邦调查局作证说，奥斯华德绝对不是单独作案，因为他亲眼看见，事件发生后，奥斯华德坐上了一辆前来接应的轻型客货两用车逃跑，开车的是一个男子。不久，他遭到了身份不明者的枪击，虽然没有毙命，却令他再也不敢随便开口了。12年后，又有几个陌生人闯进了他的家，对准这个已三缄其口的证人的头部开了枪。

到底是谁下令杀死肯尼迪？直到今天人们仍然没有找到答案。也许，人们可以从已故石油大王拜厄斯之子的一段话中作出自己的推测。拜厄斯生前与胡佛的关系颇为密切，胡佛在肯尼迪遇刺当天，除了给罗伯特及安全部门的一些负责人打过电话外，拜厄斯是唯一的其他受话方。他的儿子60年代初期是一位大学生，1964年夏天曾在德尔查罗见过胡佛先生。他在1988年回忆说："我父亲、默奇森和胡佛等人一起吃过饭。胡佛的情绪似乎很不好，他和约翰逊的关系显然比与肯尼迪要好得多，但与罗伯特之间矛盾太深。有一次，我向他问了句肯尼迪遇刺的事，'那真是奥斯华德干的吗？'他先是盯着我看了一阵子，然后对我说，'如果我把我所知道的真实情况都告诉你，那对于美国将产生灾难性的影响，我们的整个政治制度都会因此而垮台。'他也只能说到这一步了。"

欲盖弥彰——马丁·路德·金之死

在胡佛的一生中，他最痛恨的就是共产党人和激进分子了，因此，他对于马丁·路德·金之死虽然雷厉风行地进行了调查，然而，他这样做其实是有目的的。

1963年，美国民权运动领袖马丁·路德·金组织了争取黑人工作机会和自由权的华盛顿大游行，并且在万人瞩目之下演说了《我有一个梦想》，这份演讲在第二年迫使美国国会通过《民权法案》，宣布种族隔离和歧视政策为非法政策。《我有一个梦想》也成为影响世界历史进程的一篇演讲。

马丁·路德·金的人生在1968年4月4日下午6时左右终结了。这天，马丁·路德·金和他的几名助手在下榻的洛兰宾馆306房间内进餐。这个时候，天色还早，所以，他们并不着急。马丁·路德·金似乎没有心思吃东西，他正在思考着晚上举行的一次关于黑人权利的集会。晚饭结束后，马丁·路德·金就走到阳台上，把臂肘支在栏杆上面，他还在思考问题。就在这个时候，突然，一声刺耳、清脆的枪声响起，这枪声太快，在空气中根本就没有回音，马丁·路德·金似乎被这枪声吓了一跳，他站直了，但突然感觉到自己的脖子一凉，他下意识地去捂自己的脖子，疼痛开始传遍全身，他知道自己中弹了，慢慢地倒在了地上。他的助手们急忙报警，几分钟后，一辆白色救护车疾驰而来，可惜，为时已晚。在路上，马丁·路德·金停止了呼吸。这一年，马丁·路德·金这位黑人民权领袖不过39岁。

联邦调查局在救护车走后几分钟，就赶到了事发现场。

调查开始了。洛兰宾馆的一位叫查尔斯·史蒂芬斯的房客告诉联邦调查局的特工说，他听到一声枪响后，打开自己房间门想看看是怎么回事，突然撞见一个男子跑过过道，手里拿着一个包袱。史蒂芬斯对联邦调查局特工详细描述说，此人30多岁，身高5尺10寸左右，不胖也不瘦，衣服的颜色很低调。据查尔斯·史蒂芬斯的看法，此人很可能就是那个凶手。

仅一个小时后，全世界的电视屏幕上到处都是联邦调查局特工雷厉风行调查工作的身影。4月5日凌晨，胡佛就对外正式宣布已掌握破案线索，并列举了罪证。他说，凶手是在洛兰旅馆对面的一家名叫贝西·布鲁尔的公寓里射出那颗子弹的。该公寓的负责人回忆说，4月4日下午3点15分，一个男子用约翰·维拉尔德的名字登记住宿，并要求安排一间正对着洛兰宾馆的房间。这个青年人当时要了那房子后，居然一次就给了他一周的租金，可是，那天晚上6点多以后，他就再也没有看到这个豪爽的房客了。

卡尼普游艺场老板同时也作证说，因为他与布鲁尔公寓相隔几座门，所以听到枪响后立即跑出来，看到了查尔斯·史蒂芬斯看到的那个穿着浅颜色衣服的人，此人当时正沿街向南奔去，然后跑了不久，就把一个包袱扔到了行人道上。不一会儿，此人便开着一辆白色“野马”牌的小汽车朝相反方向飞驰而去。

联邦调查局特工人员后来找到了捡到包袱的人，那人主动把包袱交给了当地警察。联邦调查局从包袱里发现了一支雷明顿公司制造的760型“打猎能手”式步枪，还有一架望远镜和一个拉链式蓝色手提包。提包里装着洗漱用品、一条男短衬裤、两罐啤酒和一个标有田纳西州孟菲斯约克枪械公司字样的纸袋，以及一张1968年4月4日的约克枪械公司售货发票。包袱立即被送到联邦调查局华盛顿总部交给技术部门鉴定。

三天后，联邦调查局宣布，他们查出了那个包袱里的步枪、望远镜，甚至啤酒罐的来源。那支“雷明顿”牌步枪是嫌疑人购买于阿拉巴马州伯明翰市海空军需商店，购买者的名字叫哈威·斯塔尔沃·格拉特。他于这年的3月29日买了一支步枪（这只是一支普通步枪），可在第二天，他又回到商店，用第一支步枪换了包袱里发现的那支火力更大的“打猎能手”式步枪。他给当时那个售货员的解释是，他的一个哥哥要到威斯康星州打鹿，所以需要一支穿透力更强的枪。售货员向联邦调查局提供了此人的体貌特征，证明与众人目击的嫌疑犯十分相符。望远镜是马丁·路德·金遇刺的当天下午4时左右被卖出的，而购买者的体貌特征也和联邦调查局特工人员掌握的情况吻合。至于那两罐啤酒，则是从密西西比亚的南黑文米诺商店购买的。

特工人员还找到了那辆“野马”车的车主。那辆白色“野马”牌汽车是1966年出厂的，且在1967年8月29日被一名叫哈威·斯塔尔沃·格拉特的人买走。与此同时，亚特兰大市的警察找到了那辆被丢弃的小汽车，在车里发现一本地图册和一张亚特兰大市街图，上面清楚地标出了马丁·路德·金的住址，马丁·路德·金领导的南方基督教领导人大会总部所在地也被画上了记号。

胡佛叫来指纹检验室的技术专家，这些专家将嫌疑人留在贝西·布鲁尔公寓里和汽车里的指纹进行仔细辨认，他们惊喜地发现，这个人在联邦调查局指纹档案中有记录。编号是“405，942G”。“405，942G”指纹档案这样写道：“詹姆斯·厄尔·雷，1928年3月10日生，伊利诺伊州奥尔顿人。”

联邦调查局立即查找此人的犯罪资料。资料显示，詹姆斯·厄尔·雷中学未毕业就于1946年应征入伍，在当时的联邦德国服役，后因“不适应服役要求”而提前退伍。1949年，他在盗窃一架打字机时被抓，坐了三个月的牢。1952年，他又因为抢劫出租车司机再一次被捉。获释后，他又洗劫一家杂货铺未遂，被判刑20年。在服刑的13年中，这个总被捉住的人数次企图逃跑，结果被增加刑期到48年。也就是说，这个时候，他还应该在监狱里，但他已经越狱了。

联邦调查局将他锁定为犯罪凶手后，从他的犯罪事件中很有信心地认为，不久后就可以将他捉拿归案。但是，詹姆斯·厄尔·雷仿佛从人间蒸发了一样，经过多日搜查后，始终见不到他的踪影。联邦调查局当时猜测他干了这么大的事情，肯定已经逃往国外，于是特工们分散到各国驻美国大使馆查阅护照档案。经过两周的调查，联邦调查局在一个叫拉曼·施奈德的赴加拿大签证申请书中，发现了与詹姆斯·厄尔·雷的相貌非常相似的照片。

两个月后，两名伦敦机场的警察发现了一名可疑男子，他们随即上前进行调查。警察从他身上搜出姓名为拉曼·施奈德的护照，同时还有一把装满子弹的左轮手枪。警察立即通知联邦调查局。此人被带到联邦调查局后，对他进行了指纹鉴定，最终，联邦调查局确定了这个拉曼·施奈德正是杀害马丁·路德·金的凶手詹姆斯·厄尔·雷。

为了把詹姆斯·厄尔·雷捉拿归案，联邦调查局先后投入了3014名特工人员，花费了140万美元，累计行程50万英里。当然，联邦调查局捉到凶手并不是最终目的，他们必须要分析出詹姆斯·厄尔·雷杀害马丁·路德·金的动机。

特工们通过詹姆斯·厄尔·雷在堪萨斯州莱文斯堡监狱服刑期间的调查，发现了他的动机。詹姆斯·厄尔·雷在堪萨斯州莱文斯堡监狱期间由于那里住得比较舒服，更因为这所监狱实行种族隔离制度，所以，身为白人的詹姆斯·厄尔·雷很喜欢。但后来，他要被转到不实行种族隔离制度的荣誉监狱，可他坚决不去。这说明，此人有歧视黑人的思想。联邦调查局继续调查还发现，詹姆斯·厄尔·雷曾在1960年的一次监狱暴动中参与杀害了三名黑人。据与詹姆斯·厄尔·雷共同服刑的犯人说，他有一段时间对黑人很是反感，特别是对始终替黑人说话的马丁·路德·金。他甚至有一次说，如果谁想杀这个黑人领袖，只要价钱合理，他就会去做。

据他的狱友提供证词说，詹姆斯·厄尔·雷曾在狱中透露他出狱后的打算，那就是“大捞一笔钱”。而这笔钱是来自一个“秘密的组织”。据他自己讲，该组织已出10万美元赏金，要杀死马丁·路德·金。

所有证据都表明，詹姆斯·厄尔·雷就是凶手，而且他蓄谋已久，更为重要的是，他只是颗棋子，他对真正要杀马丁·路德·金的那个秘密组织的一切都一无所知。但是，美国的一位纪实作家威廉·休伊在《展望》杂志刊登了一篇文章，顿时提起了人们对此案的更大兴趣。

威廉·休伊在詹姆斯·厄尔·雷于监狱的时候，采访了这位杀人凶手。同时，他还采访了几乎所有与詹姆斯·厄尔·雷见过面的人，并且录下了他们之间的谈话。然后，最终写成了这篇文章。文章先以詹姆斯·厄尔·雷的口吻说事，据詹姆斯·厄尔·雷的诉说，他在1967年越狱后，一名叫劳尔的古巴人找到了他。这个人据称就是那个秘密组织的成员，他对詹姆斯·厄尔·雷许诺说可以给他一大笔钱，并帮助他逃到某个安全的地方去过快乐的中产阶级生活，条件就是他要去把马丁·路德·金干掉。

于是，詹姆斯·厄尔·雷依照这个古巴人的吩咐，穿梭于各个城市，用不同的名字在旅馆登记，他这样做的目的就是跟随他的目标，找出他的行踪规律，然后做致命一击。后来，他按照那个古巴人的话花了2000美元买了一辆“野马”牌汽车，并在蒙哥马利市买了一支“雷明顿”步枪。1968年4月4日，他驾着白色“野马”来到了孟菲斯市，并租下了布鲁尔太太公寓的一个房间。然后，就发生了马丁·路德·金被击中倒下的那一幕。

那个古巴人在枪响后来到了詹姆斯·厄尔·雷的房间，并且匆匆地把装有步枪的口袋扔在人行道上，钻进汽车，躺在后座前的地板上，将自己连头带身子用垫子盖住，命令詹姆斯·厄尔·雷向市区北部驶去。途中这个古巴人下了车，从此，詹姆斯·厄尔·雷再也没有联系到他。

威廉·休伊在文章的最后得出结论说：马丁·路德·金的被害是一场极大的密谋，而詹姆斯·厄尔·雷并不是单独作案。

文章发表后，人们对这篇文章持怀疑态度，所以，这就更让人们希望能尽快了解到真相。1968年10月，孟菲斯法庭对外宣布，将要对詹姆斯·厄尔·雷进行审判。六周的预审期过后，法院宣布在1968年11月12日正式进行对雷的审判。

然而，就在审判前一晚，詹姆斯·厄尔·雷向当局请求，自己要换律师。他的理由是，这个律师在预审期的工作态度与工作方法很有问题，倘若让他为自己辩护，那倒不如直接由法庭宣判他有罪。这个请求，也就预示着詹姆斯·厄尔·雷的新律师要从头开始工作，熟悉侦查材料，进行核查，并从中得出自己的结论，这又会像前一个律师一样耗费六个多月的时间。

人们不禁怀疑，倘若那篇发表在《展望》杂志上的文章是真的，也就是说，詹姆斯·厄尔·雷是受人指使的，他为什么要换律师？他为什么不尽快开庭使自己逃脱罪责？尤其让人怀疑的是，詹姆斯·厄尔·雷所更换的居然是美国的著名律师珀西·福尔曼，此人一场官司的价格就达到几千美元，詹姆斯·厄尔·雷如何有钱请得起这样的人物？

1969年3月10日，此案开庭。可是，事情又发生了变故。还是在开庭的前一天，孟菲斯司法当局居然宣布，公诉方和辩护方已达成协议，詹姆斯·厄尔·雷承认自己有罪，作为交换，他不会因审判结果而受死刑，他只需要坐99年牢。在审判的当天，公诉人作了发言，他的用词和情绪似乎是要人们相信，詹姆斯·厄尔·雷绝对是单独作案，他赞扬了被告“承认自己有罪”的配合态度，这也是他为什么不把詹姆斯·厄尔·雷送上死刑台的原因。

法官最后做了陈词，他觉得自己所代表的法庭对詹姆斯·厄尔·雷交代自己罪行的行为表示满意，而且，一切疑问都已揭晓，詹姆斯·厄尔·雷就是唯一的凶手。陪审团一致通过被告与公诉方和辩护方一致同意的处置方法，即99

年徒刑。

可是，詹姆斯·厄尔·雷在被送进监狱后不久，就向俄亥俄州辛辛那提市法庭提交上诉状。他大声疾呼，自己是无辜的，是在被人胁迫、诱骗下才认罪的。可惜，没有人再听他的，因为他就是一个替罪羊，真正杀害马丁·路德·金的凶手可能永远都不会被查出来。

当然，事情到此还没有结束。多年以后，1986年8月1日，《进步》杂志记者约翰·伊杰尔顿进入监狱对詹姆斯·厄尔·雷进行了长时间的采访。当时，詹姆斯·厄尔·雷时说了这样一段话，大概意思是如果将来查明，联邦调查局插手了杀害金的准备工作，他不会感到惊奇。

事实上，在联邦调查局内部，对马丁·路德·金的调查始终都是一个重要任务。早在1957年，胡佛就派遣特工到马丁·路德·金下榻的旅馆里安装窃听器，联邦调查局认为，马丁·路德·金应该是一个打着民权旗号的“亲共产主义”者。联邦调查局把搜集到的关于马丁·路德·金的只言片语的材料拼凑起来，得出了结论，马丁·路德·金是一个危险的进行颠覆活动的共产党人，所以，联邦调查局特工人员必须对他进行严密的监视。那么，他们是怎么得出这个结论来的呢？就是马丁·路德·金在一次演讲中声称自己“基本上是一个马克思主义者”。后来，联邦调查局曾把马丁·路德·金的一些亲信斥为共产党员或亲共分子，还怀疑马丁·路德·金从苏联特务那里得到了经费资助。但他们没有找到这方面的任何证据，于是，胡佛又开始在“性行为不端”这个敏感问题上想抓他的把柄。从华盛顿、纽约、密尔沃、基萨克拉门托到火奴鲁鲁，仅仅从1964年1月5日起的17个月里，在马丁·路德·金全国旅行途中所住宿的所有宾馆里，联邦调查局居然先后安装了15个窃听器，将马丁·路德·金与同事的谈话以及与女人做爱的声音制成了数十盘磁带。他们将磁带提供给新闻界和某些国会议员，并从中摘出一些来，寄给马丁·路德·金的妻子科雷塔，联邦调查局居然希望这样可以导致马丁·路德·金和妻子关系破裂，削弱他作为领袖人物的地位，但结果却是吃力不讨好。

胡佛之所以要对马丁·路德·金如此苛刻，是因为胡佛本人是个种族主义者，至少在他的联邦调查局工作中，他始终认为，局里的任务应该是对付共产党和黑人的民权要求。在无法找到马丁·路德·金的罪证后，胡佛跟马丁·路德·金有过一次谈话，在谈话中，他觉得两人应该合作，即使不合作，也不应该成为敌人。但马丁·路德·金拒绝了他。联邦调查局对这位黑人的监视开始升级，派出很多特工混到马丁·路德·金的身边，对马丁·路德·金进行监视。有可靠消息证实，联邦调查局还在某些时候想要杀掉马丁·路德·金。但这种机会很不好找，杀马丁·路德·金并不能和杀一个普通人相提并论。

用詹姆斯·厄尔·雷的说法就是，当马丁·路德·金被害后，联邦调查局就急忙寻找一个像他这样的替罪羊。这句话非常有深意，倘若詹姆斯·厄尔·雷不是信口胡说，那么，马丁·路德·金之死肯定与联邦调查局有着莫大的关系。因为很多人都相信，联邦调查局似乎极其渴望马丁·路德·金从世界上消失。

在马丁·路德·金被害10年后，1978年国会在民众的强烈要求下，重新对马丁·路德·金被刺一案进行专门调查。收集的材料达数十万页，总结报告达800页，最终作出了马丁·路德·金死于密谋的新结论。可是，不知是没有办法还是不想，他们却不能查明密谋的具体参与者。

在马丁·路德·金去世后，他的妻子继承了他的事业。理所当然地，她也成了联邦调查局的监视对象。在马丁·路德·金去世后，雷塔·斯科特一度与丈夫最密切的顾问斯坦利·莱维森来往密切。这些都被记录在联邦调查局《马丁·路德·金》的标题中。

由此可见，马丁·路德·金的被害真相不但是个谜，而且是个让人不敢肯定的谜，因为它的参与者中可能有联邦调查局特工。

第九章

胡佛

多重面孔下的英雄本色

胡佛无疑是一位当代的巨人，正义的代表，荣誉的化身，英雄的代名词。然而，万人景仰的美国英雄在生活中究竟扮演着怎样的一个角色呢？他大肆敛财，穷奢极欲；他将毕生献给了联邦调查局，却终生未婚；他标榜不近女色，却风流韵事不断；他有易装癖，更是同性恋者；他大权在握，应该无所畏惧，但对黑手党却唯恐避之不及，一生听命于黑手党，因为黑手党知道他的秘密。

帝王般的豪华生活

美国“宪法之父”詹姆斯·麦迪逊在“确立美国的国家性质”时，经过大量的考察研究，最后得出“集权容易滋生腐败，三权分立体现民主”的结论。多年以后，这个伟大的政治哲学结论在胡佛的身上得到了应验。

胡佛自成为联邦调查局局长之后，成了一人之下、万人之上的“宠臣”，因此，其私欲也大大地膨胀起来，而且越胀越大，终于发展为贪得无厌的糜烂享受。1934年，胡佛耗资一千多万美元在华盛顿市宾夕法尼亚大街建了一幢七层大楼，他定名为“司法部大厦”。该大楼外观雄伟，门前柱廊齐全，里面装饰考究，其气势足以使闻名于世的英国警察厅相形见绌。该大楼虽然名为“司法部大厦”，实际上是联邦调查局的大本营，照他自己的话说，是“美国打击犯罪活动的司令部”。大本营也好，司令部也罢，总而言之，这儿是胡佛一个人的天下，他后半生的大部分时间都耗费在这幢他苦心经营的“巢穴”里。在这幢七层建筑中，有一套装饰极为考究的特大办公室。办公室由外与内两部分组成，外间办公室实际上是个大厅，怎么看都像陈列馆，因为在大厅的中央，有一张罩着玻璃的大桌子，桌子上放置着胡佛一生都引以自豪的展品，当然也是战利品，其中有俄国间谍鲁道夫·阿贝尔用以传递密码情报的被挖空了的镍币、杀人狂徒迪林杰和卡皮斯等闻名全国的超级罪犯所用过的手枪等。

其实，这些陈列的东西只有一小部分是真的，如迪林杰所曾用过的草帽、被打碎的眼镜片等，而大多数都是有可疑的，比如说迪林杰的自动手枪，据说当时根本就没有缴获过迪林杰的手枪，也可能是缴获了，但一直下落不明。在桌子上所陈列的手枪编号为119702，而稍有枪械方面知识的人就会知道，此类编码的手枪是在迪林杰被打死数月之后，也就是1934年的12月，才由科尔特兵工厂制造出来。

在胡佛的外间展厅里间还有一个内室，这是胡佛的其中一个秘书的办公室。而后经过一条走廊，经过另外两位秘书的写字台，最终进入胡佛本人的豪华办公室。说其豪华，是因为它奇大无比，足以容纳一个加强营在里面聚会。房间的四周摆满了极为精致的书架与家具，中间是一张椭圆形桌子，周围可坐10余人，胡佛的可升高的旋转椅就置放在桌子的首位。在他面前低矮的沙发上坐下的人，即使十分高大，也会觉得面前的这位局长高不可攀。

胡佛的豪华办公室还不算什么，他位于岩溪公园附近的私人别墅才会让你大开眼界。其装潢更为考究，简直称得上富丽堂皇，不管是谁，只要去过的人都会不约而同地认为他们肯定误入了一位亿万富翁的家门。而家中所有的日常开支都无须胡佛掏腰包，一切都由联邦调查局特工承担了，而这些特工花的又都是纳税人的钱。胡佛死后，司法部有人就此方面的问题进行调查，其调查报告指出："每年暑期，胡佛都要到加利福尼亚州度假。在他走后，整个寓所都要装饰一新，所有的门窗都要油漆一遍，而这些大都是由联邦调查局的特工完成的。展览处在他别墅的前面设计建造全新的门廊和带灯光与氧气装置的鱼塘，档案处为他配制或刷新书架、电话机架及其他各类家具，并为他制作了一个新式的具有东方艺术特色的水果盘……家用电器，诸如空调、音响、录音机、电视机、电话机等都由无线电工程处负责维修……总而言之，整个别墅，无论是清扫还是维护，全都由联邦调查局的特工免费承包了，而且他们是随叫随到，不敢有半点怠慢。"

每到春天或夏天，就会有特工在胡佛别墅旁边的草坪上推着剪草机剪草，或者用剪刀修剪疯枝，秋天则肯定有人打扫落叶，而到冬天，扫雪的工作自然也不须他亲自动手。至于换草皮、种植新的树种、维修篱笆、铺石子路等也都是调查局特工的分内活儿。负责调察的检查官约翰·都德说道："当你了解一切时，你会觉得很荒谬。然而，这是事实，谁也无法改变的事实，联邦调查局局长从没有掏过腰包的时候，他总是想要什么就有什么，所有的都是公家出钱。"

胡佛所有的花费全与他的薪金无关。胡佛喜欢旅行，但他讨厌坐飞机，他最喜爱的交通工具是火车。他的每次外出都要兴师动众，都要联邦调查局拿出相当大一笔钱作为开路钱。行政处的特工必须预先同铁路公司的总经理约好，预定好最顺当的车次与最舒适的车厢，并保证胡佛与其随行人员（通常为他的搭档兼好友托尔森）所乘坐的车厢温度保持在20度左右。这是胡佛最喜欢的温度，热一点或冷一点都有可能引起局长感冒。胡佛在抵达目的地时，当地的特工人员必须在他所要下榻的宾馆房间内准备好杰克·丹尼斯酒，同时为托尔森准备一瓶威士忌。房间内自然要铺上最柔软的地毯，要有大量鲜花，要备有胡佛最爱吃的水果。

20世纪50年代，胡佛经常和托尔森到南加利福尼亚州的拉霍亚度假，因为加州的石油大王克林特·默奇森在那里开了一家相当豪华的五星级宾馆。默奇森认为，金钱能像肥料一样，不管把它撒在哪儿，都能促成意想不到的丰收。他看出了这位不可一世的调查局长身上所潜藏的价值，于是就百般拉拢。胡佛在开始时半推半就，继而就坐享其成了。胡佛住在这家叫作德查罗的高级宾馆里，想什么有什么，照胡佛自己的话说，住在这样的地方，他可以感到"上帝就在眼前"。

胡佛穷奢极欲，而他手下的特工们却一次次地经历着磨难。不管哪一次局长大驾光临，加州调查局分局的特工们都如芒刺在背，胡佛一日不走，他们一日不得安宁。他们的唯一工作就是小心翼翼地伺候在局长大人周围，等待局长的差遣，满足局长的一切愿望。有一年，胡佛半夜醒来突然想吃冰淇淋，打开冰箱，却发现一只也没有。胡佛大发雷霆，并一定要马上吃到。在旁伺候的特工闻听大惊，赶忙飞奔到一家冰淇淋生产厂家，要他们马上开门。特工人员将冰淇淋拿到后，忙派一位女速记员打扮成侍者模样送到胡佛的套间里去。默奇森为了讨好这位有权有势的局长大人，曾不止一次地在胡佛面前吹嘘说，他的宾馆里要什么就会有什么。胡佛随口说道："那年我在佛罗里达时，站在门口一伸手就可以从树上摘下水果吃。"结果，第二天胡佛一觉醒来，突然惊奇地发现满院子种满了橘树、李树、桃树与葡萄树等，都是宾馆人员与特工协力连夜赶栽出来的。

据宾馆老板艾伦·威特沃回忆，胡佛从没有付过账，每到假期结束，威特沃总是拿着厚厚的一叠凭证到默奇森办公室去，默奇森也总是一句话："记在我的账上吧。"据不完全统计，胡佛一生中差不多在德查罗宾馆度过近20个夏天，直到他逝世为止。按1953年他花费的总计3100美元算，在今天约值15755美元。以此类推，20年他共花去该宾馆约30多万美元，还不说特工人员忙里忙外的其他消耗。不要说在德查罗宾馆，胡佛在哪里吃饭都不愿付账。40年来，他与托尔森两个人几乎每周有五天都在一个叫哈维的饭店就餐。胡佛与托尔森总是大吃大喝之后抹嘴走人，临走还要拿走店主人特意为其准备的火鸡或火腿，好让他养的几条爱犬也能享受一番。

胡佛不必自己掏钱，自然有人为他结账。结账的是一位叫哈里·瓦依纳的人，他是一家洗衣店老板，虽然不是什么巨富，但这点小钱对他而言还不算什么。他与胡佛是老相识，而且他的一个亲戚也在胡佛手下做特工。当然，胡佛也没有亏待他，调查局的许多布料若要清洗，无一例外地全都要拿到他这里来。

胡佛有自己的专车。他在华盛顿一共有两辆专车，在迈阿密、洛杉矶和芝加哥各有一辆。除了他之外，任何人不得乘坐。车内装饰当然都是用"最"字来形容的，几辆车无论从颜色到车型都是一模一样。夏天的时候，车里的温度也一定要固定在最适宜的20度，多出一度或少出一度对胡佛而言都是不可忍受的。冬天，随从人员绝不能忘记在汽车后面的行李厢内准备一条毛毯，这样，一旦车中的暖气设施出了毛病，局长大人也不会因此而受冻。暖气设施出毛病的情况很少发生，据说就发生过一次，而那一次偏巧那条毛毯给司机送到干洗店去了，结果胡佛暴跳如雷，要不是随从特工紧急出动买来一条新毛毯的话，司机肯定给炒鱿鱼了。尽管如此，行政处的特工却不能幸免，那天连同司机在内每人收到一封批评信，虽然信的内容从表面上看与毛毯没有任何关连。

胡佛苦心经营数十年，权势显赫，联邦调查局的众多特工在他多年的整治下可以说是随叫随到，一天24小时处于听命状态，只要局长一声令下，没有什么不可以办的，也没有什么办不成的。

胡佛应该得到的都已得到了，因为他要什么有什么，真是帝王般的生活啊。

大肆搜刮为哪般

每一个接近胡佛的人都知道，他是一个生活腐化的人。但是，让人想不到的是，没有家庭之累的他还热衷于搜刮钱财，这一点很让人费解。胡佛的年薪原本就已很高。自50年代以来，他的收入更是扶摇直上，甚至远高于位置在他之上的国会议员或内阁阁员。薪金只是他的明收入，他的隐性收入更是不计其数，也从没有人为他计算过。为了更好地管理他的家财，胡佛特地聘请一位会计师。当然，会计师年薪高达3.6万美元的工资是由联邦调查局来出，因为他虽说是胡佛的私人会计师，虽说干的是胡佛的私活，但在名义上，他却依旧是个联邦调查局特工。这位“特工”不做别的事，唯一要做的就是照管胡佛的钱财，包括其极为隐秘的股票交易及所得税事务等。

前面我们已经介绍过，胡佛有一幢非常华丽的别墅，这幢别墅也是由纳税人的钱盖起来的，只不过名义上变成了胡佛个人的积蓄。胡佛经常将纳税人的钱或其他人的财产变为他个人的积蓄，纳入他个人挥霍的小金库。胡佛死后，据有人统计，联邦调查局的大多数娱乐基金（数目大得惊人）并没有用在职工的娱乐活动方面，图书基金也自然没有买过图书。所有这些基金都给胡佛用于个人消费或用作私人公关费用了。他的一位秘书有一本账册，上面详细地记录着每一笔消费。不过，在胡佛逝世后不久，该秘书已将此账册销毁，此事也就成了无头之案。负责调查胡佛问题的人都得垂头丧气地说："多年来我一直调查贪污腐化现象，但从没有发现像他这样达到如此严重地步的，也没有哪个像他这样做得滴水不漏！"

我们还记得胡佛所著的那本叫《欺诈能手》的书。该书出版于1958年，是由联邦调查局助理局长萨利文为首的特工人员集体编写，并由获得博士学位的费恩·斯图肯布洛克等作最后加工润色而成。该书尚未付印，就被调查局的特工们捧得沸沸扬扬，吹得天花乱坠，因而在出版后一直畅销，前后累计起来，精装本共卖出25万册，平装本超过200万册。巨大的销售量必然带来巨额的利润，该书数十万美元的巨大收益胡佛自然不肯轻易放过。然而，这笔钱并不是一下子就拿到手的，胡佛考虑再三，决定不能私吞。该书虽然署的是他胡佛的大名，但联邦调查局谁都知道，书中的内容他连一个字也没有写过。

面对这些巨额稿酬，联邦调查局助理局长威廉·萨利文曾向胡佛提议将这些稿酬捐给慈善组织。胡佛听后大发雷霆，狠狠地斥责了萨利文。胡佛当然不会听他的。在经过一番认真思考之后，他对外宣布，该书稿酬全部用作联邦调查局娱乐基金。这着棋很高明啊，联邦调查局娱乐基金，那就是说，凡是联邦调查局的特工都可用此笔经费进行业务娱乐，比如说健身、听音乐会或其他任一方式的消闲等。实际上却是另一回事。在胡佛死后，据官方调查人员查实，该笔资金只有极小一部分作为联邦调查局娱乐基金使用，那极大的部分全被胡佛、托尔森、路易斯·尼科尔斯、比尔·尼科尔斯（此人与该书一点关系也没有）与一位参与此书出版工作的记者等五人瓜分了。另据知情者透露，他们每人共分得7万多美元，按今天的币值推算，约计35万多美元。而且，那笔用作联邦调查局娱乐基金的稿酬特工人员也没有享受得上。据事后的官方调查显示，这部分钱大都给胡佛私人支走了。

即使这样，胡佛依然不满足，挖空心思地四处捞钱。根据美国联邦法律，公职人员一律不得经商或进行类似方面的其他投资，尤其不能到股票市场上搞投机。胡佛也在联邦调查局里三令五申地谆谆教导他手下的特工人员，不让他们跟商业沾上关系，否则，一经查出，一律予以除名。至于胡佛自己，那就另当别论了。1981年，马萨诸塞州商人彼得·史普拉格在整理其父遗产时，发现一大叠保存完好的通信资料。这些资料大都是其父发给胡佛个人的电报，告诉胡佛该公司的每一步进展及盈利情况。原来，胡佛在得克萨斯州一家叫圣地亚哥石油天然气公司的石油钻探公司占有股份，而且份额较大，约合现在的75万美元。

史普拉格拿到这些资料后很是吃惊。“这么多钱，他们怎能有这么多钱？”他越想越觉得不大对头，就将这些资料全都交给纽约区检察长罗伯特·摩根索。摩根索仔细查证后说：“这是胡佛本人犯罪的最大证据。如果他仍健在，他可因此而坐牢至少10年。”摩根索认为，胡佛其实并没有在该公司投资一文钱。该公司之所以看中胡佛，是因为他是联邦政府资深且有影响的重要官员。这且不说，更为重要的是，胡佛能为他们搞到联邦租借权。他们若有了联邦租借权，其中所捞取到的好处就不是这区区75万美元了。

胡佛不仅仅在此一家公司进行权力投资。他极善于利用自己的影响与灵通的消息来源在多家公司占有股份。他的私人会计师主要就是帮他整理此方面的债务与纠纷。据说，胡佛在保险业与铁路方面也有类似的投入。萨利文透露，胡佛“与默奇森关系颇深。他肯定在油井钻探方面投有资本，据我了解，他的投资只赚不亏。如果打出石油，利润自然有他一份。如果打不出石油，他也不负担任何债务或费用，因为他压根儿就没有投进去过一文钱。有一段时间，他在所得税问题上遇到了麻烦，因为他不想为此而缴纳一大笔已装入他口袋中的收入。一天，他忧心忡忡地对我说，‘上帝哪儿去了？你告诉我上帝哪儿去了？’他到处寻找上帝，我们可以想见他此时的烦闷心情。是的，他应该烦闷，因为一旦让官方知道真实情况，他不仅得补交所得税，就连头顶上的乌纱帽，怕也一时难以保全。”

按理说，像胡佛这样有权有势的人，要那么多钱也没什么用，因为他的父母兄姐不用他去周济，而且他没有配偶和子女。难道，他还有什么值得这样做的隐情？

发誓一辈子不结婚之谜

胡佛一生未婚，按他的话说，他要把自己奉献给调查局，事实是这样的吗？未必那么简单。

不知什么缘故，胡佛从小很少同女性打交道。从某种程度上讲他有着极深的恋母情结。他的衣食住行都是他妈妈为他安排的，哪一天不见妈妈的面，他的觉都睡不安稳。他几乎没有参加过舞会，即使去了舞厅，除了母亲安妮之外，他也绝不与任何别的女孩子下舞池。胡佛成年之后，一心想着出人头地，很少注意到他周围的女性世界。他很爱母亲，甚至为了担心失去她而不愿恋爱，结婚更是压根儿就没有想过的问题。尽管如此，随着年龄的增长，青春的萌动不可避免地发生在他的身上。他终于在其24岁时开始注意异性。据说，他看上的第一个姑娘叫爱莉丝。

爱莉丝是位著名律师的女儿，年方23岁，长得如花似玉，在大学就是著名的校花，引得周围的男孩子终日围着她转。大学毕业后她在战时应急处找到了工作，因而胡佛得以接触上她。胡佛几乎一开始就被她的惊人美丽所击倒。

他开始频频地向她传送秋波，并时不时地找借口同她说话。投之以桃，报之以李。爱莉丝原本是个开放的女孩子，加之天生丽质，更使她如鱼得水。对于她而言，周围的男人多多益善。至于多加一个胡佛，她自然喜在心里。不过，她不能让他把她看得太贱，因而她对胡佛的一往情深不予响应，但也不表示厌烦。

不过，情窦初开的胡佛不知道这些，只是一心一意地追求着她，向她送鲜花，写爱情信。他的努力终于有了回报，爱莉丝渐渐向他靠拢，并开始与他约会，最后终于答应与他保持爱情关系。胡佛心花怒放，决定将爱莉丝介绍给他的母亲安妮。他知道，如果没有安妮的同意，他的爱情只能以悲剧告终。但他不敢贸然把她领回家中，于是先把她的照片拿回来给安妮看。然而，他万没有想到他的母亲会站起来反对这桩婚事。安妮一看照片就不高兴地说："看看看，长得像个妖精，哪里是我们这样人家的媳妇？"这让胡佛很丧气。这些事情都被胡佛的外甥女，也就是他姐姐莉莲的女儿玛格丽特看在眼里。她后来回忆说："外婆独断专行，什么事情都得由她说了算。舅舅刚带回来一个女朋友，她就马上站出来大声反对。难怪埃德加没有结婚，一切都是外婆的错！"胡佛的心里不是滋味，但感情的事不是说断就断的，他没有敢明着与母亲对着干，只是暗中依旧与爱莉丝约会，只不过不敢让母亲知道，也绝不把她带到家里。

交往的时间一长，胡佛就有了结婚的打算。1918年11月11日，他的好友西德尼·考夫曼赶来告诉他，要其务必到华盛顿哈维酒店参加他与女友的订婚仪式。考夫曼特别叮嘱说，一定要他带上爱莉丝。他想让胡佛作伴郎，而让爱莉丝作伴娘。胡佛听后怦然心动。是啊，朋友们一个一个都订婚或者结婚了，而自己的这件婚姻大事也该考虑一下了。虽说爱莉丝仍然爱他，仍然与他约会，但他的感觉告诉他，她的心好像并不完全属于他。不如也趁此良机，把婚姻大事定下来。胡佛这样想着，就决定去找爱莉丝，与她商议订婚一事。他认为最好与西德尼同一天订婚，这样更富有纪念性。

胡佛立即找来纸笔，给爱莉丝写了张便条，约她到拉斐特饭店吃饭。然而，让胡佛失望的是爱莉丝并没有赴约。三天之后，爱莉丝给他写信说，她已爱上了另外一个男人。对方是一位军官，长得远比胡佛英俊潇洒。没过多久，他们就举行了订婚仪式。后来，这位军官成了她的丈夫，两人结婚之后不久，她的丈夫就到欧洲参加第一次世界大战去了。

爱莉丝的负心使胡佛深受打击。他的心情十分沮丧，一个人愁眉苦脸地赶到哈维酒店出席了西德尼的订婚仪式。那个晚上可能是胡佛一生所度过的最黑暗的一个晚上，而那个晚会则是他一生所度过的最没有意思的晚会。想想看，一边是好友订婚，准备喜结良缘，另一边是自己被一个他唯一爱上的女人所抛弃，饱受失恋之苦，种种滋味，心如刀割。绝望中的胡佛在心中发下毒誓：今生今世绝不与任何女人订婚，更不与她们结婚！

几十年之后，大约是在1955年夏天，胡佛对采访他的记者费雷德·克贝尔吐露心迹说："我年轻时曾经恋爱过一次，我想，可以称之为初恋。"此后，他又对另一位记者说："女人真是可恶，你一旦爱上她，她马上就会去喜欢另外一个男人。"

1939年的时候，当记者问胡佛为什么还不结婚时，他坦率地说出了他对婚姻的看法："若要在工作与爱情二者之间进行抉择，我首先选择的应是工作。不过，我要承认，如果我娶一位姑娘，而她根本就不爱我，这个婚姻又有什么意义呢？我绝不会同一个不爱我的人睡在同一张床上，如果是那样，我的精神无论如何也承受不住。"不过，话又说回来，胡佛也还承认纯真的爱情与美满的婚姻。胡佛在另外一次采访中说道，"在某种程度上，我尊敬那些年轻的姑娘们与成熟的女人们，没有她们，男人的世界将会黯然失色。"

爱情的伤害是很容易让人变性的。胡佛被爱莉丝一脚踢开之后，转而对所有的女人都敬而远之，并决心一辈子不再结婚，将毕生献给联邦调查局。

事业比婚姻更重要

不过，树欲静而风不止。就在胡佛心灰意冷、不思人间男女事之时，一位年轻姑娘却悄无声息地向他走近。她叫甘恩蒂，长得虽没有爱莉丝那样美艳绝尘，但不管从哪个方面看，她都楚楚动人。而且更为重要的是，她看起来要远比爱莉丝聪慧，周身无处不散发出一种令任何男人都要心动的只有成熟女性才有的魅力。

甘恩蒂比爱莉丝略小一点，大学毕业后还没有找到工作。她不认识胡佛，但听说过他的名字。她也参加了西德尼的订婚晚会，在会上，她注意到了心情沮丧的胡佛，并为他的痛苦表情所感动。在舞曲响起来时，她款款地走到胡佛面前，伸出手向他示意："我可以请您跳支舞吗？我叫甘恩蒂。"胡佛不喜欢与女孩子跳舞。可以说，除了他妈妈安妮之外，他几乎没有与其他女人跳过。不过，深受失恋打击的胡佛已不能与平时同日而语，因为他的内心正值空虚，任何一个长头发的女人都可以引起他的注意。

甘恩蒂恰于此时亭亭玉立地站在他面前，周身散发出一股令任何男人都要心动的特殊香水味，他的心怎能不为之怦然一动？"谢谢，我不会跳。"胡佛望了她一眼，递过去一杯香槟酒道，"喝一杯？""谢谢，"甘恩蒂接过酒杯，在他身边的凳子上坐下来，在口边轻轻地抿了一下，而后微笑着盯着他的眼睛说："我还不知道您的尊姓大名呢。""埃德加·胡佛，你叫我埃德加或埃迪，在调查局工作。"胡佛赶紧介绍自己道。"哎呀，你看我，真是有眼不识泰山。我早听西德尼说起过您的大名，原来赫赫有名的埃德加·胡佛就是阁下您呀！"甘恩蒂微笑着站起来，调皮地又拿眼睛盯着他道，"我倒要好好看看，究竟大侦探长的是什么样。"甘恩蒂天真活泼的个性与周身所散发出来的活力深深打动了胡佛，他站起来，破天荒地要跟她到舞池里潇洒跳一回。之后，他们频频约会，感情日深。没过多久，胡佛就把她录用到调查局做信使，几个月后，他便把甘恩蒂提升为机要秘书，从早到晚不离他的视线。此后，甘恩蒂在这个位置上一直干到胡佛离世。胡佛对甘恩蒂言听计从，在调查局内，她是除托尔森之外最受局长信任的特工。

信任归信任，婚姻是另外一回事。胡佛虽然喜欢甘恩蒂，但他们两人并没有发展到恋爱的程度。这可能有几个方面的原因：

第一，胡佛是个工作狂，在他心目中，没有什么能比工作更令他沉醉。他害怕建立家庭，担心自己肯定处理不好事业与家庭的矛盾，从而使婚姻走向痛苦。

第二，在胡佛的内心深处，他的性心理不知从什么时间起开始异化，变得与其他男人大不一样，在女人面前，他表现不出那种男子汉才有的冲动与疯狂。相反，他的欲望，尤其是征服欲，在其他男人面前才能得到满足，发挥得淋漓尽致。

第三，胡佛是个占有欲很强的男人。爱莉丝的阴影一直在他的心头萦绕，胡佛担心，一旦他再陷于爱情，尤其是走向婚姻之后，若这个女人没有打心眼里爱上他，他就会承受不住。甚至如果这个女人再背叛他，他会崩溃的。他知道甘恩蒂爱他，但他并没有绝对的把握去控制她。如果控制不住，他宁愿独身一辈子。胡佛后来对采访他的记者说："我整天泡在调查局，因而我想，如果我结婚，哪一个女人都会无法忍受。你知道，有谁会嫁给一个不回家的人呢？"

局长大人的风流韵事

但胡佛毕竟是一个男人，而且还是堂堂的局长大人，一个全国尽知的大人物，即使心理异于常人，也不能表现出来授人以柄。因此，为了显示他是个心理健全的人，有时候他故意让人看见他愿意同女人接触，善于同女人搞好并保持关系，并让人们产生这样一个认识：他不愿结婚只是因为心里的创伤太深，同时事业心太强。基于这种心理，胡佛在女人面前也曾表现出极大的胆略，换言之，也曾明目张胆地去追求过女人。

有一阵子胡佛狂热地追逐过另外一个女人。她叫弗朗西丝·马里恩，是位颇负盛名的电影剧作家，其作品曾得过奥斯卡金奖。她比罗杰斯还要大，比胡佛整整大7岁，是个风流女人，先后结过多次婚，并有四个孩子。胡佛与她真还有那么一见钟情的劲儿，一度还因为她而把许多事情抛在脑后。他们的恋情在20世纪30年代末达到高峰，据说，胡佛甚至向她提出过结婚，并答应照顾她的几个孩子。这对胡佛来说是相当不容易的，因为他曾发过誓，此生此世不再结婚！不幸的是，在他们共浴的爱河里，马里恩远没有胡佛陷入得深。她考虑得更多的是她的孩子，因为她在经历过爱情的风风雨雨之后，已经远没有以前那样浪漫，而是变得更加实际起来。她认为，如果与胡佛结婚，她就会彻彻底底地变为他的附庸，她的几个孩子也会因此而失去自我。基于这些原因，胡佛的努力没有成功，不过，他也没有因此而显得过分哀伤，因为他原本就没有将这种婚姻大事看得很重。再说，此时此刻，他身边也不是只有马里恩这一个女人。

胡佛在与弗朗西丝·马里恩进行缠绵的同时，忙里偷闲地去和一个叫多萝茜·拉穆尔的女人约会。对于胡佛来说，多萝茜·拉穆尔也许是他一生中所占比重最大的一个女人。她是位著名的女演员，曾主演过《走向新加坡》和《走向香港》两部影片，并在其他多部影片中担任过角色。其实，他们早在1931年就已熟识，那时，拉穆尔年方20，正值青春妙龄，被白鹤俱乐部聘为特邀歌星。拉穆尔不仅美艳迷人，更重要的是她的歌唱得非常动听，男人们称她为“金嗓子”“小百灵”，只要她一张口，掌声立时就会响彻全场。当时，胡佛听过她举办的几次歌唱会，并为她的歌声所深深迷恋。此后，不管她在哪里唱歌，他都尽量赶到捧场。不过，拉穆尔还是没有嫁给他，而是嫁给了一位有钱的商人。

拉穆尔的婚姻并不幸福，没过多久，她就与丈夫离婚了。拉穆尔离婚之时，胡佛的母亲也撒手人寰。拉穆尔成为自由之身，胡佛也不再有母亲这个羁绊，两个人便自然而然地向一块靠拢。然而，他们都是事业型的人，就像两块同极的磁铁，引力不管有多强，却最终合并不到一块去。他们彼此都很挚爱，但没有一个首先提到婚事。

1942年，拉穆尔权衡再三，决定与多年来一直孜孜不倦地追求她的男子比尔·霍华德结婚。拉穆尔的这一次婚姻很成功，她与丈夫在一起生活得很好。不过，她并没有完全冷落胡佛，一有空闲就邀请他到家里闲坐。胡佛自是有请必到，甚至不请自到。他与霍华德相处得也很不错，两个人常在一起谈论国家大事，偶尔也谈论他们共同的女人拉穆尔。显然，霍华德并不嫉妒他，因为他知道，胡佛与拉穆尔的关系在很大程度上纯属一种精神行为。胡佛对拉穆尔可以说是有求必应。不管拉穆尔让他办什么事，只要他能办到，他都会竭尽全力地帮助她。拉穆尔主演的剧本需要赞助，胡佛立即帮她联系得克萨斯州的那些富翁朋友。为了表达他对拉穆尔的感情，胡佛决定为她举行一场专题音乐会，音乐会的主题是“月亮”，因为她在晚会上所唱的歌大都与月亮有关。为增强现场的逼真效果，胡佛特地让调查局展览处在花园的树上安装一盏球形灯，远观上去就像“十五的月亮”。

在胡佛兴师动众的大力操办下，整个晚会自然取得了完满的成功。有幸交上胡佛这个朋友，拉穆尔打心眼里高兴。她在自传中多次提到胡佛，称其为“终生的朋友”“永远的伴侣”。不管何时，只要一提到胡佛的名字，她就会容光焕发，神采飞扬。晚年时她曾对好友吐露说，她与胡佛之间还有着“更深一层的关系”，那是一种“说不清道不明的东西”，是不能“用‘感情’一词所能轻易表达出的”。至于那种“东西”究竟是什么，拉穆尔不肯多说。许多事情，除了当事人之外，其他任何人都是无法弄清楚的。

1939年，也就是胡佛44岁的时候，有人看见他频频地与一个年龄远比他大的女人在一起吃饭或散步。这个女人叫丽拉·罗杰斯，比胡佛大4岁，当时已结过两次婚。她曾在海军陆战队服过役，是该部队的第一批女兵，主要编辑一个叫《海军陆战队》的月刊。

虽然已经年近50，但罗杰斯长得依旧很漂亮，看上去还不到40岁的样子，而且更令胡佛着迷的是，她有一种宁折不弯的奋斗精神和凡事不让人的顽强性格。在政治上，她是个极右派，并患“恐红症”，对共产主义运动及其思潮视若洪水猛兽，所有这些都极中胡佛的意，他渐渐地对她产生了好感。

罗杰斯是个熟谙爱情至上且风情依旧的过来人，情海里的什么风浪都经历过了，胡佛的一举一动、一颦一笑，她都看在眼里，拿下这个男人是小菜一碟。于是她不停地送给胡佛小礼品，诸如刻着他名字的戒指、纯金书签和镀金烟盒等，只要胡佛高兴，她什么都舍得给他。投之以桃，报之以李。在罗杰斯频频不绝的攻势面前，胡佛有点招架不住。他也给她回赠小礼品，然而，相比较而言，他的礼物要显得小气得多，大多为不值钱的小玩意儿，比如说银耳环、小手绢、玳瑁发卡之类。曾有一段时间，报纸上盛传他们两人即将结婚的消息。

罗杰斯认为，胡佛与她很配得来，她很同情胡佛，因为他为了事业而至今未婚，这令她感动。她认为，她可以通过努力改变他，并尽力使他不再孤独。胡佛也多次对好友讲，他与罗杰斯的关系是“认真的”，因为她很掌握他的心理，使他神魂颠倒，把他完全迷住了。他甚至还向报界透露他有可能要娶她。

他们的关系一直维系到1955年。他们多次在佛罗里达共度假日，具体约见的安排都由调查局官员理查德·奥尔巴克负责。然而，不知什么原因，他们之间突然产生了隔阂。胡佛不想再见她了，便谎称总统要接见他，要她尽快离开，因为他要立刻离开佛罗里达赶回华盛顿。罗杰斯泪流满面地冲出他的房间，并于次日乘飞机回到了洛杉矶。此后，他们再也没有会过面，罗杰斯来信，胡佛也不予理睬。

满城风雨的同性恋丑闻

胡佛曾经对记者说，他把自己奉献给了事业，没有女人会爱上自己。好像这是无可奈何之事，然而事实却并非如此。胡佛喜欢男人远胜于喜欢女人，这种心理上的错位一直陪伴他终生。

胡佛对女人的欲望淡薄之后，取代女人位置的自然就是男人。在胡佛看来，男人远比女人有味，因为他们更有力量，更有征服欲望。他们是时代的强者，是社会发展的主动力。胡佛的第一个男伴据说是珀韦斯。有一阵子他非常信任他，时常与他出双入对于各种公开场合。但没有人抓住过他们同性恋的把柄，只知道他们异常亲密。从他们两人的书信可以看出，他们的关系绝非正常的同事关系或一般的上下级关系。胡佛总是称呼珀韦斯为“亲爱的”，内容也极其暧昧。而在他面前，珀韦斯也从没有像其他特工那样战战兢兢，而是有什么说什么，语气很是随意。直到一个叫克莱德·安德森·托尔森的人出现后，珀韦斯的地位才一落千丈。

托尔森·安德森·托尔森1900年生于密苏里州拉雷多的一个穷苦人家里。他的父亲是浸礼会教徒，务农为生，后来到铁路部门当货运警卫，并对两个儿子说，到社会上闯闯，改善自己的命运吧。

托尔森在商学院上了一年学，当他18岁时坐火车到了华盛顿。他仪表堂堂，有一双炯炯有神的大眼睛，体格结实，衣着讲究，但又不太豪华。看这副打扮，人家还以为他是经纪公司的小老板呢。

托尔森在陆军部当上了办事员，干得很不错。由于他工作十分努力，善于吸收许多知识，20岁就当了陆军部长的机要秘书。8年以后，他想调动一下工作，便到乔治·华盛顿大学法律夜校进修。

1927年，托尔森获得法律学位后，到调查局申请当特工人员。起初，他失望了，那里没有空缺。第二年年初，陆军部长亲自写了推荐信。胡佛看了附有托尔森照片的申请书。从照片上看，眉目清秀，相貌不凡。

胡佛读了许多要人对托尔森赞不绝口的评语，这个年轻人，颇有点像胡佛的经历，他在大学当过班长、学生会委员，积极参加联谊会的活动。据说，他“行为拘谨，一点也不放荡，对女人不怎么感兴趣”。胡佛雇佣了他，对他特别赏识，在不到3年的时间里就把他从一个新手提拔为局长助理。托尔森没有在地方工作的实际经验。他在波士顿仅仅工作了4个月，就由于紧急任务被胡佛调回华盛顿。在总部，他汇报加班加点的情况，他像胡佛一样对人特别严格。他在纽约州布法罗象征性地当了半个月的特工头头，就被擢升为督导员，永远调回首都。

一年之后，托尔森就成为负责行政事务的两名局长助理中的一个。在他被任命为局长助理的几周之内，胡佛坚持把托尔森列入白宫邀请名单。这个年轻人如此飞快地擢升，这在政府部门中是绝无仅有的。他之所以如此好运，是因为他正是胡佛所需要的那种人：既是绝对可以信赖的助手，又是合得来的伴侣。

胡佛好出风头，说话像机关枪似的非常快，而托尔森则是个“影子人物”“灰色人物”。许多特工人员对胡佛有好感，而对托尔森则不大感兴趣。因为托尔森是个冷酷无情的人，他的乐趣是惩罚和开除下级。调查局流传一则笑话：托尔森对胡佛说，“我情绪不好，今天我想回家去睡觉。”“别那么干，”胡佛说，“你看看花名册，挑一个人，把他开除，你就会感觉好一些。”托尔森一下子就来了精神。

“托尔森·托尔森是我的知己，”胡佛常常说，“他能够知道我心里想什么。”不过，有一件事是胡佛不愿意放弃的，即使对托尔森也不例外，那就是全面的控制。

在托尔森的眼里，胡佛是不会做错事的。“首长要这么办，”托尔森对高级官员说，于是停止辩论，作出决定。托尔森逢人便说，“我们局长是本世纪最伟大的人物。”许多人认为，他是个可怜虫，他卑躬屈膝地跟在胡佛身后，有时还得换换步子，以便跟胡佛的步伐保持一致。

起初，胡佛称呼托尔森为“小伙计”，后来叫他“托尔森”。在公开场合，甚至在局长的高级轿车里，托尔森始终称呼胡佛为“胡佛先生”。不过，有时他叫首长为“埃迪”（胡佛的昵称），别人从来没有这样称呼过他。

从日常的举止来看，他们两人的关系远不止是同事关系。每天中午，他俩坐着高级轿车到“五月花”饭店吃午饭。有一次胡佛发现调查局的第三号通缉犯坐在两个桌子以外的地方，便起来逮捕了他，然后继续吃饭。

很多年以来，每周有5个晚上，他们俩总是到哈维饭店吃饭，坐在一个小高台上。托尔森面对大门，胡佛背对墙壁，以便观察进来的人。后来胡佛出名以后，经理在通道上放一辆手推车，把他同那些不受欢迎的陌生人隔开。

胡佛喜欢吃牛排和元鱼汤。他还参加过饭店的吃牡蛎比赛，而且总是获胜。吃完饭时，经理给他一包火腿和火鸡，以便他回家喂狗。

胡佛不准自己的部下喝酒，但他喜欢喝威士忌酒。在同事面前，他从来不多喝，他们没见他醉过。在私人宴会上则不同了，他往往喝得酩酊大醉。这一对儿在华盛顿闹得满城风雨，人人都说他们在搞同性恋。《时代》周刊登载了一篇关于胡佛的文章，说他“经常带着一位男朋友，大部分时间是面部表情严肃的克莱德·托尔森”。

学者们提到胡佛收藏的许多照片。其中大部分是胡佛给托尔森拍摄的：睡觉时的托尔森、穿着浴衣的托尔森、在游泳池边的托尔森，等等。不过，这两个人从来没有公开居住在一起。胡佛在母亲去世以后买了一所房子，而托尔森则继续住在他的公寓里。在办公室，他们两人没有表现得过分亲热。然而在44年中，他们始终是密友。

在20世纪30年代最了解他们的是盖伊·霍特尔。他是艾特纳保险公司的年轻经理，曾经多年跟托尔森住在同一个公寓里。他们三人经常一起去钓鱼。1938年，胡佛雇佣霍特尔为特工人员，略加培训后，派他当华盛顿办事处主任。在以后的年代里，他一直是胡佛和托尔森的经常伴侣和亲信。

著名电影制片人乔·帕斯特尔纳克与胡佛有一度交厚，非常了解他的私生活细节。“胡佛是个同性恋者，”帕斯特尔纳克回忆道：“这一点是毋庸置疑的。每年他都要带着男伴到德尔马尔赛马场，一面观看赛马，一面进行同性恋活动。一次他躲在浴室里做爱，不想给一位记者逮个正着。不过，该记者事后受到威胁说，最好不要将事实真相讲出去，若不然，他肯定将要遭到报复。胡佛的报复手段大家都是知道的，因而该记者就没有将之张扬出去，一直到胡佛死后。”

关于胡佛和托尔森的故事多得很。有一次，胡佛在机场接人，租了一辆出租汽车。从飞机上走下来的是托尔森，胡佛迎上去，又是亲嘴，又是摸屁股，那种肉麻劲儿，司机从来没有见到过。

哈里·海伊是马塔辛协会的创建人。这个协会是美国第一个维护同性恋者权利组织。他的一些同性恋朋友经常去加利福尼亚的德尔马尔比赛场。海伊说，“在40年代，我认识的人回来对我说，‘胡佛和托尔森又去那里了’。我是同性恋者。讲这个情况的也是同性恋者。胡佛和托尔森使用的包厢是属于同性恋者。那里的人全都是同性恋者。不是同性恋的人到不了那里。”

在20世纪30年代，胡佛同一位专栏作家沃尔特·温切尔建立了长期的联系。他写了一些吹捧胡佛的东西。通过温切尔，胡佛第一次参加了纽约市白鹤俱乐部的活动。在1934年至1965年，有许多达官贵人、社会名流光顾那里，其中包括肯尼迪家族、洛克菲勒家族、蒋介石夫人、温莎公爵和公爵夫人们等。

1936年新年前夕的午夜，一位自由投稿的摄影记者古斯塔夫·盖尔给温切尔一伙人拍了几张照片，有一张照片的画面是：托尔森偎依在胡佛的身旁哈哈大笑，佯装向一个拿着玩具枪的秀丽少女举手投降。

像其他情人一样，胡佛和托尔森之间的关系也是有曲折的。就在白鹤俱乐部发生那个插曲一个月以前，托尔森患了盲肠炎，胡佛用汽车把他送进医院。在办公室，胡佛像爱唠叨的丈夫一样，对托尔森不断絮叨，发脾气。

后来，胡佛和托尔森多次参加温切尔和他的妻子在曼哈顿公寓举行的星期日午餐会。有一个星期日，胡佛独自一人去了，没有带托尔森，说他病了。胡佛走后，有人说，托尔森没有病，他们俩人吵架了，胡佛发现托尔森同另一个男人睡在一起。

有一个圣诞节，胡佛、托尔森和霍特尔三人住在迈阿密的“湾流”饭店。胡佛跟托尔森发生争吵，竟冲进浴室，把门锁了起来。霍特尔不得不强行打开门，抓住这位局长的肩膀，让他冷静一点。

浴室的闹剧也是争风吃醋引起的，不过，这次却不是针对另一个男人。霍特尔是个寻花问柳之人，他要求托尔森陪他一起跟两个女人过夜。托尔森同意了。剩下胡佛孤零零的一个人，他不禁怒火中烧。霍特尔不得不安慰胡佛，劝他不要动感情。他和托尔森一起精心照料歇斯底里的胡佛。这个美国极有权势的人物实际上暂时被他们软禁起来。

胡佛和托尔森终生都努力保持一种男子汉大丈夫的假象。胡佛在公开场合谴责色情的东西，不断要求严惩“淫秽读物贩子”。1960年，一个特工人员，由于拥有一本《花花公子》杂志而受到当众批评。调查局的官员说，“局长认为读这类杂志的人是道德蜕化分子。”

然而，胡佛自己不仅读《花花公子》杂志，而且看黄色电影。在调查局的搜查行动中查获的淫秽材料，必须马上送到胡佛的办公室。有一次，特工人员偷录了黑人活动分子安吉拉·戴维斯跟他的情人性交的丑恶情节，但没有送给胡佛，他大发脾气。

胡佛私下醉心于性，而表面上则俨然是全国的英雄人物。这种心理上的矛盾终于使他不得不求助于精神病医生。他就诊于美国著名的心理学家拉芬博士。拉芬逝世以前，把他掌握的许多名人（包括胡佛在内）的病历放在自己家的火炉子里烧掉了。

1946年胡佛就诊于拉芬时，他在20世纪30年代那种辉煌的形象早已失去了光泽。他的私生活讳莫如深，实际上转入地下。华盛顿市谢弗氏花店的年轻职工威廉·斯图茨讲的一些情况，可见一斑。他说：“每天早上有一辆高级轿车停在外面。司机通常是黑人，他进来挑一束我们空运来的石竹花。在一般情况下，他把花拿到汽车里开走。可是有一天，他示意我到汽车跟前，汽车的玻璃窗打开了，后座上的一个男人问我是否有专用线；如果有，他将用它订货。哦，原来是胡佛先生。我的老板给我一条专线来接受他的订货。专线的电话铃一响，我赶忙拿起话筒，通常是一个男人的声音。胡佛先生每天上午都订购石竹花，但是到12点钟才要。他抱怨说，到那时，花已经不新鲜了。他往往另要一种花送给朋友。他喜欢带绿色和棕色斑点的兰花。送这种花，显得大方，有男子汉的气度。它放在特制锻铁底座的小玻璃瓶子里，售价2.5美元。”

斯图茨回忆说，胡佛每月买花的钱大约为250美元。他说，“我从来不知道这些花是送给谁的。”有时，胡佛让斯图茨执行一些神秘的任务。“人家用信封交给我一把钥匙，我把兰花送到指定地点，第二天上午汽车开来时，我把钥匙交还回去。有一段时间，交给我的钥匙是沃德曼·帕克饭店的房间的。那里的布置很阔气，白色的家具配着反差很大的地毯。有一束花放在纸袋里，纸袋封了口。我不知道那是送给女士的，还是送给男士的。”

令人瞠目结舌的派对

如同今天一样，搞同性恋是会毁掉一个公职人员的政治生命的。胡佛深知其危险，因此作出很多过分的反应。他对别的搞同性恋的人往往心狠手辣，结果导致一个著名政治家的垮台。

1943年秋季，罗斯福总统宣布副国务卿萨姆纳·韦尔斯辞职。47岁的韦尔斯是一位出色的外交官。总统说，他之所以辞职，是因为他妻子生病，需要照顾。而真实的原因是他有一桩同性恋丑闻。胡佛起了煽风点火的主要作用。

三年以前，韦尔斯同其他阁员一起乘火车夜间旅行时，用钱买通一些黑人乘务员在他的隔间里跟他发生性关系。这件事一下子传开了。总统保护了他几个月，最后还是决定让他辞职。胡佛关于这件事的档案说，他是根据总统的要求，公正无私地调查此事的。

然而据现在已经退休的一个调查局官员说，胡佛同韦尔斯的死敌威廉·布利特串通一气来搞垮韦尔斯。火车上的事件是调查局的一个圈套，去韦尔斯隔间的一些乘务员是被收买了的。有确凿的事实证明，胡佛还诬蔑其他一些名人是同性恋者。但是，没有任何证据可以证明这一点。

韦尔斯事件发生在高级政府官员中盛传胡佛搞同性恋的时候。这些传说使胡佛十分恼火。他指示各地的特工人员查明谣言的来龙去脉，对散布谣言的人要进行盘查，迫其公开认错。

为了进一步表明自己跟同性恋没有任何关系，胡佛发表公开声明，他要彻查“政府部门里性变态行为”。他指示特工人员打入维护同性恋者权利的团体，收集成员名单，对他们的言论和行动进行录音录像。这种监视活动进行了23年之久，尽管调查局早就得出结论：这些人的行为并不是“颠覆性活动”。

胡佛死后，他在同性恋问题上所暴露出来的故事也越来越多，最令人吃惊的是罗森斯蒂尔的第四位妻子苏姗所提供的证词。

罗森斯蒂尔一直从事酿酒业，禁酒时期，他囤积大量烈性威士忌，梦想在美国重开酒禁时大发一笔。没料到美国非但没有重开酒禁，反而向囤酒者加收巨额附加税。罗森斯蒂尔大惊失色，立即托胡佛向国会或行贿或施加压力，拖延该项法案的实施。二战结束时，由于罗森斯蒂尔与黑社会勾结偷运偷售烈酒，他大发横财，其酒厂成为美国最大的酒厂，年利已达5000万美元，俨然一位亿万富翁，拥有豪宅、游艇与私人飞机。

苏姗一直在与罗森斯蒂尔闹离婚，这场官司因涉及钱的问题而迟迟未获解决，一直持续了将近10年。罗森斯蒂尔花费大量金钱编造假证据以诬陷苏姗，苏姗忍无可忍，决定将他们的丑行一一揭露出去，因而铤而走险，为国家犯罪委员会提供证词。

苏姗认为，罗森斯蒂尔与胡佛早就是好朋友，他曾悄无声息地买下约2.5万册《欺诈能手》，并将之散发给全国各地的学校，并向埃德加·胡佛基金会捐赠100余万美元以资助胡佛为之奋斗的“事业”。该基金会的主旨是：保护美利坚合众国的遗产与自由……维护埃德加·胡佛先生为之献身的理想与目标……誓死同共产主义作斗争。作为回报，胡佛则帮助其打赢各种官司，疏通与政府部门的各条渠道。

苏姗第一次见到胡佛的时间大概在1957年。那天胡佛到她家做客，苏姗回忆道：“他看起来一点也不像个联邦调查局局长，而像个十足的无赖。他态度傲慢，目中无人，对谁都不屑一顾。”苏姗对其丈夫与黑社会的勾结以及胡佛参与行贿受贿等进行了有力的揭露，但最具轰动效应的则是，胡佛在罗森斯蒂尔与其朋友科恩的诱惑下曾不止一次地卷入集体性淫乱之中，并因此而给犯罪团伙留下了更大的把柄。

罗森斯蒂尔是苏姗的第二个丈夫。她的第一次婚姻没有成功，结婚不久就离婚了。离婚的主要原因是她的男人只对其他男人感兴趣，是个彻头彻尾的同性恋者。然而，她哪里想到，自己刚刚从苦海里爬出，却又一下子跌进深渊，因为她婚后不久就吃惊地发现，她的第二任丈夫原来也是个同性恋者。她彻底服了。在自叹命苦的同时，她开始学习如何来做同性恋男人的妻子。

“一天早晨，”苏姗说道，“大约是在9点吧，我走进丈夫的卧室，发现他与一个叫科恩的小伙子钻在一个被窝里。我大吃一惊，便尖着嗓子叫了一声。罗森斯蒂尔从床上爬起来，一点也不感到羞愧。他甚至当着我的面在科恩的脸上亲吻一口，科恩也回吻他，看起来很让人恶心。不过，我没有逃走。科恩见我与其他女人不一样，便对我感兴趣起来。之后，我与他们俩和平共处，科恩视我如同他的妹妹，他们都对我不感兴趣，甚至在做那事时也不避我。科恩还时常在我面前津津乐道其性经历，告诉我许多他们男人的荒唐事儿。”

一天，罗森斯蒂尔对苏姗说：“亲爱的，我想带你去个地方，不知你愿意否？”苏姗当然知道他说这句话是什么意思，也当然知道他要带她到什么地方去。她的脸红了一下，但还是抬头问道："什么地方？""广场饭店。你将看到世界上最刺激也最有意思的事情。"她丈夫挑逗道。

广场饭店是臭名昭著的也是最高层次的同性恋场所，有人称之为"同性恋者之家"，因而在美国上流社会几乎无人不晓。"你是说那种地方？"苏姗哼一声道，"我不去！""不是不去，是不敢去！"科恩在旁吹声口哨，一脸不屑地说。"谁不敢去？"苏姗扬头望着他说，"不就是那种事吗，有什么大不了的！只要你们敢去，我就也敢。"

几天之后，罗森斯蒂尔与科恩便带着苏姗来到广场饭店。他们一直走到二楼，走进一个装潢考究的豪华套间。整个装饰呈淡蓝色格调，使人一进去就能产生一种平静之感。"我简直不敢相信自己的眼睛，"苏姗回忆道，"因为闯入我眼帘的是堂堂的联邦调查局局长埃德加·胡佛阁下！显然，他早已来到这里了。我在家中见过他多次，还到他的办公室去过，我敢肯定是他，只不过没想到会在这种地方见到他。""这位是迷人的玛丽阁下。"科恩指着胡佛向苏姗介绍道。玛丽阁下？苏姗揉揉眼睛，仔细地瞧了瞧眼前的这位神秘人物，禁不住哑然失笑。原来，胡佛打扮得花枝招展，完全像个时装女人。"他穿着一身黑礼服，裙边像个巨大的荷叶，"苏姗继续回忆说，"他的脚上穿着一双高跟鞋，不是一般的高，乍一见我简直大吃一惊，因为我从没有见过脚跟有那么高的鞋子。他的长筒袜也很有特色，肉质的，镶着花边，当然是极昂贵的那种。他的头顶戴着黑色假发，卷发型，脸部显然美容过，并植过假睫毛，长长的在我眼前扑闪着。他的全身散发出一种贵妇人才能享用的法国香水味，闻起来很舒服。他坐在那里，跷着个二郎腿，这一点不像个贵妇人。还有一点不像的地方就是他的脸，脸上明显有刮过胡子的痕迹。"

胡佛望了苏姗一眼，便把脸转向一边。里面有间酒吧，他们几个要了些饮料，各自找地方坐下。科恩坐在我身边，拉住我衣角悄悄地说："胡佛肯定认为你没有认出他，因为你并没有像平素那样称他胡佛先生，这一点很好，不然，他肯定一晚上都睡不安稳。"

情报头子栽在黑手党手中

胡佛一生都在与犯罪分子作斗争，然而，令人啼笑皆非的是，他一生也都在受犯罪分子的愚弄和摆布，因为他是一个同性恋者的这个把柄自始至终都被他所要打击的敌人紧紧抓在手中。

1990年，也就是胡佛去世十几年之后，有人向美国老牌黑手党头目卡迈因·隆巴多齐问起埃德加·胡佛的往事，隆巴多齐一笑置之。问者穷追不舍，他只好露一点口风说："我们从没有怕过胡佛先生，也没有必要怕他。至于原因嘛，我也不好说，不过有一点是肯定的，他基本上掌握在我们的手掌之中。"

隆巴多齐是美国黑手党的最后一个头目，也是与胡佛晚年时期交往较多的人物之一。据他回忆，黑手党与胡佛的关系非常奇特，既是冤家对头，又是狐朋狗友。美国黑手党蓬勃兴起之日，也正是胡佛飞黄腾达之时。因而我们可以这么说，胡佛是与美国黑手党一起成长并壮大起来的。

黑手党起源于西西里岛的意大利，在胡佛的孩提时代，也就是20世纪初叶，意大利移民大批涌入美国，黑手党成员随之而至。他们最初在新奥尔良、芝加哥和纽约取得势力，尤其是纽约，从社区街头，再逐渐地由小规模领域业务发展至全市性甚至国际性的组织。20世纪20年代末的纽约出现两个组织犯罪团体相互争战与谋杀，在"马兰扎诺"取得势力后，建立行为守则的组织和家族制度的结构，奠定美国黑手党日后的发展模式。但作为一个整体，黑手党还远没有形成，他们中的大多数还属于散兵游勇，单打独斗。20世纪20年代也是美国的禁酒年代，禁酒令提供了黑手党获利的机会，他们接管酒的进口（走私酒业）、制造和非法销售的利润，并建立起他们庞大的犯罪帝国。

据不完全统计，美国共有二十余家非法酒店在此期间开业。这些酒店中有相当一部分是由意大利的这帮恶棍开设的。由于市场巨大，利润丰厚，他们迅速致富。这帮意大利恶棍在走私烈酒的同时，还从事卖淫业、高利贷，并到处敲诈勒索，无恶不作。没过多久，为了牟取暴利并更有效地对付警方，他们开始集结，并照搬老家的做法，迅速形成美国的黑手党帝国。在此期间，黑手党成员大多与非法大酒商罗森斯蒂尔勾结颇多，有极少数成员开始通过罗森斯蒂尔接触胡佛。

胡佛一直密切关注着黑手党的动向，并对黑手党组织进行了有效的打击。20世纪20年代，他以藐视法庭罪逮捕了黑手党主要成员卡蓬，30年代他的精力主要用于对付迪林杰之类绑匪，并建立恶棍监视网以监控美国的黑手党帝国。不久，他又发动了一场声势浩大的“打击有组织的商业犯罪活动”，锋芒直指黑手党组织。

1935年，胡佛宣布黑手党头目之一的舒尔茨被列为“头号公敌”，1937年他亲率数十人在巴尔的摩市对黑手党所控制的妓院进行围剿。之后，胡佛开始大规模搜捕黑手党成员。胡佛的打击手段极其严厉，而且方向明确，措施得力。组织这些活动的特工在笔记中写道：“胡佛所感兴趣的是那些最大的敲诈勒索者及其黑钱的走向。这些黑钱从妓院流向黑手党头目的腰包，又从他们的腰包流到他们的保护者——美国的警察与政客的口袋，而最终，这些钱又流入州政府的金库。”

步步围剿中，胡佛的利剑直指黑手党的心脏——美国的黑手党总头目卢西阿诺所建立的黑手党网络。卢西阿诺一手操纵着美国整个黑手党集团，被称为“全美有组织犯罪活动之父”。他与一个叫迈伊·兰斯基的黑手党重要头目一道创建了第一个全国性犯罪集团，并于1929年在大西洋城举行了首届黑社会代表大会。之后，他在黑手党内部的不断兼并中节节得胜，成为名闻遐迩的黑手党总头目。1936年，纽约特别检察官托马斯·杜威对黑手党发动了一场咄咄逼人的强硬攻势，一举将卢西阿诺收捕归案，并对他提出公诉，关入监狱。然而，他的同党兰斯基、科斯特洛等仍逍遥法外，继续控制着由他建立的黑手党帝国。

胡佛当然不甘心输给杜威，因而也积极展开攻势，收获甚大。1939年，他抓获了臭名昭著的黑手党头子之一路易斯·莱普克·布查尔特，对黑社会震动很大，并在国人面前给联邦调查局挣得了很大的脸面。不料，就在联邦调查局特工人员对黑手党进行乘胜追击的时候，胡佛的态度突然间有所改变。细心的人会觉得这种改变其实早就有苗头了，因为早在1938年，胡佛的口气就有点异样。他在一次讲话中公然说道："美国的犯罪分子并不是来自国外，而是植根于美国这片土壤，并披上一个爱国的名字。"

1946年，黑手党决定插手赛马通讯社，因为该社的报道涉及面极广，几乎遍及整个美国的赌事。该社老板詹姆斯·拉根受到威胁要其无条件交出通讯社，他于无奈之中求助于联邦调查局。没想到胡佛不理不睬，拉根被黑手党枪杀。后来，胡佛又多次强调，对付有组织的犯罪是地方警察局的事，不属于联邦调查局的职权范围。

前特工人员威廉·特纳回忆说："在总部，我们没有具体单位来研究如何对付犯罪组织。即使偶尔搞到某个犯罪团伙头子的档案，也往往给送到一般情报档案里，随后就给忘却了，这主要是因为胡佛没有从根本上进行重视。"

20世纪30年代末，美国政府忙于对外的战争而无暇顾及国内的事情，黑手党活动越发猖狂起来。他们从狱中营救出卢西阿诺，科斯特洛、兰斯基等人更是招兵买马，黑手党几乎完全控制了美国的黑道社会。

面对黑手党的猖狂活动，一向以"犯罪专家"自居的胡佛为什么不管不问？难道他真的把注意力集中于对付纳粹分子与共产主义思潮的侵袭上了？其实，不是他不想管，而是他不敢管，因为，他在性问题上的小辫子已给黑手党牢牢地抓着，黑手党甚至控制了他的一举一动，并有意识地将他拉下水去，成为他们的保护神。

黑手党是一步一步把胡佛拉下水的。专栏作家沃尔特·温切尔先被拉下水，而胡佛又与温切尔交情匪浅。

有一个富翁叫奥尼·马登，是个黑手党成员，绰号"杀手"，是兰斯基的特别助手。马登通过关系结识了温切尔，不久两人即成莫逆之交。当然，随着温切尔对马登感情的加深，他对黑手党有了新的认识，因此世界观也发生了改变，渐渐在文章中不再公然指责黑社会了。温切尔在结识胡佛后，开始与之频频出入于“白鹤”俱乐部。而该俱乐部实际上是由黑手党一手控制的，其主人谢尔曼·比林斯雷是个黑手党成员，真正的老板极有可能是科斯特洛。之后，温切尔又带他去迈阿密的乔氏石蟹俱乐部，在此结识黑手党头目卡彭、科斯特洛与兰斯基等。温切尔见时机成熟，便开始让胡佛结识赌场老板德尔·韦布，诱惑其涉足赌场。之后，胡佛又与石油大王默奇森打得火热，而默奇森的两个儿子均是黑手党成员，默奇森本人也早与黑社会有勾结。

特工人员博比·贝克回忆说：“默奇森从某种程度上掌握着胡佛。有钱人总爱与做官的缠到一起，因为他们需要寻求保护。胡佛是这方面的代表，因为他本身就是法律。基于此，默奇森时时都拉着胡佛，并四处炫耀他与胡佛的友情关系，恨不能让所有的人知道他与胡佛是拜把子弟兄。”

黑手党控制胡佛的另一个地点是赛马场。胡佛酷爱赛马，而赛马场却整个是黑手党一家的天下。胡佛不但观看赛马，而且也下赌注。不过，凡他下注的马大多能赢，因为黑手党并不想招惹他们的保护神，使他有一丝一毫的不愉快。黑手党严守一个准则，那就是，除非万不得已，绝不招惹政客。他们认为，黑手党的重要工作之一应该是控制这些政客，并利用其为自身的利益服务。控制的主要方法是拉拢与腐蚀，而在此方面兰斯基与科斯特洛都是高手。“对付执法官员，我们绝对不能采取暴力手段，”科斯特洛教育他的属下说，“我们应当设法使其不干涉我们，当然，我们也尽量不去干涉他。”

科斯特洛对付胡佛的办法就是紧紧地抓住他的把柄，同时施以小恩小惠，这样恩威并施，不怕其不肯就范。科斯特洛的方法果然奏效，因为胡佛不久即开始频频地出入于黑手党徒所控制的酒店或马场，并在黑手党的多方引诱下参与集体性淫乱活动。胡佛开始时不知道他所接触的人当中有黑手党，但后来肯定知道了。

一位叫诺马·艾布拉姆斯的资深记者私下里对人说，她曾掌握着胡佛与黑手党头子科斯特洛交往的重要情报。“胡佛喜欢在没有事情时观看商店里的橱窗。一次他对我说，30年代时，有一天他正在第五大街闲逛，有人在身后冲他说‘早上好，胡佛先生！’他转身一看，原来是弗兰克·科斯特洛。科斯特洛对他说‘我绝不与你过不去。’胡佛也冲他说‘你不会与我过不去的，因为我从没有想过去逮捕你！’他们走着说着一直走至第七大街。当然，他们的这次交往没有任何人看见，胡佛也是在高兴时才告诉我的。”

据有关人士透露，胡佛抓捕另一位黑手党头子莱普克的首功应记在黑手党总头目头上。当时，黑手党总头目卢西阿诺还关在监狱里，但他一直遥控指挥着整个局势。他认为，由于风声太紧，加之黑手党内部矛盾重重，因而最好牺牲莱普克。主要原因一是莱普克作恶太多，而且已经暴露，因而民愤极大，警方与调查局正四处缉拿他；二是若牺牲莱普克，黑手党内部也可以摆平，有利于安定团结。在他的精心筹划下，黑手党决定让胡佛享受这一功劳。

1939年8月24日，在温切尔的调解下，莱普克决定向调查局投降。当时，莱普克轻信他的朋友们为之许下的诺言，因为温切尔等向他许诺说若他投降，将可得到宽大处理，而且，他们一定设法营救他。实际上，他投降之后不久即被判处死刑，不过可享受坐电椅待遇。

莱普克的投降使胡佛风光十足。他亲自到纽约街头接受投降，并请来众多记者为他宣扬功劳。

黑手党一方面让胡佛尝到一点甜头，另一方面也给他施加压力，使他不敢进一步对他们采取行动。他们对胡佛所施加的压力主要是搞到他同性恋的丑闻。为此，他们使尽浑身解数，甚至拿胡佛整治别人的办法来整治他。他们在胡佛所要下榻的地方安装上窃听装置，并利用男色诱惑他，在俱乐部的厕所里安装反光镜，并在可能的情况下拍摄他性淫乱的照片。据说，战略情报部远距离拍摄到的胡佛与托尔森正在进行性行为的照片没过多久就到了兰斯基手中。兰斯基也曾拿这张照片威胁过胡佛。因而，胡佛一生最为害怕的就是战略情报部和黑手党。

1966年的时候，有位年轻的特工奉命监视兰斯基，收获甚丰，搜取了大量证据，调查局甚至可以凭他搜取的证据对兰斯基提出诉讼。然而，没过多久，这位特工就被调离原岗位，接替他的是另外一位不熟悉工作的老特工。兰斯基因而得以一直逍遥法外，直至1983年寿终正寝。兰斯基曾说，胡佛已不再是一个威胁，因为他已在意志上完完全全地成为他们的俘虏。

胡佛表面上大叫对黑手党进行严惩，而暗中甚至不愿承认美国存在黑手党这个组织。他的这种暧昧态度使联邦调查局的其他特工无所适从，打击有组织犯罪活动的力度当然大打折扣。1959年，调查局执行一场新的“打恶计划”，但该计划自一出笼就是一场骗局，因为胡佛压根儿就不愿提起这件事。在芝加哥，从事“打恶”的特工人员非但没有增加，反而由10人减至5人，因而，芝加哥特工比尔·罗麦回忆说：“胡佛先生似乎对这项工作缺乏兴趣，有组织犯罪活动看来不是他的工作重点。”在纽约，共有400名特工用以对付共产主义，而致力于犯罪集团的特工仅有4人。所有这一切，只因为胡佛的把柄给人抓着，他也因此一辈子俯首听命于黑手党。

第十章

胡佛

最后的岁月，最后的奋斗

英雄终有谢幕时，日月荏苒，时光无情，昔日精力充沛、八面威风的胡佛迎来了他最后的黄昏岁月。调查局四分五裂，下属纷纷背叛，对手群起而攻之，总统也不再相信他。胡佛孤军奋战，试图重振雄风。他一生都不服输，一生都在战斗，自始至终坚守在自己的岗位上。他对美国贡献殊荣，也让人们爱恨交加，他的名字和他的传奇留在了有幸和他生活在同一时代的人们心中。

调查局内讧四起

1969年4月，尼克松总统召见胡佛，讨论由于越南战争问题而席卷全国的骚动。此伏彼起的学潮、青年拒服兵役、战场上军队可能哗变，这一切都使尼克松感到不安。他认为，这样的事态发展会使政府倒台。胡佛把当时的形势比作1917年俄国的革命，他对尼克松说，“要解决学潮问题，大学校长们就必须更加大胆一些，把闹事的人赶出校园”。

后来，俄亥俄州的国民警卫队向肯特州立大学的群众开枪，打死4人，伤8人。胡佛无动于衷，他对总统助理埃吉尔·克罗说，“警卫队尽量克制，忍无可忍。这是学生自己招惹的，罪有应得。”

事实上，据官方调查，当向学生开枪时，他们离警卫队还有几百英尺远，并不构成威胁，被打死的人中没有一个是好斗分子。当时的录像表明，有人先开了一枪，接着便是致命的齐射。这第一枪可能是特伦斯·诺曼打的，作为一个信号。诺曼伪装成一个自由投稿的摄影记者，实际上是联邦调查局的特工。

所有抗议越南战争的组织都被调查局的特工人员渗入。根据胡佛的指示，调查局雇佣了一些情报员，负责汇报反战分子的计划和他们个人的生活，其中有些人很有名。女演员简·方达到北越访问一事在美国引起很大争议，当她回到美国机场时，披头散发。她的名录本上有许多革命左派组织的人名、地址和电话号码，结果被没收并复印，存入调查局的档案。她的邮件被拆开，她的电话被窃听，她的银行账目被检查。在调查局的档案上，她变成了“无政府主义者简·方达”。有名的人由于他们名气很大而得到一定的保护。那些无名之辈就更惨了。老资格海军陆战队员斯科特·卡米尔从越南战场回国，身负重伤，曾获得9块军功奖章。他对这场战争产生很大的疑问。他协助建立了“越战老战士反战同盟”，并把他的奖章扔在国会山前面。于是，胡佛下令对他进行全面的调查。他先是被加以绑架罪，接着又说他拥有大麻，被软禁在家，无法外出活动。

当时最厉害的是调查局的“共产国际计划”。这个计划原本是13年以前出台的，旨在用假文件、假电话、假新闻报道等卑鄙手法破坏共产党。

1968年，在胡佛的批准下，特工人员编造了一封信，寄给《生活》杂志，署名为霍华德·拉斯马森，其实，并无此人。此信的目的是诽谤青年国际党（又叫易比派）领导人莫里斯·斯塔斯基，他是亚利桑那州立大学的助教，同时也是反战分子。调查局给该校的负责人写了一封匿名信，结果他被解职。

联邦调查局对激进团体分化瓦解，挑起矛盾，使它们互相争斗。调查局的宗旨本来是打击和防止犯罪活动，然而它自己也走上这条道路。新泽西州的一名调查局情报员哈迪作证说，特工人员鼓励他劝说反战分子闯入当地征兵局的办公室，他们需要共谋的证据。哈迪给这些反战分子提供梯子、绳子、钻具、斧头等。有一次，他奉命向他们提供枪支，但他们不肯接受。所有这一切都是由调查局出钱的。结果，这些抗议分子被当场捉住。这样一来，全国就可以看到人证物证，说明政府警告大家注意来自左派的威胁是正确的。

陷入众叛亲离的处境

自20世纪40年代以来，联邦调查局和其他情报机关之间的关系空前紧张，胡佛对中央情报局采取敌意的、不合作的态度。不过，虽然胡佛很少会晤中央情报局的历任局长，但他手下的人则早就设法同中央情报局合作了。但是，在1970年，为了一些鸡毛蒜皮的小事，胡佛竟下令停止了同它的一切联系。在一个城市里，任何事情都是各干各的，互相扯皮，这使情报界所有的人都感到震动。负责同中央情报局联系的老手萨姆·帕皮契也十分震惊，所以提出辞呈。他写信给胡佛说，“我希望你也同我一样感到不安。我绝对相信，英国、法国、西德等国的情报机关已经被苏联人打入……如果联邦调查局和中央情报局之间的关系破裂，那就会造成我们的进一步分裂……我呼吁你敞开大门。”

胡佛置之不理。不久，他就使联邦调查局割断了同国家安全局、国防情报局、军队情报系统和特务处等单位的联系，除了白宫以外，他同任何人都不来往。

正像老人们常常使自己孤立一样，胡佛企图使联邦调查局孤立起来。尼克松的助理们认为这种做法是极其愚蠢的，特别是在危机时期，更是如此。他们还感到失望的是，特工人员现在不搞“黑袋”（调查局的黑话，指非法闯入）。几十年来，胡佛一直支持这种活动，到了1966年他才下令停止，因为那时联邦调查局的做法受到空前严格的审查。他的这个正式命令主要是为了保护他的后方。“黑袋”工作仍在继续，不过更加谨慎了。然而，尼克松周围的年轻人却不像这个老人那么谨慎。

1970年4月，霍尔德曼向总统抱怨胡佛，并要求实行变革。尼克松听取了他的意见，命令全国的情报头头们迅速研究一下安全形势。鉴于胡佛看不起其他单位的同行们，尼克松迎合了他的虚荣心，让他担任研究委员会的主席。但尼克松又任命总统助理托姆·休斯顿进行协调。

休斯顿虽然是个右翼分子，但从一开始就跟胡佛合不来。他还不到30岁，留着连鬓胡子和长头发，精力充沛，博学多才。胡佛说他是“嬉皮派知识分子”。

在很长一段时期内，胡佛不得不派一位助理参加美国最有威望的情报组织——美国情报委员会的会议。他对那个组织的态度从尼克松时代发生的一件事可以看出来：当时要求每个机构把自己单位的牌子送一块来挂在会议室的墙上。胡佛送去的牌子直径达3英尺，是其他单位牌子的3倍大。现在，他当了研究委员会的主席，行为举止也是那么自高自大。

在第一次会议上，胡佛就出了洋相，他说总统只是想了解现在骚乱的演变情况。同事们纠正他说，尼克松想要知道，在搜集激进运动的情报方面究竟出了什么问题。两周以后，胡佛在所有单位都已经同意的一份文件上又加了自己的批语，结果引起委员会其他委员的不满。在签字的会议上，他竟把这份43页的文件全部大声读了一遍，使大家颇为吃惊。他读完一页，就围着桌子走来走去，征求大家意见，而且他总是把休斯顿的名字念错，不是念成“霍夫曼”，就是念成“哈钦森”。

休斯顿提出一项建议，已经被总统批准。这个建议要求：对“危及国内安全的威胁”加强监视，监听美国公民使用的国内通讯，减少对检查信件的限制，增加大学校园的情报员，全面恢复“黑袋”工作，建立一个联系所有情报机构的、统管国内安全的总组织。

参议院情报委员会说，任何总统批准这样一个一揽子计划都会造成麻烦。胡佛也极力反对，但并不是出于原则方面的考虑。尼克松在1988年说，“胡佛是赞成休斯顿计划的，但最好是由他提出来。他不信任中央情报局，不相信任何别人。他是个偏执狂。”

休斯顿面临一场激烈的自卫战。他给霍尔德曼送去一份“绝密”文件，指出胡佛是表示反对的唯一官员。他说：“有时候，必须提醒胡佛，谁是总统。他变得太不近情理了……联邦调查局局长正使国家的安全处于危险之中……如果让他得逞，他就显得比总统还要有权势了……”当然没有发生这样的事。结果是他被边缘化了，最后不得不辞职。

当时几乎没有人完全理解形势的变化。胡佛疏远了一些有权势的人，而正是他们的行动决定着他的晚年、联邦调查局的未来和美国的历史。

胡佛最信任的助理沙利文同休斯顿发生对抗，怨气冲天。像他的一些同事一样，他早就对同国内恐怖主义进行的斗争受到种种限制感到不满。他也开始耍两面派，一方面鼓励休斯顿干下去，另一方面又让胡佛觉得他是在维护调查局的政策。

大家都在为自己打算，因为胡佛周围的人都盯着接班。如果从内部物色人接替胡佛的话，那么，沙利文和德洛赫将是两个主要的角逐者。

德洛赫认为没有必要等待胡佛退休了。总统的好朋友唐纳德·肯德尔是百事可乐公司的副总裁，他早就请德洛赫去他那里工作。德洛赫回忆说，“我去这位老人那里，相谈两个多小时。当我起身离开时，他说，‘如果你决定离开调查局，请告诉我一声。’我说，‘我正是来告诉你这件事。’他说，‘好嘛，我想，你到我这里来就永远不会离开我了。’”

胡佛显然对德洛赫的做法很不满。在以后的两周中，他不再跟德洛赫说话，不再让他看高级邮件。接着，他任命沙利文接替德洛赫的职务，担任助理局长，仅次于多病的托尔森，成为联邦调查局的第三号人物。这对胡佛没有产生任何影响。他对德洛赫说，“我绝不离开联邦调查局局长的岗位。”“不管怎么说，我认为沙利文是忠于我的。”

不错，在过去30年中，沙利文的确是一直忠于他的。但是现在不同了，沙利文在尼克松政府中找到了新朋友。他并不可靠，正等待时机出卖胡佛呢。

休斯顿走了之后，一个名叫约·迪安的年轻人坐上了他的位子，他很快就得出了尼克松政府中的许多人现在都同意的一个结论：“胡佛失去了他的势力。”在以后的几个月中，迪安不声不响地幕后策划，推进了胡佛未能搞成的国内情报计划。胡佛不妥协的态度使人们大失所望。白宫的那些傲慢的年轻人现在索性甩开他大干起来了。这个趋势会使所有那些被卷进来的人都逐渐背叛胡佛的。

与尼克松走向分裂

1971年，埃德加·胡佛年届76岁。此时的他，虽然日益老迈，然而除了顽固与僵化之外，竟然一点也不糊涂。还有他的躯体，虽说远不如以前灵便，四肢也没有过去好使，但大件均无毛病，医生认为他可以再活30年。但胡佛却没有为此感到欣喜。相反，他却越来越强烈地感到死亡的逼近。使胡佛产生这种感觉的原因主要有两个，一是社会环境，二是众叛亲离，特别是他所选中的助理局长沙利文的叛离。

胡佛在内心深处早就认识到，这个世界留给自己的时间已经不多了，联邦调查局也即将不再属于他了。

在过去30年中，沙利文一直对胡佛忠心耿耿，只要是胡佛的命令，不管其是否荒诞，他都要不折不扣地加以执行。然而，就是这个沙利文，也开始与胡佛的意见不一致起来。起初，这种不一致还没有表面化，沙利文虽说在某些事情上与胡佛的看法不尽相同，但总能委曲求全。但现在不同了，随着胡佛年岁的增加，沙利文也敢于不买他的账，有时甚至刻意顶撞他。

其实，胡佛与沙利文的分歧早就开始了，只不过是以前表现得不那么明显。虽说他们的最终决裂是在沙利文当上助理局长之后，但起因却是在两年之前。说确切点，是在1969年的春天，当时，新闻界不断报道尼克松政府的内部消息，其中有许多还是机密情报，譬如说政府对越战的态度等。这涉及国家安全问题，因而引起尼克松与基辛格的特别警惕。他们怀疑政府中某些受到信任的高级官员有意泄露秘密，甚至怀疑他们出于某种原因而出卖国家利益。

但是，怀疑不能解决任何问题，为此，尼克松寄希望于联邦调查局，责令他们安全有效地查出并打击这些犯罪分子。这样，联邦调查局就在政府的大力支持下开始了新一轮的窃听活动。他们窃听的对象主要是基辛格的6位助理、政府部门的8个官员及新闻界的4名资深记者。

胡佛自一开始就对这次调查小心谨慎，唯恐有什么闪失危及自己。他设法使这次活动“合法化”，即获取尼克松政府，主要是司法部长米切尔的书面批准。窃听对象中包括几位美国家喻户晓的新闻界大腕人物，他们是（纽约时报）记者威廉·比彻、赫特里德·史密斯，哥伦比亚广播公司的马文·卡布和专栏作家约瑟夫·克拉夫特等。

窃听这些人物是很危险的，因为他们都是多年从事新闻工作的老手，稍有不慎就有可能露出马脚；一旦露出马脚，立即会成为媒界的热点与公众关注的对象，不管是谁，只要牵连进去，将会陷入万劫不复的境地。整个窃听工作由尼克松总统亲自批准，责任也自然由他一人承担。没有后顾之忧，胡佛便大张旗鼓地干了起来。

为防万一，胡佛不能亲自出马，因而便委托得力助手沙利文全权负责这次工作。尼克松总统批准之后，也颇感害怕，因为此事一旦败露，极有可能使他在国人面前无法立足，更谈不上1972年连任了。为此，尼克松密令胡佛严守秘密，所窃听内容不得记录，只把摘要送给他的特别助理霍尔德曼。

沙利文自一开始就认为这是一场不同寻常的窃听，因而将记录的份数保持在最低限数，一式两份，一份送交白宫，另一份送胡佛。胡佛得到这些记录之后，就开始以此要挟白宫。他给司法部助理部长罗伯特·马迪安打电话说：“我想让你明白，如果国会要我作证，我将不得不把我所知道的情况原原本本地讲出来。”马迪安认为事关重大，便将此事向白宫进行汇报。尼克松总统还没有来得及作出反应，胡佛进一步行动的电话竟直接打进来，对他说，如果国会进逼，他将有义务暴露调查局的这次敏感活动。

胡佛妄想以此要挟总统以稳固自己的政治地位，没想到半途出了变故，《纽约时报》等媒体仍然不断地报道有关越战升级的机密消息。调查局经查证得知，所有这些机密材料都是一位叫丹尼尔·埃尔斯伯格的前政府分析家提供的。五角大楼要对其提出控告，但《纽约时报》不加理睬，继续以大量篇幅报道有关方面的机密情报。

尼克松要求沙利文就埃尔斯伯格进行调查，凡接触他的人都要接受联邦调查局特工的盘问。在沙利文奉命调查之际，有人向他透露消息说，玩具制造商路易斯·马科斯是埃尔斯伯格的岳父，而且至今没有受到盘问。沙利文立即责令属下找马科斯谈话。沙利文知道马科斯是胡佛的朋友，因而告诫属下说，在找他谈话之前一定要得到胡佛的许可。马科斯一直与胡佛交情深厚，每年圣诞节前夕他都要准备几百美元的圣诞礼品交给胡佛，让其以联邦调查局的名义分发给小朋友们，因而胡佛很重视与他的友谊。

事情就坏在这个叫布雷南的下属身上。他犯了个错误，以为胡佛肯定会同意这件事的，就在申请批准他与马科斯谈话的同时，向纽约分局发出命令让其对马科斯进行调查。由于事情紧急，纽约分局立即命令特工对马科斯进行调查。使布雷南万没想到的是，胡佛对这一件大事竟不予批准，而调查工作实际上已经开始了。

布雷南预感大事不妙，赶忙打电话告诉沙利文，寻求解决办法。沙利文见事已至此，只好安慰他先别告诉胡佛，希望他永远不会发现。

布雷南深知“老头子”的脾气，思前想后，决定给胡佛写备忘录就此事进行道歉。他担心，如果他继续遮掩，万一给胡佛查出，他的处境只会更糟。

胡佛接到备忘录后，大感震惊，更觉怒不可遏，因为这种事情从来没有发生过。他当即下令将布雷南从情报处副处长降为分局局长，并将其调往辛辛那提。布雷南一直跟着沙利文干，此事又是沙利文让他进行调查的，而今出现差错，沙利文不能不管。于是，他求见司法部助理部长马迪安，让他设法阻止此次调动。

事情的最终结果是，布雷南没有去成辛辛那提，继续留在华盛顿却成了闲职，胡佛什么也不给他干，并限制调查局的特工与他往来。

沙利文对胡佛的做法很不满意，他把一些情况透露给一向与胡佛关系不睦的马迪安，并告诉他说胡佛“居心叵测”。据马迪安回忆，沙利文的原话是：“胡佛掌握许多来自非正常渠道的资料，并用这些资料要挟历届总统，现今自然也用这些资料来讹诈尼克松总统。只要他掌握这些材料，尼克松就不可能动他。”沙利文这里所说的材料是指由他负责窃听但汇报给胡佛的记录资料。这些资料是对付白宫相当有效的武器。

马迪安把沙利文的话汇报给尼克松后，尼克松大惊失色，立即召开会议商量对策。埃利希曼认为，当务之急是立即追回这些资料并加以销毁。其实，胡佛并没有亲自保管这些材料，而是交给了沙利文，由其锁在自己的办公室里。

既然关系已经闹僵，沙利文决定彻底背叛胡佛，将资料全部交给马迪安，马迪安将之另行收藏密封，静候白宫的进一步指示。

1971年8月，沙利文与胡佛之间的分歧越来越大，似乎已不可调和。8月28日，沙利文给胡佛写了一封数千言的长信，信中详细阐明他们两人的分歧，并表示绝不会委曲求全地适应他。胡佛也觉得事情重大，于9月30日与之谈话，两人长谈一个多小时，结果不欢而散。沙利文在谈话中劝胡佛退休，胡佛恼羞成怒，责令沙利文立刻休假，而后申请退休。

谈话之后，胡佛突然想到由沙利文所保管的窃听记录，便密令特工在沙利文到家之前将之偷偷取出。特工们在沙利文的办公室翻了个遍，结果一无所获。胡佛责问沙利文，沙利文拒绝透露所有记录的下落，只让其到司法部部长那里讨要。第二天上午，当沙利文像往常一样到他的办公室上班时，他的门锁已被更换了。沙利文进不去办公室，只好悻悻地回家。就这样，胡佛以他自己特有的方式将跟着他干了整整30年的沙利文一脚踢开。

调查局还是我胡佛的天下

1971年末，胡佛成功地顶住了来自联邦调查局内外向他局长职位的挑战。以马克·费尔特作为他的得力助手，他再次建立起稳固的统治，控制了联邦调查局。他结束了给他本人和调查局造成重大威胁的“反情报计划”，并坚决抵制住所有的把调查局拖入新的冒险行动的企图。

尼克松作了最后一次尝试，再次拉胡佛参与他们的一个诡计，但胡佛现在已经严加提防。1972年3月，白宫因用不正当手段处理一起反垄断案件而卷入接受国际电话电报公司贿赂的丑闻之中。在巨大的压力下，白宫政府企图利用联邦调查局的实验室，破坏一个关键证据。这是一份来自国际电话电报公司的说客迪塔·比尔德的备忘录。她对雇员夸口说，米切尔告诉她，只有捐赠40万美元给共和党，赞助1972年共和党的全国代表大会，案件才有可能解决。专栏作家杰克·安德森得到了这份备忘录，并在2月19日公开发表。这一丑闻看来有可能破坏总统的再次当选。白宫在备忘录的问题上对安德森寸步不让。它让比尔德发誓声称备忘录是伪造的，然后派约翰·迪安到胡佛那里要求检验这份备忘录，以证明它是捏造的。

胡佛开始表现得很热心，尤其是当迪安解释说，尚未上任的司法部部长理查德·克莱因丁斯特受到杰克·安德森的攻击之后。迪安回到白宫，确信胡佛同他们站在一个立场上，胡佛甚至要把杰克·安德森的“档案”送过来。

联邦调查局实验室的实验刚一结束，胡佛便给迪安打电话，让他去见费尔特，随后迅速挂了电话。费尔特让迪安在胡佛签字之前看了实验报告。迪安“惊愕地读着每一个字”，用联邦调查局的行话说，胡佛是在说迪塔·比尔德的备忘录并不是假的。迪安勃然大怒，他先劝费尔特，然后劝胡佛修改调查员的实验报告，说这与国际电话电报公司的结论并不冲突。胡佛对费尔特说：“让迪安立即回来，告诉他，我说他应该跳湖自杀。当我有能力做到时，我愿意合作，但这次的要求是完全不正当的。”

2月24日，迪安再次试图让联邦调查局更改报告。这次他要求胡佛同意国际电话电报公司的专家与联邦调查局实验室的领导会面。费尔特对胡佛说：“我十分怀疑我们实验室会改变立场。”胡佛笑着说：“是的，我也是这么看。”费尔特打电话告诉迪安，联邦调查局支持这份报告。迪安没有回电话。费尔特说：“我很高兴看到联邦调查局能抵制白宫的压力，拒不参与掩盖事实的行动。从某种意义上讲，这个行动即是水门事件的前奏曲。”

关于联邦调查局的报告，白宫并没有让国际电话电报公司知道，而是催促他们发表专家们的调查结果，即比尔德备忘录纯属伪造。

3月23日，当胡佛发表联邦调查局实验报告时，在场的因相信国际电话电报公司的报告而支持比尔德的共和党参议员们顿时觉得无地自容。胡佛又一次惹恼了白宫。于是，白宫内又开始讨论让他以“荣誉局长”的身份明升暗降。科尔森劝说尼克松罢免胡佛，但政府的民意测验结果仍表明，胡佛影响太大，还是动他不得。

“英雄”驾鹤西游去

1972年春天，胡佛依然天天到办公室上班，不过，他的大部分时间不是花在处理公务上，而是一动不动地站在他办公室的玻璃窗前，目不转睛地凝视着大街对过的联邦调查局新大楼，看着由他亲自定案的新大楼框架在建筑工人们日复一日的劳作中缓缓升起。这是他唯一所关心的东西，他要在有生之年实现这个夙愿，并为这幢大楼的落成剪彩。

4月初，胡佛参加了一次别开生面的午宴，参加者有许多是胡佛的老部下，当然，他们现在都是华盛顿的政要，或是其他情报部门的骨干力量。大家众口一词地称颂胡佛，称颂他的丰功伟绩，称颂他的身体健康，恭维他看起来远比实际年龄要年轻。胡佛感到很是得意，便举杯对大家说：“谢谢诸位，不过我的身体状况一向很好，前不久我刚做过体检，医生没有发现任何异常。然而，如果我退休，这个身体就会一下子垮下来，因而我要坚持工作，直到生命的最后一刻。”他的这番话无疑是向世人宣布，他绝不会退出联邦调查局局长这个岗位，除非他死掉。

4月30日，胡佛与他的邻居一起饮酒、逛花园并观看电视系列片《联邦调查局》，这是他每集必看、百看不厌的。

1972年5月1日，胡佛像往常一样，吃过早饭，独自一人乘车上班，托尔森因身体原因没有陪同。不料一到办公室，胡佛的气就不打一处来，首先是报纸，一直与他作对的著名记者安德森在《华盛顿邮报》上再次撰文攻击他，揭露联邦调查局是靠收集政治家、民权领袖、新闻记者及影视界名人的私生活材料而起家的。同时，这位专栏作家还答应到国会为他所写的文章作证，并说他已掌握许多鲜为人知的材料以证明他的观点。同时，胡佛还收到两部关于他的著述，其中一部叫《公民胡佛》，书中对他进行了猛烈攻击，最后得出结论说：“美国人不知道该如何看待这个人，因为他既是恩人，又是恶棍；既是保护者，又是压迫者；既是真理提供者，又是谎言创造者……”另一本书还是校样，是他的手下特工们暗中弄来的。该书名叫《约翰·埃德加·胡佛》，内中详述他包庇黑社会，尤其是黑手党的事情。胡佛闷闷不乐地一直待到下午6点，才来到托尔森的公寓与托尔森共进晚餐。晚上十点一刻到家，喝一杯葡萄酒后就上床睡觉。

胡佛躺在床上正自烦闷，床前的电话铃突然响起，是尼克松打来的。电话中这位总统严厉地说：“必须离职，我受到的压力太大，若不离职，许多工作很难开展。”胡佛与尼克松顶撞几句，重新躺回到床上。使他没有想到的是，这一次躺下，他再也没能起来。

1972年5月2日，星期二，天气晴朗，万里无云。胡佛的女管家安妮为主人准备好早点后静候主人下楼。胡佛总是在早上7点30分下楼吃饭，而后乘车上班。当天胡佛却破例没有露面。7点45分，胡佛的司机赶到，准备接胡佛上班，不过5分钟，胡佛的前任司机克劳福特也赶来了，他在退休后继续为胡佛效力，管理胡佛院子里的花园。所有的人都在等待，但胡佛依旧没有下楼。胡佛的几只爱犬急不可耐地围着桌子转，因为按照常规，此时它们已可享受到主人赏给的美味佳肴了。

当时针指向8点半时，所有的仆人都坐不住了。他们想到楼上看看究竟为什么，但又不敢上去，因为他们都知道胡佛的脾气，没有他的许可，谁也不能私自进入他的卧室。

安妮等不及了，决定冒险敲门，看看究竟是怎么一回事。她小心翼翼地走到胡佛的卧室门口，轻叩两下，没有任何反应。她重重地又敲两下，仍然没有动静。安妮慌了，便使劲推开了门。

安妮忐忑不安地跨进房门，向卧室里面走去。眼前的景象使她大吃一惊：胡佛裸露着上身横躺在宽大的席梦思床上，一动也没有动。他的下身仅穿着一条睡裤，袜子也没有穿。他的双眼紧闭着，两手握成拳头，全身呈现僵直状，与一个死人毫无二致。

安妮不相信她的主人会死，但不敢再向前一步进行查探。安妮疾步下楼，大呼小叫着叫其他人上来。当两位司机赶到楼上时，立时明白他们的上司已经死去多时，因为身体都已僵直。克劳福特立即打电话通知医生，接着又给托尔森打电话。托尔森嘟嘟哝哝地接过电话。“什么？你再说一遍，局长过世啦！？不可能的，局长昨天还好好的，你这个浑蛋，小心我砸烂你的狗头！什么？真的过世了，全身都发凉了，我的天哪，这怎么可能呢，怎么可能呢！”托尔森甩下电话，跌跌撞撞地向门外跑去。

胡佛的私人医生罗伯特·乔伊斯后来回忆道：“我在一小时后赶到胡佛家里，证实他已断气几个小时了。他的突然过世使我感到很是意外，因为我昨天才给他检查过，他并没有得什么大病，只是血压稍高一些，心脏却是正常。可以这么说，除了年纪稍大之外，没有迹象使他能与死亡联系在一起。”

乔伊斯判定胡佛的死亡时间约在凌晨两点至三点。按照规定，凡美国公民，若无故死于家中，须由验尸官进行验尸，并出具验尸报告。乔伊斯的同学理查德·韦尔顿博士是华盛顿著名的验尸官，乔伊斯当即与他进行联系。一般情况下，验尸只不过是个手续，验尸官往往根据医生的述词进行登记就可以了。但死去的是赫赫有名的联邦调查局局长，韦尔顿决定必须到现场进行查看。韦尔顿上午11时左右到达现场，经初步检查，没有发现反常现象。他登记完报告就向车中走去。就要登车时，他突然说道："要否进行解剖验尸，假使半年之后有人说胡佛死于中毒，我们作何解释？"他的同事却推他一下说道："走吧，有谁敢给胡佛下毒，我敢肯定他死于高血压。"胡佛死亡三天之后，验尸官卢克在死亡证明书上正式签字："死者：约翰·埃德加·胡佛，男，白人，职务：联邦调查局局长，死因：心血管高血压。"

是非功过，盖棺何以论定

尼克松闻听胡佛去世的消息后，悲喜交加，悲的是失去了一个"同盟者"，喜的是联邦调查局以后要归自己管辖。总之，喜还是大于悲的。他决定亲自统管葬礼的事，他宣布要进行具有军方荣誉的国葬。这样，便由军队负责，把葬礼进行得像个军事演习，有地图、路线图，由军队行礼官一步一步地按礼仪进行。

国会议员们都急忙要求垂印他们在《国会史料》上发表过的颂词。最后形成了一本328页的黑色丝绸面的书，里面收集了他们的演讲、葬礼的过程、来自全国各地的新闻社论。亚拉巴马的参议员詹姆斯·B·艾伦提议用胡佛的名字为尚未竣工的新联邦调查局总部大楼命名。尽管有反对意见——认为那座楼不吉利，提议还是得到附议，并提交给委员会。

加利福尼亚州的议员唐·克劳森高度颂扬了20世纪30年代的胡佛："当我还是孩子时，他是我心目中的英雄，我成人之后，他仍是我心目中的英雄，他将永远是。当我小的时候，一位联邦调查局调查员是一位让我信赖的人，让我去维护的人，当我寻求安全保证时，他是位让我觉得可以依赖的人……J·埃德加·胡佛是一位真正的维护美国和平的基督勇士……他的名字将永远铭记在有幸和他生活在同一时代，并在他的保护下的美国人民的心里……愿上帝保佑他，我的勇士。”

大多数报社只限于把以前为胡佛歌功颂德的剪报重新发表。但有些报社附之以新的内容。南方的报社尤其热心，胡佛的领导风格在这个地区一直是受人敬佩的。而在其他一些地方，人们只把他看作是国家的一个工作人员，可以爱，也可以恨。南方的一家报纸这样报道：“胡佛不能靠独揽大权在职如此之久，即使是最无能的总统也会把他撵走。恰恰相反的是，他身上所具有的是对国家公众事业的无私奉献。为了国家的富强，他献出了他永恒的爱，为了民主国家不受到威胁，他表现出非凡的侦破才能。”另一家报纸认为，“胡佛的权力来自他与公众的不寻常的和睦关系，对于普普通通的美国公民来说——这一批人有时被称为‘沉默的大多数’，联邦调查局局长比其他任何可以提到名字的知名人士更易接近。对于他认为是危及国家安全，危及美国家园的举动，他从来都是给予迎头痛击。他抨击引向罪恶之胜利的不满情绪，他坚定不移地执行法律，并把它当作生命之卫士和保障。”

副总统阿格纽说，胡佛的敌人“不喜欢他的某些特点，而恰恰是由于这些特点，所有的美国人民才爱戴他。这个特点便是：他坚持原则的品德及廉洁奉公的精神”。

5月2日晚上，在威斯康星和哈里森，离第30广场不远的约瑟夫·盖洛殡仪馆进行了开馆守灵。当调查员们再次见到这位与他们的命运休戚相关的人物时，他们都非常吃惊。有一位调查员说：“他看起来像一个身体纤弱、头发灰白、疲惫不堪的小老头。在棺材里，所有的权力和色彩都无影无踪。”

胡佛的一个侄女说：“他看上去与生前并无两样……只是比我记忆中的要短小一些。我想，人死了都会这样。”

根据国会两院（600号）共同决议，5月4日，胡佛的遗体被放在圆形国会大厦的灵车上，任人凭吊。这个灵车是专为林肯修建的。胡佛的棺木是第22个被放在此灵车上的。作为普通公民的灵柩，这还是第一次。在他之前，只有总统、几位成绩卓著的国会议员，两位不知名的士兵和一位将军的灵柩曾被放在灵车上。

政府买了一个重达1000多磅的棺木。因为太重，在葬礼中担当抬棺的两位军队士兵，在奋力爬上国会大厦的台阶时扭伤了身体。联邦调查局执行委员会成员作为荣誉抬棺人在前面领队，与此同时，大法官沃伦·伯格致悼词。大多数的华盛顿官员都洗耳恭听。伯格称胡佛为“一位在他身上集中体现了美国人民爱国主义精神的人，忠于职守的精神，对成功不懈追求的精神”。他预言：“在不久的将来，你们就会看到他所起到的作用。作为一个训练有素的律师，他在法律和宪法允许的范围内，同许多困难做过艰苦卓绝的斗争。在精密的法律天平上，他立场鲜明。”

仪式完毕之后，司法部部长克莱因丁斯特任命L·帕特里克·格雷任代理局长。格雷系助理司法部长，分管司法部民政局。当克莱因丁斯特接替了米切尔的司法部部长职务后，格雷被任命为司法部副部长。（尼克松的想法是，避开为了批准格雷而必须召开的意见听证会。根据1968年的犯罪控制法，尼克松必须等到11月份的竞选之后，才能正式任命他为局长。）然后，克莱德·托尔森给费尔特打电话，要他起草辞职书，然后由托尔森的秘书签字。格雷期待着托尔森的辞职书，并让费尔特起草了个接收证明。

1972年5月5日，尼克松总统在全国长老会教堂埃德加·胡佛的葬礼上致悼词说：“美国敬仰此人，不仅因为他是一位局长，而且因为他代表着一种制度与秩序。半个世纪以来，在我们共和国约四分之一的历史中，八位总统来去匆匆，英雄伟人潮起潮落，独有这位局长自始至终坚守在自己的岗位上……”

按照克莱德·托尔森的要求，胡佛的遗体被安葬在国会公墓。胡佛没有妻子，其灵柩上的国旗由克莱德·托尔森代接。克莱德·托尔森，这位陪伴了胡佛大半生的孤独男人，在送别胡佛之后，再也没有抛头露面。他接受了胡佛约50万美元的遗产，并在胡佛的这幢别墅里度过了他的残年。

此后，10辆小汽车组成的护卫队由一辆摩托车开道，从教堂出发，开始了最后的送葬仪式。护卫队横穿整个城市，到达国会公墓。费尔特记得："当我们离开教堂，来到内布拉斯卡大街时，我们看到一幅奇异的景象。就我们视线所及，在大街两旁站着两排纹丝不动、身着警服的警官，许多警官来自华盛顿警察局，其他的来自附近地区。这可真是个难以忘怀的情景。后来我才得知那是军方安排的。"送葬队伍经过了胡佛常常请托尔森共进午餐的"五月花"旅馆，然后驶过原司法部在佛蒙特和"K"大街旧址前的几条街，从原乔治·华盛顿大学法学院遗址又经过两条街，然后经过白宫，沿着宾夕法尼亚大街走，经过尚未竣工的将以"胡佛"命名的联邦调查局新楼，经过司法部，然后从宾夕法尼亚大街拐向坐落在"老第一"教堂遗址的宪法大街，绕国会大厦一周，回到宾夕法尼亚大街，再经过西沃德广场，经过卫理公会教堂（这座教堂是在西沃德广场413号旧址上建成的，如今已破旧不堪、邋遢，光秃。那古老的大鹅卵石路已被浇上沥青）。最后，车队向左转弯，来到波托马克河，接着进入国会公墓。这里为胡佛新挖了个墓穴，紧挨着他的父亲、母亲和他的姐姐。

四邻的孩子们被这里的人群吸引着，越过墓碑看热闹。埃尔森牧师在棺木上撒了一把圣土。军方护卫队把旗折起来交给"恋恋不舍，弱不禁风、在耀眼的春光下眨着眼睛的"托尔森。接着，人们各自回到车里。墓地的工人等到人都走光了才开始下棺。

1975年9月30日，联邦调查局总部大楼落成。在此之前，尼克松总统已将这幢大楼命名为"埃德加·胡佛大楼"。海军陆战队军乐队在新落成的大院中高奏"埃德加·胡佛进行曲"，特工人员在军乐中将"埃德加·胡佛大楼"几个金灿灿的大字镶嵌在大楼的正面，任何长眼睛的人都可在宾夕法尼亚大街上远远望到。

J·埃德加·胡佛充满传奇的一生到此结束了。

附录一　埃德加·胡佛大事年表

1895年，1月1日出生于哥伦比亚特区华盛顿。

1908年，美国建立了隶属于司法部的特工队，这是联邦调查局的前身。

1913年，中学毕业后入乔治·华盛顿大学法学院学习。

1916年，从乔治·华盛顿大学毕业后在司法部工作。

1917年，美国宣布参加第一次世界大战。

1919年，担任司法部长助理，在“帕尔默袭击”中发挥重要作用。

1921年，担任调查局助理局长。

1924年，5月10日担任调查局代理局长，12月正式担任局长。

1929年，美国陷入空前经济危机。

1932年，林德伯格之子被绑架后杀害，美国国内绑架案层出不穷。

1933年，富兰克林·罗斯福上台执政。

1936年，亲自逮捕绑架团伙头目卡皮斯。

1939年，罗斯福总统授权联邦调查局参与情报工作。

1941年，12月7日，珍珠港事件爆发。

1945年，罗斯福病逝，杜鲁门继任总统。第二次世界大战结束，美苏之间“冷战”开始。

1947年，中央情报局成立。

1953年，艾森豪威尔上台执政。

1961年，约翰·肯尼迪上台执政，其弟罗伯特担任司法部部长。

1962年，影星玛丽莲·梦露“自杀”身亡。

1963年，11月22日，肯尼迪总统在达拉斯遇刺身亡。

1964年，4月4日马丁·路德·金在孟菲斯被谋杀。5月8日，约翰逊总统签署行政命令，使胡佛可以不受年龄限制而无限期担任公职。

1968年，6月4日参加总统竞选初选的罗伯特·肯尼迪在洛杉矶遇刺身亡。

1969年，尼克松上台执政。

1972年，5月26日，胡佛因病死亡。5月3日，尼克松任命帕特里克·格雷任联邦调查局代理局长。6月，“水门事件”被揭露。

1976年，美国第94-503号《公法》第203节规定，联邦调查局局长由总统经咨询并获参议院批准后任命，其任期不得超过10年。

1996年，截至7月3日，美国联邦调查局有特工10529人，其他工作人员15398人。时任局长为路易斯·弗里奇。该局年度预算约为25亿美元。

附录二　埃德加·胡佛一生获得的荣誉

1938年，胡佛在为奥克拉荷马州浸会大学毕业典礼演讲时，接受了该学校授予的荣誉博士学位。

1950年，英国国王乔治六世授予胡佛大英帝国勋章和荣誉骑士头衔。他因此可以在名字后署上字母KBE，但由于他是美国公民，不能使用“爵士”头衔。

1955年，胡佛被总统德怀特·艾森豪威尔授予国家安全奖章。

1955年，胡佛被共济会授予33级会员资格，并在1956年获得其最高认可——大荣誉十字。

1966年，他获得总统林登·詹森授予的杰出贡献奖章，以表彰他担任联邦调查局局长时的表现。

1972年，胡佛死后，国会通过决议，允许他的遗体在国会山圆形大厅里供人瞻仰，这种荣誉在当时只授予给过另外21个人。

国会还通过决议，刊印一份纪念手册来追思胡佛，纪念手册名为《约翰·埃德加·胡佛：美国国会纪念颂词以及与他的生活和工作有关的文章和社论》。

1975年，华盛顿特区的联邦调查局总部大楼落成，大楼以“埃德加·胡佛”的名字命名。

附录三　联邦调查局百年简史

19世纪的美国，政府机构经常雇用私家侦探公司进行破案。1908年7月，美国西部地区的土地非法销售激怒了当时在任的总统西奥多·罗斯福，他授权司法部长查尔斯·约瑟夫·波拿巴成立一个小型侦探机构，以此来调查这些罪行。

刚成立时的侦探机构很是辛酸，包括探员、会计和民权调查员在内只有34名员工，而这34名员工中还有从财政部特工处借来的8名。起初这个小型机构也不叫美国联邦调查局，直到1909年，它才有了正式的名字。当时的司法部长威斯科山姆将已经扩大到64人的这个组织命名为调查局（The Bureau of Investigation，简称BOI）。

1925年以后改称联邦调查局。1932年7月1日，时任局长胡佛将其易名为美国调查局。1935年，根据美国国会通过的《关于联邦调查机构作用及职权的法案》，这支队伍正式被命名为联邦调查局（Federal Bureau of Investigation，英文缩写FBI）。这个称谓一直沿用至今。

联邦调查局的官方使命是：通过调查违反联邦刑法的行为来维护法律，保护美国免受外国间谍和恐怖分子活动的威胁，为联邦、州、地方或国际机构提供领导和执法帮助，并且能按照公众的需要且在遵守美国宪法的前提下履行上述职责。联邦调查局不仅仅是美国联邦调查局的缩写，还代表着联邦调查局的信条：忠诚（Fidelity）、勇敢（Bravery）和正直（Integrity）。

或许在当年，联邦调查局就已经具备了这样的信条和官方使命。一位专门从事联邦调查局研究的人这样说道："联邦调查局在早期担负着20多种职责——从调查联邦刑事案件、侦破白领阶层犯罪案件，到维护国家安全等方方面面。随着时间的推移，由于国会将越来越多的行为视为违反联邦刑法，联邦调查局的权限有所扩大。随着一战和二战等国家安全危机的出现，联邦调查局的权限也扩展了。"

事实上，无论是当初还是现在，美国联邦调查局都是美国司法部的主要调查手段。《美国法典》第28条533款明确规定，授权司法部长"委任官员侦测反美国的罪行"。在美国联邦调查局成立早期，其工作人员调查范围仅限于当时存在的刑事法律，诸如破产欺诈、反托拉斯犯罪等。但到了第一次世界大战期间，联邦调查局开始承担反间谍任务以及对蓄意破坏和煽动暴动等行动的调查。1919年颁布的《国家预防机动车盗窃法》和1932年颁布的《联邦反绑架法案》进一步扩大了调查局的职权范围，特别是在1934年通过了许多其他联邦刑事法令，美国国会授予了调查局特工人员持有武器权与逮捕权。随着第二次世界大战的爆发，联邦调查局的规模和职权再次得到了加强与扩大，同时涉及中南美洲的刑事调查和情报活动。冷战时期，联邦调查局的权力更为深入，开始为白宫和其他政府机构以及其行政分支机构进行安全事务调查。

不过，在20世纪60年代，联邦调查局的主要调查重点是侵犯民事权利以及有组织的犯罪。而到了70年代末，金融犯罪、有组织犯罪、贩毒以及其他暴力犯罪渐渐地被纳入联邦调查局的职责范围。到了21世纪，针对国际恐怖主义、武器走私等重大犯罪行为的调查成为联邦调查局的重任，另外，对计算机诈骗、白领犯罪等新型犯罪的侦查和对政府要员做任职前的安全审查也成为联邦调查局职责的一部分。

美国联邦调查局总部位于华盛顿特区的胡佛大厦。这栋大厦于1974年投入使用，外观酷似大型堡垒。总部下设10个由助理局长担任领导的职能部门，分管鉴定、训练、刑事调查、技术服务等工作，并在全国59个城市设立外勤办事处及从属于它们的400多个“地方分局”，还有分布在世界22个国家的驻外机构，执行总部分配的任务。设有“罪犯司法信息服务部”、刑事犯罪“科学实验室”“中央指纹档案馆”（其中存储着近4，700万个对象的指纹，乃世界同类数据库之最）、“尖端人质拯救小组”以及专门培训高级特工的国家学院。

美国联邦调查局局长由总统任命，并经参议院批准，任期10年。该局有工作人员30000多名，其中8600多人是外勤人员。每年的预算为约23亿美元。

自1908年7月26日创建至今，联邦调查局已走过百年历程。联邦调查局之所以提升知识界传奇的水平，部分要归功于像埃德加·胡佛这样的传奇人物，他在二战和骚乱迭起的民权运动期间领导联邦调查局近50年之久；而诸如《X档案》《沉默的羔羊》等好莱坞大片的渲染也功不可没。

附录四　联邦调查局调查方法

联邦调查局为了分别处理信息和应对各种事件，发展了多个部门，其中包括罪犯司法信息服务部（CJIS）、实验室部门（犯罪实验室）、行为分析部以及人质拯救小组等。

在联邦调查局，最大的一个部门就要属罪犯司法信息服务部（CJIS）了。这里当然包括我们前面讲到过的指纹鉴定部门。当然，CJIS还包括国家刑事犯罪信息中心（NCIC）。NCIC中存储着美国各地案件的详细信息，这些信息原本是被处理过的，但到了联邦调查局，工作人员还是将它重新处理一遍，然后存档。这个部门对于美国是开放的，中央、州和地方级别的执法机构可以随时访问司法信息服务部所储存的信息，以便通过观察犯罪模式以及不同案件间的相似性，来确认一些被认为流窜作案的危险人物。

联邦调查局还有全世界最大规模的法医实验室，这个实验室迄今已经进行了100多万次法医检验，为探员破案提供了宝贵的证据，在检验过程中，他们不断推出法医分析的新方法。该实验室可以对各种类型的物证（其中包括DNA、血液、毛发、纤维、模糊不清的指纹、文件、笔迹以及武器）进行法医测查。

即使是在将来，联邦调查局也将会是罪案分析技术的创新者，完成这些工作的人是行为分析部的人员。该部门的网站解释说，犯罪调查分析“是一个从行为和调查角度回顾犯罪案件的过程”。这些工作人员都训练有素，他们会查看证据以及一起或一系列罪案的环境，建立一个概图，来说明疑犯性格的不同方面。诸如性别、年龄、教育程度、工作类型和其他元素都是他们的调查目标，一旦这些目标被他们实现，就可以让探员们缩小调查范围，从而区分各种线索的重要程度。地区罪案分析也很有帮助，在使用这种方法时，罪案分析人员在计算机中输入有关案发地区的信息，计算机会为调查人员创建一个“感兴趣地区”作为探员们的模拟参考区域。

除了这些调查工具外，美国联邦调查局探员们在审问犯罪嫌疑人时还有另外一种很高深的方法，那就是通过一些简单的信号可以判断对方是否在撒谎。

这些信号主要有以下几种：

第一个信号：被讯问的人往往不提及自身及姓名。按联邦调查局探员们多年来的办案经验，人在说谎时会自然地感到不舒服，他会本能地把自己从他所说的谎言中剔除出去。所以如果你向某人提问时，他们总是反复地省略“我”，那么这个人就有被怀疑的理由了。反过来说，撒谎者也很少使用他们在谎言中牵扯到的人的姓名。调查局探案史上一个著名的例子是几年前美国总统比尔·克林顿在向全国讲话时，拒绝使用“莫妮卡”，而是“我跟那个女人没有发生性关系”。

第二个信号：反复问说谎者同一个问题，等他露出破绽。探员们在问一个人问题并得到回答后，会隔一段时间再问，回答可能会保持不变。而在第二次和第三次之间留一段空隙。在这期间，他们的身体会平静下来，犯罪嫌疑人会想：“我已经蒙混过关了。”而当他在所有的生理反应消退后，身体放松成为正常状态后，调查员会突然问他这个问题，对方已经不在说谎的状态中了，他不是恼羞成怒，就会倾向于坦白。如果一个人说：“我不是已经和你说过这件事了吗？”然后才勃然大怒，这多半是在欺骗。也可能对你说：“事情是这样的，我还是对你直说了吧。”

第三个信号：说谎者从不忘记。一般人记住一个时间段的所有细节是很困难的。但是说谎者例外，他们在陈述时几乎是一气呵成的，这是因为他们已经在头脑的假定情景中把一切都想好了。他们绝不会说“等一下，我说错了”。不过恰恰是在陈述时一气呵成的样子才暴露了他们是说谎者。

第四个信号：声量和声调突变。许多说谎者为了掩饰自己虚弱的内心，会不自觉地把自己的声音拔高。

第五个信号：真实表情闪现时间极短。人类所能维持的一个正常的表情会有几秒钟，但是在说谎者“伪装的脸”上，真实的情感会在脸上停留极短的时间。美国保密局曾提供一份胶片，胶片中，比尔·克林顿说到莫尼卡·莱温斯基时，他的前额微微皱了一下，然后迅即恢复了平静。

最后一个信号：说谎时鼻子会变大。很多人大概不会对着镜子说谎，所以，他们不可能知道在说谎的时候鼻子会变大。因为人的身体在说谎时的反应使多余的血液流到脸上。有些人甚至连整个面部都变红了。这还会使你的鼻子膨胀几毫米。当然，这通过肉眼是观察不到的，但是说谎者会觉得鼻子不舒服，不经意地触摸它，由此就可以断定，他是个说谎者。

然而这种如何揪出说谎者的工作方法事实已经是“亡羊补牢”了，联邦调查局最拿手的就是可以未雨绸缪。那就是和生疏人第一次会晤时，他们可以在一开始谈话的几分钟内就能看透这个人。并且，他们能和对方拉近距离，并能找到对方爱好的话题，更能让对方愿意启齿谈一些私事。

附录五　联邦调查局十大通缉犯

联邦调查局十大通缉要犯名单源自于1949年的一场会议，时任联邦调查局局长的胡佛与国际通讯社（合众国际社的前身）主编哈钦森共议逮捕那些棘手罪犯的方法。联邦调查局在会后拟出一份名单发表，并随即收到来自舆论的正面回应。这份名单提供高额赏金给举报线索的民众，此举也大幅提升联邦调查局的执法效率。

名单上的逃犯只会在其被确认死亡、指控被撤销或者被逮捕时，名字才会被移除，联邦调查局会再让另一个逃犯的名字“递补”到名单上。其中也有因为被联邦调查局认为“不再有能力对社会产生威胁”而被除名的案例。

当然，偶尔名单上也会出现不止十个名字，例如，1968年暗杀马丁·路德·金的厄尔·雷（同年落网）就是首位“第11名通缉犯”。最多的时候甚至同时“挤入”13名通缉犯，第13人就是1993年2月纽约市世贸中心爆炸案的策划者拉姆齐·阿哈穆德·尤塞夫。

除了这份名单以外，联邦调查局还制作过其他治安列表，例如恐怖分子、犯罪警讯与失踪人口等，其中恐怖分子方面最有名的莫过于“9·11”事件的策划人奥萨马·本·拉登。

以下是联邦调查局最近更新后的“十大网络通缉犯”名单，在此份名单上挂名最久的是抢匪维克多·赫雷纳，他于1984年进到名单上，至今已逃亡近30

余年。

1.维克多·曼努·赫雷纳

罪名：持械抢劫运钞车、盗窃等（为避免起诉非法逃逸）

悬赏金额：100万美金

1983年，赫雷纳在美国康涅狄格州，因持械抢劫运钞车被通缉。在此案件中，两名保安人员被他挟为人质，并要求700万美元赎金，最后注射未知致死药剂造成保安死亡。迄今仍未寻获。

2.杰森·德里克·布朗因

罪名：一级谋杀；持械抢劫

悬赏金额：20万美金

布朗因在美国亚利桑那州菲尼克斯犯下命案与持枪抢劫案而被通缉。2004年11月，他在一家电影院外枪杀一名运钞车警卫，抢走5.6万美元后骑自行车逃逸。布朗拥有一口流利的法语并有国际贸易硕士学位，热衷于高尔夫、冰球、滑雪和越野轻骑摩托运动。他曾经到过法国和墨西哥，联邦调查局称他可能持有一支9英寸格洛克手枪和一支点45口径手枪。

3.埃里克·贾斯汀·托特（已被捕）

罪名：自制及拥有儿童色情影碟

悬赏金额：10万美金

托特曾是私立学校的老师，因非法持有儿童色情影片在华盛顿被通缉。2008年7月，在学校的摄影机中发现了儿童色情影片，而这部摄影机之前一直被托特持有。托特是计算机和网络奇才，他还是社会经济学专家。他的教育背景让他能很容易地找到可以接触儿童的工作，他还曾在网上应聘家庭教师和男保姆等职。

4.埃德温·里维拉（已自首）

罪名：一级谋杀后逃逸

悬赏金额：10万美金

2011年8月17日，埃德温涉嫌谋杀其女朋友一家，将一名69岁受害者残忍殴打并丢弃在科罗拉多杰斐逊县一座山上。

5.菲德尔·乌尔维纳

罪名：一级谋杀、恶性绑架、性暴力、非法逃逸

悬赏金额：10万美金

乌尔维纳被指控在1988年3月殴打并强奸一名女性，在逃时他还被指控在1988年10月强奸并杀害另一位女性，该女性受害者的尸体在一辆车辆后备箱里被发现。两起案件都发生在芝加哥伊利诺伊州。据联邦调查局称，乌尔维纳可能藏匿于墨西哥北部杜兰戈州。

6.罗伯特·威廉·费雪

罪名：3次一级谋杀、纵火、非法逃逸

悬赏金额：10万美金

费雪被控在2001年4月谋杀其妻子与两名孩子，并炸毁了他们位于斯科茨代尔的家。调查人员称因为妻子想与其离婚才犯下此案。费雪身体健壮，是一个渴望野外生活的猎人和渔夫。他的左边第一颗尖牙戴着明显的金牙套。他可能持有很多武器，其中包括一支高能步枪。

7.葛伦·斯图尔特·戈德温

罪名：谋杀、逃逸

悬赏金额：10万美金

葛伦于1987年逃离美国加州福尔森州立监狱，当时他因谋杀被判处有期徒刑，随后在墨西哥因贩毒被收押，但1991年4月在谋杀一名监狱室友后再次越狱。

8.爱德华·拉韦洛

罪名：参与企业诈骗活动、洗钱、贩卖海洛因和大麻等

悬赏金额：10万美金

2008年，爱德华在得克萨斯州因涉嫌参与诈骗活动、洗钱、贩卖海洛因等

被起诉。2008年执法部门起诉书中指出，自2003年来爱德华策划了多起谋杀案并从事贩毒活动。联邦调查局表示，该犯罪分子为躲避抓捕可能已经整形并改变了指纹。

9.亚历克西斯·弗洛雷斯

罪名：绑架、谋杀（为避免被起诉逃逸）

悬赏金额：10万美金

2000年7月，亚历克西斯·弗洛雷斯因在美国费城谋杀年仅5岁的女孩被通缉。

10.塞米昂·莫吉列维奇

罪名：欺诈、洗钱、利用虚假身份、伪造等

悬赏金额：10万美金

莫吉列维奇是俄罗斯黑手党首脑，被欧美各国执法部门称为“老大中的老大”。他的犯罪帝国业务涉及广泛，从走私军火到贩卖私娼等。1998年，因在1993年至1998年期间，涉嫌参与一起数百万美元的欺诈案，涉及欺骗了数千万股票投资者并造成了1.5亿美元的投资损失，联邦调查局将其列入十大通缉要犯之一。但由于美国政府与俄罗斯政府间没有引渡协定，因此联邦调查局至今仍无法将他逮捕。